RELIGIOU
SSTUDIE
SRELIGIO
USSTUDI
ESRELIGI
OUSSTUD
IESRELIG
IOUSSTU
DIESRELI
GIOUSST
UDIESREL

【3STEP シリーズ 4】

宗教学

伊原木大祐
竹内綱史
古荘匡義 編

Series:
3STEP

Volume:
4
-
Religious
Studies
-

Text by:
IBARAGI
Daisuke
TAKEUCHI
Tsunafumi
FURUSO
Tadayoshi

昭和堂

はじめに

　本書は宗教学を初めて学ぶ人のための教科書である。大学の教養科目や専門基礎科目で用いられることを想定しているが，読み物としてもできるだけ読みやすくしてあるので，独学のための入門書としても使えるようになっている。

　「宗教学」という科目は高校までには基本的に存在しないため，この学問分野を初めて聞いたという人もいるだろう。ひょっとしたら，宗教などという「やばい」ものを扱うので「何か怪しい」と思っている人もいるかもしれない。

　まず注意しておきたいのは，この本は「宗教学」の教科書であり，「宗教」の教科書ではない，という点だ。つまり本書は，宗教そのものに入門してもらうための本ではなく，宗教を学問的に扱うことへの手引きである。宗教とは何か，それを誰にでも理解可能な形で，理性的に明らかにしようとすること。それが宗教学だ。色んな宗教を単に紹介するとか，ましてや入信をすすめるとか，そういうものではまったくない。それゆえ，宗教に対して「やばい」とか「怪しい」とか思っている人にも，あるいはそういう人にこそ，本書を読んでほしいと思っている。というのも，「やばい」「怪しい」というのは単なる感情的な拒否なので，するならちゃんと理性的に批判しなければ，単なる感想でしかないからだ。宗教を批判したり否定したりしたいなら，そもそも「宗教」とは何なのかを理解していなければ始まらない。宗教批判を扱うことも，宗教学の一部である。

　宗教学が高校までの科目に設定されておらず，大学でも一部の人しか学ばないせいで，現代日本の多くの人は「宗教音痴」である。それは学者や知識人と呼ばれる人でもほとんどがそうだ。他の事柄について非常に鋭い理解や見識を示すような人たちが，宗教が話題になるや否や，急に偏見まみれの言説をばら撒き始めるのは，テレビであれネットであれ，うんざりするほど見慣れた光景である。そのような人たちは，宗教についての断片的な情報から感情的に判断

しているからであり，自分でそれと気づかずに無知と偏見を醜くさらけ出しているにすぎない。本書を手にとったみなさんは，そのような恥ずかしい真似をしなくて済むことになるので，とてもラッキーだと言っておきたい。

　もちろん，宗教に興味がある人，宗教が「好き」だという人にも，本書をぜひ読んでほしい。「好き」なのはいったいなぜで，自分が何に惹きつけられているのかがはっきりすることは，それ自体で楽しいことだ。その知的好奇心に応えるだけの内容は揃えたつもりである。もし本書で足りなければ，各章末に付いている「ブックガイド」などから，さらなる学びへと進んでほしい。そこには果てしなく奥深く，驚くほど面白い世界が広がっているはずだ。

　宗教学を学ぶとは，人類の叡智を学ぶことであると同時に，現代社会の最重要問題の一つに取り組むことでもある。人類はその誕生から宗教と共にあった。現代まで受け継がれているさまざまな文化や知識が，長い長い宗教的伝統のなかで育まれてきたものであることは周知の通りだろう。単なる付け焼刃的な賢さではなく，本物の「智慧」がそこにはある。だが一方で，宗教が，世界でも日本でも，現代社会においてさまざまな問題を引き起こしてることも，誰もが知っていることである。そのような問題の解決のためには，当然，宗教とは何かについての正確な理解が欠かせない。見当違いの自称「解決」を持ち出したところで，事態を悪化させるだけだ。

　本書は序章と終章を含めて全部で16章ある。幅広い宗教学のすべてのテーマを網羅しているとは言い切れないが，主なテーマはだいたい扱っている。各章は独立しているので興味のあるテーマの章から読んでくれても構わないし，もちろん頭から順番に読むこともできる（各部・各章の簡単な紹介は序章にあるので序章は最初に読んだ方が良いかもしれない）。各章の執筆者は中堅・若手の宗教学研究者で，できるだけ最新の研究状況を反映しつつ，同時にできるだけ平易になることを心がけた。各章は他の3STEPシリーズの教科書同様，「概説」「ケーススタディ」「アクティブラーニング」の3ステップになっており，具体的な事例などからも学べるようになっている。そして全体の最後には「資料」として，簡単な「用語集」と「諸宗教の解説」も付けた。理解の一助となれば幸いである。

　本書の企画は京都工芸繊維大学の秋富克哉教授からの紹介で始まったものである。秋富教授には感謝したい。また，各章の原稿は執筆者や編者を交えた検討会で時間をかけて相互検討を行ったが，そのような検討会の開催等にあたっては，龍谷大学の「学部FD自己応募研究プロジェクト」の助成を受けた。記して感謝したい。最後に，時間に余裕がないなかでも，編者たちの思いつきやわがままにも快く対応してくださった昭和堂の土橋英美さんにも，心より感謝する。

　本書が日本人の「宗教音痴」を解消することに少しでも寄与できることを祈っている。
　　　2023年2月

編者一同

目　　次

第Ⅱ部　宗教学の基本テーマを学ぶ

・・

••••

序章

宗教学への招待
宗教を学問する

竹内綱史

宗教学とは，当たり前だが，「宗教」についての「学問的」な研究分野である。「学問的」であるとは，さしあたり客観的で中立的ということだ。だが，宗教ほど多くの偏見や過度の敵意ないし好意を伴って語られるものはなかなかない。現代日本では初等中等教育（小中高校）で宗教について教えられることがほとんどないのに，さまざまなメディアを通じて，宗教についての情報はあふれかえっているからだ。「原理主義者」によるテロや「カルト」教団による事件といった人々の耳目を集めるもののみならず，季節の風物詩とされる各地のお祭りや年中行事，歴史的文化遺産とされるさまざまな宗教芸術や宗教的な生活様式，そして妖怪や鬼や幽霊といった「宗教的」な存在が当たり前のように登場するアニメやゲーム，等々。客観的で中立的な知識をほとんど教えられることなくこうした情報の氾濫に触れることで，宗教について偏った見解をもつ人は少なくない。

以下，本章では導入として，現代日本に蔓延している偏見のひとつ，「日本人は無宗教だ」というものを取り上げ，宗教学への第一歩を記してもらおう。そして，宗教学という学問と本書の概要を紹介し，めくるめく宗教学の世界への招待状としたい。

KEYWORDS #無宗教 #信仰としての宗教 #文化としての宗教 #宗教の分類 #宗教学の諸部門

1│宗教学を学ぶとは

・

「無宗教」という偏見

　日本人は自分を「**無宗教**」だと思っている人が多いとしばしば言われる（阿満 1996など）。「宗教にハマるのは弱くてかわいそうな人たちだ」。多くの日本人は宗教についてこう考えているのではないだろうか。あるいは，マスコミを賑わせている「カルト」教団〔☞用語集〕の様子を見て，「宗教は怖い」，と。つまり，「無宗教」とは，「自分は宗教とは関係がない」ということのようだ。だが，本当にそうだろうか。

　たとえば，初詣。毎年数千万人が正月に神社や寺を訪れ，一年の安寧を祈っている。あるいはまた，墓参り。盆や彼岸などに墓へ行き，花を手向け，御先祖様に何かしらの報告をしたりする人は多い。これらは「宗教」ではないのだろうか。少なくとも「宗教的」なのではないだろうか。つまり多くの日本人は，「無宗教」だと思いながら「宗教的」な行為を好んでしているように見えるのだ。

　それは統計上もはっきり表れている。たとえば，戦後長らく5年ごとに行われている「国民性調査」（統計数理研究所 2016）では，「何か信仰とか信心とかを持っていますか」という問いに「もっている，信じている」と回答している人は一貫して3割程度しかおらず，「もっていない，信じていない，関心がない」と答える人は一貫して7割程度である。だが一方，同じ調査のその次の問いである「それでは，いままでの宗教にはかかわりなく，「宗教的な心」というものを，大切だと思いますか，それとも大切だとは思いませんか」という質問に対して，「大切」と答える人は7割前後で推移している。つまり「信仰」はないが「宗教的な心」は大切だと思っている人がかなりいるということである（ただし，宗教統計の独特の難しさについては本書第4章参照）。

　この「無宗教」なるものを，「無神論」〔☞用語集〕と対比するとわかりやすいかもしれない。「無神論」とは，積極的あるいは攻撃的に，いかなる宗教も間違いであり，有害で愚かである，とする断固とした主義主張のことである。おおかたの日本人は，自分を「無宗教」だと思っているとしても，この意味で

の「無神論」ではないだろう。日本人の言う「無宗教」とは，意識的な信仰は無いし，自覚的に教団に属したりしてはいないが，それでも宗教的な実践は好んでしている状態なのである（岡本 2021）。

・

自己理解・他者理解・世界理解の解像度を上げる

　だがそのような「無宗教」的な宗教実践に対してよくある指摘は，初詣や墓参りをしている人には，自分が「宗教行為」をしているという自覚がない，ゆえにそれらの行為は「宗教」ではない，というものである。しかし私たちは，自分が何をしているかを明確に理解しているとは限らない。単純な例を挙げるなら，赤ん坊がおっぱいを飲んでいるとき，その赤ん坊はおそらく「食事をしている」という意識はない。だからといって，その赤ん坊が「食事をしている」ことを否定するのはどう考えてもおかしいだろう。赤ん坊は「食事」とは何かを知らないので，自分の行為を「食事」と理解することができないのだ。初詣や墓参りをしていながら「自分は無宗教だ」と思いこんでいる人も，その赤ん坊と変わらないのではないか。つまり「宗教」とは何かを知らないのである。いや，何も知らない赤ん坊よりも悪い状況かもしれない。なぜなら，「宗教」についてよくわかっていないのに，わかったつもりでいて，自分は「無宗教」だとそぶいているからである。だからこそ，宗教学が必要なのだ。

　しかしこのような書き方をすると，「本人が宗教と思っていないのに，学者が上から目線で宗教と決めつけることは傲慢ではないか」という反発がありそうだ。だがそのような反発それ自体，宗教学の考察の対象である。いや，そのような反発こそがまた，宗教学の始まりだと言うべきかもしれない。歴史的な意味や理論的な観点からして「宗教」と呼ぶべきだと考えられる営みを，人々が「宗教」と呼びたがらないのはなぜなのか。あるいは逆に，それは学者の空理空論であって，学問の側が一般的な用法に合わせるべきなのか。要するに，「宗教」とは何なのか。

　宗教学の基本は，何らかの観点から少しでも「宗教的」と思われるさまざまな事柄を，当事者の自己理解を超えてより広い視野から客観的に捉え直し，他の事柄と比較したり理論化したりすることで，「宗教」の理解を深めて行くことである（堀江 2018：10）。私たちがあらかじめもっている「宗教」に関する

理解（それは多くの偏りがあるだろう）から出発しつつ，一歩ひいて考察し，比較したりさまざまな理論を参照したりしながら，その理解をより良いものへと洗練させて行くこと。今風に言うなら，解像度を上げること。宗教学に限らず，学問とはそういうものだ。自己理解を深め，他者理解（「異文化理解」と言っても良い）を進め，そして社会や世界の理解を更新していくこと。それはもちろんとても役に立つことではあるわけだが，それ以上に，大変楽しいことでもある。宗教学を学ぶこと，いやそもそも学問を学ぶことは，それ自体，めちゃくちゃ楽しいことなのだ。

2│宗教の分類

・・

信仰としての宗教と文化としての宗教

　先ほどの「無宗教」の話をもう少し続けよう。初詣とは神や仏に祈りに行くことであり，墓参りとは死者たち（御先祖様）と何らかのコミュニケーションをしに行くことであろう。これらを「宗教」と呼ばないのは宗教学的には奇妙なのだが，多くの人は「宗教」と呼ぶことに抵抗を覚えるようだ。なぜか。

　それは，宗教とは「信仰」のことだと思っているからである。しかもその場合の「信仰」とは，かなり強固な信念を指し，日常生活のすべてをそれに捧げる意識的な活動とされているようだ。初詣や墓参りにはその意味での「信仰」はおそらくないし，そのような「信仰」だけが宗教ならば，ほとんどの人が「無宗教」だと思っていてもおかしくはない。信仰としてのみ理解される宗教とは，神や仏などによる絶対的な救いを信じて，普段から祈りや特別な儀礼を欠かさないようなものだろう。多くの場合に教祖や教義がはっきりと存在し，教団が形成され，信者はその教団に所属し，時には排他的になるほどに固い信念を守るようなものである。

　このように，〈信仰〉を核として，〈実践〉と〈所属〉という要素が揃っているのが**信仰としての宗教**であるが，それのみが「宗教」なのだと思っている人はかなり多い。だがこのような宗教観は近代西欧でキリスト教（の特にプロテスタント）〔☞諸宗教の解説〕をモデルとして作られたものであり，非常に偏っていると言わざるをえない。つまり，信仰としての宗教は，宗教の重要な一部

だとしても，すべてではないのである。むしろ，宗教には「文化」と呼ぶべき側面が多くあると考えるべきなのだ。

　文化として理解される宗教とは，意識的な信仰ではなく，習慣や風習といったレベルで人々に受け入れられているものである。世界中どこであれ，ほとんどの人（あらゆる人？）はこの意味での宗教の「信者」である（信仰としての宗教の「信者」とは言えない人が多い）。それは国や地域などにおいて伝統的な風習として人々が共有しているものであり，「教団」に意識的に所属するようなものではない。慣習化した通過儀礼〔☞用語集〕や年中行事，神話・伝説や昔話，しばしば「迷信」とされるようなものなども含む。複数の宗教が混ざり合い（それをシンクレティズムと言う〔☞用語集〕），教義もはっきりせず，「○○教」と特定できないことが多いし，往々にして，いつ誰が始めたかもわからない。

「無宗教」の真相

　おそらく自分は「無宗教」だと言う人は，強い信仰をもってはいないし，教団に所属してなんかいない，と言いたいのだろう。よくよく考えてみればウチは○○宗だった，だから仏教教団に所属している〔☞諸宗教の解説〕，という人もいるだろうが，所属意識はそれほど強くはない（あるいはほとんどない）ことが多い。だが，そのような人でもたいていは文化としての宗教には馴染んでいるはずである。初詣や墓参りは，**文化としての宗教**なのである。先ほどの三要素を使うなら，〈信仰〉なき〈実践〉，〈信仰〉なき〈所属〉とでも言うべきものなのだ。

　しばしば「日本人は諸外国に比べて宗教について適当すぎる」という意見を聞くが，多くの場合それは勘違いである。というのも，比較対象がズレているからだ。日本における「文化」としての宗教と，諸外国における「信仰」としての宗教を比較して，後者は真面目だ，前者は適当だ，と言っているからである。そもそも信仰としての宗教から見たら，文化としての宗教はいつだって適当なものである。だが日本においても熱心に信仰している人たちは当然いるし，諸外国においてもかなり適当な文化としての宗教が大部分を占めているものなのだ。

　とはいえ，多くの人が文化としての宗教にどっぷり浸かっているとしても，

信仰としての宗教の「信者」だと思われたくないのはなぜなのか。それは，日本の場合は特に，信仰としての宗教の「信者」であることは，文化としての宗教を否定し，「普通」とは違う教団へと身を投じることと見なされがちだからである。信仰としての宗教として真っ先に思い浮かべられるのが新宗教〔☞用語集〕であり（岡本 2021），それらに対する忌避感が信仰としての宗教に対する忌避感とつながっているのである。だがその忌避感は歴史的な状況によるものでしかなく，客観的なものとは言いがたい。〈信仰〉を中心として〈所属〉〈実践〉を伴う「信仰としての宗教」，そのような西洋近代的な宗教観に日本で一番よく合致したのが新宗教だったということでしかないのである。

宗教の(さしあたりの)分類

ではしかし，信仰としての宗教と文化としての宗教の違いが明らかになった

表0-1　宗教に関してよく使われる区分

区　　分	内　　　容	例
創唱宗教と自然宗教	宗教の発生状況による区別。創唱宗教とは教祖によってはじめられた宗教であり，自然宗教とはいつ誰によって始められたか分からない（自然発生したように見える）宗教のこと*	創唱宗教：**キリスト教，イスラーム，仏教**，オウム真理教など 自然宗教：原始宗教，古代宗教，**神道，道教，ヒンドゥー教，ユダヤ教**など
世界宗教と民族宗教	宗教の分布状況による区別。世界宗教とは民族の枠を超えて世界中に広がっている宗教であり，民族宗教とは一民族の枠内にとどまる宗教のこと	世界宗教：キリスト教，イスラーム，仏教 民族宗教：ユダヤ教，神道，ヒンドゥー教など
宗教教義と民俗宗教	宗教専門家の宗教と一般人の宗教の区別。「民俗」の「俗」の字を間違えないように。民俗宗教は民間信仰とも言われる	宗教教義：『聖書』『クルアーン』『般若心経』など 民俗宗教：祭り，**通過儀礼**，年中行事，除災儀礼など
一神教と**多神教**	崇拝対象としての神的存在の数による区別	一神教：ユダヤ教，キリスト教，イスラーム 多神教：古代ギリシアの宗教，ヒンドゥー教，神道など
有神的宗教と無神的宗教	崇拝対象として神的存在がいるかどうかによる区別	有神的宗教：キリスト教，神道など 無神的宗教：仏教など
教団宗教とスピリチュアリティ	宗教の組織的な側面と個人的な側面の区別	教団宗教：キリスト教のカトリック教会など スピリチュアリティ：パワースポット巡りなど

注）＊「自然宗教」という語は「自然を崇拝する宗教」という意味で使われる場合などもあるので注意。
　　太字の語については巻末資料（用語集，諸宗教の解説）を参照。

としても，どちらも「宗教」と呼ばれるのはなぜなのか。これは「そもそも「宗教」とは何なのか」という問いと同義であるわけだが，それに答えることが宗教学の最終目的なので，序章の段階でおいそれと答えを出すことはできない。ここでは「この世を超えたものを前提とした人間の営み」くらいの緩い意味でとりあえず理解しておいてもらい，宗教の定義や「宗教」概念の内実の難しさについては本書最後の終章を参照してほしい。

　そのうえで，さしあたりの整理として，宗教に関してよく使われる区分についてここでいくつか紹介しておこう（前頁の表0-1参照）。ただ，これらの区別はあくまで議論を整理するための便宜上の分類であることに注意が必要だ。つまり，具体的に存在する宗教現象は厳密に考えるとこれらの区分で捉えきれないことも多々あるということは，忘れないでほしい（これは先ほどの「信仰としての宗教」「文化としての宗教」の区別も同じである）。

3｜宗教学の概要

...

宗教学の諸部門

　このようにさまざまに分類される宗教を研究する宗教学自体も，いくつもの分野に分かれている。

　まず，宗教学は大きく分けると「規範的」「記述的」の2つに分けられる。規範的宗教学とは，宗教のあるべき姿を追求する。それに対し記述的宗教学とは，宗教が実際にどのようであるのかを明らかにしようとする。

　規範的宗教学はさらに，個々の宗教のあるべき姿を追求する神学・教学（宗学）と，そもそも宗教とはどのようであるべきかを追求する宗教哲学に分けられる。キリスト教やイスラーム〔☞諸宗教の解説〕などで「神学」と呼ばれ，仏教で「教学」や「宗学」と呼ばれるものは，各宗教・宗派のあるべき姿——教祖の思想の正しい解釈や宗教実践の理想的あり方など——を究明するものである。それに対し，「宗教哲学」とは，個別宗教にとらわれず，宗教全般のあるべき姿を明らかにしようとする分野と特徴づけられる。宗教哲学はそれに

表0-2　宗教学の三部門

	規範的	記述的
個別宗教	神学・教学（宗学）	実証的宗教学
宗教全体	宗教哲学	

表0-3　主要な実証的宗教学の諸分野

宗教史 (宗教史学)	個々の宗教を，歴史的世界における通時的展開過程やさまざまな具体的な現象においてとらえる学問 (小田 1989)
宗教社会学	宗教と社会の関係を解明する学問 (高橋ほか 2012)
宗教心理学	非宗教的な行動の研究から得られた心理学的原理を宗教行動に適用する学問 (金児ほか 2011)
宗教人類学	文化 (社会) 人類学の方法と理論に基づいて，儀礼や神話，宗教集団について考察する学問 (長谷ほか 2021)
宗教民俗学	民俗宗教を研究対象とし，その構造や機能，変化を解明する学問 (宮家 2002)
宗教現象学	宗教的な現象が人々にいかに理解されどのような意味を有しているかを明らかにしようとする学問 (氣多 1989)

伴って，人間や世界にとって，宗教とは何でありどのようなものであるべきなのかを，古今東西の哲学的思索を参照しつつ，追究する。

　他方，記述的宗教学は一括して「実証的宗教学」と言われるが，近代になってさまざまな学問的方法が誕生・発達することで，それらの方法を用いて世界中の宗教が学問的に研究されてきた。「近代的宗教学」と呼ばれたりもし，「宗教学」と言ったらこの実証的宗教学のみを指すことも多い。本章の最初に，宗教学はさしあたり「客観的」で「中立的」であることを目指すと書いたが，それはこの実証的宗教学を念頭に置いたものである（それに対して神学・教学や宗教哲学は価値判断を含むので，必ずしも「客観的」「中立的」とは言えない）。

　実証的宗教学はかつて一括して「宗教史」と呼ばれたりもしたが，さまざまな学問分野の方法を用いるものすべてを指すので，各々が採用している方法が由来する分野によって，宗教〇〇学と呼ばれることになる。原理的には学問分野と同じ数だけの「宗教〇〇学」が存在し得ることになるが，代表的なものを表にした（表0-3）。ただし，最近は学際的な研究も盛んであり，こうした分野分けは不十分なところもあることを忘れないでほしい。また，表にはないが，最新の動向として，認知科学や神経科学（脳科学）〔☞用語集〕を用いた宗教研究（宗教認知科学など）も注目を集めている（藤井 2023）。

本書の構成

　以上，宗教学の多様な分野を簡単に紹介したが，宗教学という学問の幅広さ

と奥行きの深さを少しでも感じていただけただろうか。本書はこの広大な宗教学の世界に入門してもらうための本である。序章の最後に，本書の構成を説明しておこう。本書は宗教学の幅広いテーマを，章ごとに掘り下げて扱っている。章分けはテーマごとであり，先に触れた部門ごと（学問分野ごと）によるものではない。

　第Ⅰ部「宗教について考えるために」では，そもそも人間はなぜ宗教という営みをしてきたのか，しているのかを扱う。ここではみなさん自身に宗教を「自分の問題」として受けとめてもらうことを目指している。宗教は人間が人間である限りぶつからざるをえない問題——人生の意味，死，悪，世界観，倫理など——に何かしらの答えを示してきたからこそ，人類の誕生以来存在し続けてきたのだ。宗教とはあなたの問題でもあるのであって，単に「外」から眺めているだけでは理解しきれないものなのである（西谷 1987）。そのことをまず体感してほしい。

　第Ⅱ部「宗教学の基本テーマを学ぶ」では，宗教に関する各種データとその読み方を学んだ後，宗教のコアと考えられるものについて学んでいく。宗教と呪術（魔法・魔術）は違うのか，宗教体験とはいかなるものなのか，神話は単なるおとぎ話ではないのか，そして宗教の儀礼（儀式）とは何なのか。これらの問いを考えることで「宗教」の輪郭がはっきりしてくるはずだ。

　第Ⅲ部「宗教学の最新テーマを学ぶ」では，現代社会における宗教のあり方をさまざまな角度から紹介・検討する。近代化が進み，社会の表舞台から伝統的な宗教が姿を消して「世俗化」が進行するなかで，宗教的なものはさまざまに姿を変えて社会のなかに浸透している。そんななか，宗教学では，宗教をそれ固有の内容から定義する「実体的定義」ではなく，社会で果たしている役割から定義する「機能的定義」〔☞用語集〕という考え方から宗教を捉え直してきた。というのも，特に現代では，聖地巡礼やスピリチュアリティといった，機能的には宗教の役割を果たしつつも，内容的には「宗教」と呼ぶべきなのか迷うような営みが増えているからである。また，第Ⅲ部の後半では，現代で宗教が問題となる3つの局面，ジェンダー，政治，科学との関係について学んでもらう。

　終章ではそれまでの議論を踏まえて，宗教学のアップデートを検討する。学

問とは常にアップデートを繰り返すものであるが，現代では急速な社会の変化と学問自体の変化という両面から，その必要性が増している。少し発展的な内容となるかもしれないが，宗教学のこれからを一緒に考えてほしい。

参考文献

—

阿満利麿　1996『日本人はなぜ無宗教なのか』ちくま新書。

岡本亮輔　2021『宗教と日本人——葬式仏教からスピリチュアル文化まで』中公新書。

小田淑子　1989「宗教史の現状と課題」石田慶和・薗田坦編『宗教学を学ぶ人のために』世界思想社，70-92頁。

金児暁嗣監修，松島公望・河野由美・杉山幸子・西脇良編　2011『宗教心理学概論』ナカニシヤ出版。

氣多雅子　1989「宗教現象学」石田慶和・薗田坦編『宗教学を学ぶ人のために』世界思想社，184-205頁。

高橋典史・塚田穂高・岡本亮輔編著　2012『宗教と社会のフロンティア——宗教社会学から見る現代日本』勁草書房。

統計数理研究所　2016「国民性の研究」https://www.ism.ac.jp/kokuminsei/table/index.htm（最終閲覧2023年2月15日）

西谷啓治　1987『西谷啓治著作集10　宗教とは何か』創文社。

長谷千代子・別所裕介・川口幸大・藤本透子編　2021『宗教性の人類学——近代の果てに，人は何を願うのか』法蔵館。

藤井修平　2023『科学で宗教が解明できるか——進化生物学・認知科学に基づく宗教理論の誕生』勁草書房。

堀江宗正　2018「変わり続ける宗教／無宗教」堀江宗正責任編集『いま宗教に向き合う1　現代日本の宗教事情〈国内編1〉』岩波書店，1-22頁。

宮家準　2002『宗教民俗学入門』丸善出版。

ブックガイド

『知っておきたい日本の宗教』岩田文昭・碧海寿広編著，ミネルヴァ書房，2020年

　　日本の宗教についてとても読みやすく書かれた教科書。

『宗教学キーワード』島薗進・葛西賢太・福嶋信吉・藤原聖子編，有斐閣，2006年

　　各トピック見開き2頁ずつ宗教学のテーマを幅広く紹介する本。

『いま宗教に向きあう』全4巻
　池澤優・藤原聖子・堀江宗正・西村明編，岩波書店，2018年

　　国内編2巻・国外編2巻。最近の宗教学の諸テーマが幅広く論じられている。

宗教2世問題

　2022年7月に奈良市内で安倍晋三元首相が銃撃され死亡するという痛ましい事件が起きた。実行犯は事件当時41歳の男で，2023年2月現在，母親が世界基督教統一神霊協会（略称「統一教会」，現在の名称は「世界平和統一家庭連合」（略称「家庭連合」））の信者で，多額の献金により家庭が崩壊したことを恨んで同教団と関わりの深かった元首相を狙ったと報道されている。

　この衝撃的な事件の影響は現在のところ見通すことができないが，ここで注目したいのは，実行犯が「宗教2世」だったことである。「宗教2世」とは，親が宗教の熱心な信者であることで通常とは異なる家庭環境での生活をする子どもを指す。そのような状況で一般的な学校生活・社会生活が困難になってしまい苦しむ子どもの存在は，「宗教2世問題」〔☞用語集〕と言われる。ルポルタージュ（米本 2020など）や実体験マンガ（たもさん 2018，菊池 2022など）が近年話題になっていたが，事件を機に大きな注目を集めるようになった。関連書籍も相次いで出版されている（荻上 2022，横道 2023など）。

　この問題はたとえば「信教の自由」をめぐる問題として語られる。その根拠は憲法よりも「児童の権利条約」（外務省 2020）の第14条にある。その第1項に「締約国は，思想，良心及び宗教の自由についての児童の権利を尊重する」とある。だが，同第2項には「締約国は，児童が1の権利を行使するに当たり，父母及び場合により法定保護者が児童に対しその発達しつつある能力に適合する方法で指示を与える権利及び義務を尊重する」とある。信仰をもつ親も，多くの場合，子どものために良かれと心から思っているので，まさにその権利を行使し義務を果たしていることになる。それを制限するのはなかなか困難だ。

　この問題はむしろ児童虐待の一種と捉えるべきだと考えることもでき，「宗教的虐待」という言葉が使われたりもする。けれども，物理的暴力を伴わない場合には，どのように「虐待」と認定するのかは，一筋縄ではいかない。ま

た，子どもにとってはその宗教を捨てることは親や家族を捨てることと同義であるため，成人後も「嫌なら抜ければ良い」という単純な問題ではない。それに，通常とは大きく異なる「常識」に子どもの頃からどっぷり浸かってきた以上，宗教から抜けたからといって，それで問題が解決するわけでもない。

　注意しなければならないのは，宗教2世たちの多様性である。幸せに生きている2世たちももちろんたくさんいるし，悩みも個々のケースによってさまざまだ。それゆえ重要なのは，問題の難しさをよく理解したうえで，多様な宗教2世たちがアクセスしやすい支援のチャンネルを増やすことだろう。

　『星の子』という小説がある（今村 2019）。親が特殊な宗教に所属している女子中学生の物語で，映画化もされ（大森 2020）話題になったが，まさに宗教2世問題を扱ったものだ。主人公の親が属しているのは社会とそれほど大きな軋轢があるわけではない宗教のようだが，それでも宗教2世の苦悩がよく表現されている。主人公は最後，さまざまな苦悩を抱えつつ，親と共に生きることを選ぼうとする。その選択は正しいのか，間違っているのか。それをどう判断するべきか。考えてみてほしい。

参考文献

今村夏子　2019『星の子』朝日文庫。
大森立嗣監督　2020『星の子』（DVD），今村夏子原作『星の子』（2017），Happinet
荻上チキ編著　2022『宗教2世』太田出版。
外務省　2020「児童の権利条約（児童の権利に関する条約）」https://www.mofa. go.jp/mofaj/gaiko/jido/index.html（最終閲覧2023年2月15日）。
菊池真理子　2022『「神様」のいる家で育ちました──宗教2世な私たち』文藝春秋。
たもさん　2018『カルト宗教信じてました。』彩図社。
横道誠編 2023『みんなの宗教2世問題』晶文社。
米本和広　2020『カルトの子──心を盗まれた家族』論創社。

Active Learning | アクティブラーニング 0

Q.1

日常にある宗教・宗教的なものを探してみよう。

　宗教を単に「信仰」としてのみとらえるのではなく，「文化」という側面も考慮に入れると，身の周りに宗教があふれているはずだ。探してみよう。

Q.2

日本の宗教についての入門書を読んでみよう。

　学問を学ぶにはまず身近なところから始めるのが良い。宗教学的な視点をもつことで，身近な世界が大きく変わって見えてくることを体験してほしい。概説でも触れた阿満（1996），岡本（2021），岩田・碧海（2020）がオススメ。

Q.3

宗教に関する・宗教が扱われている映画などを観て，レポートを書こう。

　井上順孝編『映画で学ぶ現代宗教』（弘文堂，2009年）やインターネットなどを参考に，宗教的なものが表現されている作品を鑑賞し，論じてみよう。

Q.4

「宗教問題」についてディスカッションしてみよう。

　本章のケーススタディで扱った「宗教2世問題」以外にも宗教がらみの問題はいろいろある。たとえば「カルト問題」「宗教テロ」「宗教紛争」「靖国問題」「陰謀論」「疑似科学」等々。他の章も参考にしつつ，話し合ってみよう。

宗教について
考えるために

第1章

生と死の意味
この世の生に意味はあるか

竹内綱史

　しばらく前から，ライトノベルやマンガやアニメなどのいわゆるサブカルで異世界転生物語が人気だ。不慮の死を遂げた主人公がファンタジー世界へと生まれ変わり，さまざまな困難を乗り越えて活躍するなどといった物語である。それらは「死後の世界」の物語であり，宗教の説話などに広く見られる形のものである。それらの物語は，かつて宗教が与えてくれていたが，近代的＝科学的世界観では否定されてしまう類の「生と死の意味」を，思い出させてくれる。

　異世界転生物語では当然，現世におけるこの人生が迎える死は「終わり」ではないことになる。現世で生きている間に培った知識やスキルなどは，死後に（も）役立つわけだ。転生後の世界は何不自由なく遊んで暮らせるような楽園として描かれているわけではなく，困難な状況に主人公は投げ込まれてしまうことが多いのだが，生前に得た知識やスキルなどを駆使してその状況を打開していく。いったいなぜ現代になってこういったものが流行っているのだろうか。

　異世界転生物語が宗教そのものだと言いたいわけではない。むしろ現代人は，こういう物語を「フィクション」として消費することしかできなくなっているのだ。だがそれとともに「生と死の意味」を見失いがちだということを示唆してはいないだろうか。以下，本章では，かつて宗教が与えてくれていた「生と死の意味」を思い起こしながら，現代においてそれがもつ意義を考えていこう。

KEYWORDS　#死生観　#死生学　#輪廻転生　#ニヒリズム　#人生の意味

1 ｜ 私たちはどこから来てどこへ行くのか

・

異世界転生物語にみる生と死の意味

　異世界転生物語とはこの世とは違う世界へと生まれ変わる物語である。それが流行るというのは，現代日本社会の閉塞感の表れなのかもしれない。この世ではロクな人生を期待できないので，別の世界を夢見るというわけだ。そういう説明にも一理あるだろう。だがここでは諸宗教が語ってきた死後の世界との類似点と相違点を考えてみたい。類似点とは，転生によって死の意味が変わり，それとともにこの世の生の意味も変わるということである。相違点はもちろん，現代日本で流行っているのは単なるフィクションであるという点だ。

　まずは類似点から見ていこう。異世界転生物語では，転生という視点をとることで，この世（現世）の意味が変わる。つまり，この世でいかに生きたかが，転生後の人生を決める，ということである。現世で培ったスキルや知識が転生後に生かされるというパターンや，異世界での生活を通じて現世のありがたみを再認識するという話もよくある。その意味で，転生を語るということは，現世を否定するのではなく，現世での生に今までとは違う意味を付与する（あるいはロクでもないものから意味あるものに変える）という側面をもつのである。

　それゆえ，もしあらかじめ転生することがわかっていれば，この世での生き方が変わらざるをえない。転生後に役立つかもしれないスキルなどをなるべく多く身につけておくべきということになるからだ。それはたとえば，天国に行けるように現世で多くの徳を積んでおこうとする宗教信者と同じである。もっとも，現代の異世界転生物語ではたいてい，主人公は生前に転生を信じているわけではなく，思いがけず転生してしまうというパターンが多い。そうなると，生前にもっと頑張っておけばよかったという後悔が語られたりもする。それでも，転生先で現世での反省を生かそうとすることで，生前の経験の意味が変わり，かつての人生を改めて肯定できるようになったりするわけだ。

　そもそも自分の行為や自分に降りかかる出来事の意味とは，たいていの場合，目的と手段の関係や原因と結果の関係のなかで生じたり失われたりするものである。初めから目的がわかっているのなら，その目的に向けての手段とし

て，さまざまなことが意味づけられる。たとえば，スポーツなどで辛い練習に耐えられるのは，試合に勝つという目的によって意味づけられているからだ。逆に，後になって何らかの事柄が結果であるとわかった場合は，その時点で，過去の事柄がその結果に向けた原因と見なされることになり，過去の意味が変わる。たとえば，怪我で大事な試合に欠場して辛い思いをしたスポーツ選手が，リハビリの過程で身体のメカニズムに詳しくなり，後にトレーナーとして大成した場合，怪我の意味が最初とは大きく変わる。私たちは日々，こうした目的手段関係・原因結果関係の網の目のなかで生きており，行為や出来事のほぼすべてが，これらの関係のなかでその意味が理解されているはずである。言い換えると，私たちはいつだって，自らの人生をまとまりのあるひとつの「物語」として理解しているということだ。好むと好まざるとにかかわらず，私たちはいつだって自分の人生という物語の主人公なのである（浅野 2001）。

　しかしその物語は通常，私たちはいつか必ず死ぬという事実を前に，破綻せざるをえない。どんなに頑張ったところで，どうせ死という結果しかもたらさないのであれば，何の意味があるのか。しかし来世が存在するならば，死は終わりではなく，次の生の始まりであることになり，物語は続く。死が終わりではないことによって，私たちの人生の意味が再び生じるわけだ。

・

死生観と死生学

　よく知られているように，死後の世界は宗教においてさまざまに語られてきた（大城 2017，中村 2018など）。「死後生」や「来世観」と言ったりもするが，日本ではたとえば，仏教の六道輪廻がよく知られている。私たちは天・人間・修羅・畜生・餓鬼・地獄の六つの道（世界）の転生を繰り返しているというものである。キリスト教やイスラーム〔☞諸宗教の解説〕なら，個々人はこの世の生を終えた後，最後の審判を前に全員が一度復活し，審判によって天国か地獄（イスラームでは「楽園か火獄」と言う）に行くかが決まる。また，しっかり準備しておけばこの世と同じような生活が続くとされる古代エジプトの「死者の書」なども有名だ。そしてもちろん，こうした教義レベルのものだけではなく，民俗宗教（序章参照）においても無数の来世観が存在する。山の上や海の向こうに行く，盆には子孫の家に帰ってくる，草葉の陰で生者を見守る，星に

なる，千の風になる，等々。これらの来世観は，生まれる前に私たちはどこにいたのか，つまり前世観もセットになっていることが多い。

だがいずれにしろ，異世界転生物語と同じように，それらの来世観をもつことで人生の意味は変わる。来世観は人生観と連動せざるをえないのだ。それはつまり，この現世と来世との間にあるもの，すなわち「死」をどう考えるかが生き方に影響するということである。この，死との向き合い方や，人生観と連動した死後についての考え方を指して，**「死生観」**という言葉がよく使われる。

現在，死生観をめぐる諸問題を研究する**「死生学」**〔☞用語集〕が注目を集めている。死生学は特にターミナルケア（死に行く人のケア）やグリーフケア（大切な存在を亡くした人のケア）──両方を包含する「スピリチュアルケア」という呼び方もある──などの臨床現場の必要から広がったが，脳死・臓器移植や尊厳死などの生命倫理学的諸問題や，戦争や災害犠牲者の慰霊も含む葬送儀礼の諸問題などを扱い，世界中の死生観の比較研究なども含む学際的学問分野である（島薗 2012）。死生観は宗教に基づくものが多いので，当然ながら，死生学は宗教学とも密接に関わっている。

死生学の興隆は現代において多くの人が死生観に関心をもつようになったことを示している。高齢化が進み多死社会を迎えつつあるにもかかわらず，伝統的な宗教が力を失ったことで，死生観に多くの人が迷っているからだ。新しいタイプの「スピリチュアル」（第11章参照）な個人主義的**輪廻転生**観〔☞用語集〕も広がりつつある（堀江 2019）。死生観についての迷いは，生と死の意味についての迷いに直結する。異世界転生物語の流行も，そのような文脈のなかにあると考えることができる。

2 ｜ 科学時代の生と死

..
死後生のリアリティ

次に，異世界転生物語と宗教的な死生観との相違点について考えてみよう。異世界転生物語はもちろんフィクションである。だが一方，宗教的な死生観は単なるフィクションではない，とされる。

もちろん，本来，来世のことなど現世で生きる私たちには知り得ないはずで

ある。だからこそ死生観には無数のヴァリエーションがあるわけだが，それら
を単なる想像力の産物と片づけてしまってはならない。なぜなら，フィクショ
ンとして楽しまれている転生物語とは異なり，信じている人たちにとっては，
宗教的死生観には独特なリアリティがあるからだ（宇都宮 2004）。

　とはいえ，信じている人であっても，必ずしも来世を純然たる「事実」とし
て——ここにコップがあることと同じレベルで——信じているわけではない。
むしろそのリアリティの核となっているのは，自分の死後についての信念とい
うよりも，身近な人たちが亡くなった後にどこへ行ったかについての実感とい
うべきものだ。身近な人，かけがえのない人の死を「二人称の死」と言うが
（それに対して自分の死は「一人称の死」，ニュースなどで知る赤の他人の死は「三
人称の死」と言う（ジャンケレヴィッチ 1978）），二人称の死という経験は，自覚
的であれ無自覚的であれ，人が最も宗教に接近するときであると言われる。現
代日本でも，誰か身近な人を亡くしたとき，「あっちに行っても元気で」「また
会おう」「見守っていてください」といった，死後生を前提とした言葉が極め
て頻繁に，しかも真心をこめて発せられる。それらを単なる想像ないし妄想，
あるいはせいぜいのところただの気休めにすぎないと言って良いだろうか。

　いやもちろん，現代日本人が「あっち」の存在をそのまま信じていると言い
切れないということはわかる。その存在の仕方は，言葉にするなら，「私たち
の心のなかに」「想いのなかに」といった表現にならざるをえない。物理的に
存在しないものを，現代の私たちは「存在する」とは言わないからだ。だが死
者たちは，物理的に存在しているものよりも強いリアリティをもったりするの
である。少し考えてみてほしい。物理的には存在しないが，それでも存在する
と言わざるをえないときがあるのではないか。実際，葬式や慰霊祭など，私た
ちは，死者がどこかに存在することを前提に，さまざまな営みを行っている。
つまり，死後生の存在について，「事実」か「想像」かの二者択一で考えるこ
と自体が，適切ではない可能性があるのだ。

・・

死者と共に生きる

　2011年の東日本大震災の後，被災地では「心霊現象」の報告が相次いだこ
とが知られている。亡くなったはずの家族と再び「会った」といった話などで

ある（奥野 2020など）。それに対して，幽霊の存在を「科学的」に全否定する人もいれば，「やっぱり」存在したんだと言う人もいる。宗教学では基本的に，そのような真偽問題・存在問題には立ち入らず，体験者たちの証言からそこでどのような世界観・死生観が前提されているかを分析するという手法――宗教現象学的手法――が採られるが，たとえば物理的現実（客観的実在）と心理的現実（主観的思い込み）との間にある「物語的現実」がもつリアリティに注目すべきだと論じられている（高橋・堀江 2021）。要するに，事実と想像の「間」にあるリアリティを見直すべきということだ。私たちは昔から死者たちと共に生きてきた。そのリアリティが，震災を機に，再び脚光を浴びたわけである。もちろんこのリアリティは，私たちは先人たち（＝死者たち）の遺産によって生かされているなどと宗教色なしに語られるものから，死んだあの人によって守られているという実感までさまざまであるが，いずれにしろ，「事実」とは科学的に確定できる物理現象だけだ，という考え方は狭いのである。それはつまり，異世界転生物語というフィクションと，宗教的死生観のリアリティは違うということだ。後者は単なるフィクションではなく，物理的現実ではない（そのため科学的には相手にされない）としても，私たちの人生という物語にとっては，重要な「事実」だと言うべきなのである。

　だが逆に言うと，異世界転生物語がそれほど違和感なく受け入れられ楽しまれていること自体，宗教的死生観のリアリティがある程度あるからこそだと考えることもできる。この世で不慮の死を遂げたのに気づいたら異世界にいた，という話が荒唐無稽すぎて意味不明だと言われたりしないのは，死後生に少しでもリアリティを感じている人がまだ多いということなのだろう。

・・
ニヒリズム

　科学的世界観によって死後生が否定されることについて，もう少し考えてみよう（宗教－科学関係の詳細は第14章参照）。科学的世界観においては，人は死んだら「無」になるのであって，死者などというものは「存在」しない――とされる。近代以降こうした世界観が公式なものとなった。「公式」というのは，「来世は存在するのか？」などと問われた場合は，「存在しない」と答えるのが「正しい」と，ほとんど何の疑いもなく人々が前提しているということである。

　だがそうなると，私たちは一方で死者の存在を前提にした葬送儀礼などの営みをしながら，他方でそんなものは存在しない世界観を公式なものと受け入れていることになる。この二重性ないし矛盾をどう考えるべきか。曖昧なまま生活するのもひとつの手だ。民俗宗教とはそういうもので，その曖昧さは一種の知恵なのかもしれない。しかしその矛盾を解決しようとするとかなり難しい。

　すぐに思いつくのは，公式の科学的世界観を貫徹し，死者の存在などを全否定する道だろう。来世など妄想にすぎず，死後生などというものは前近代の遅れた考えだ，葬送儀礼も死者のために行っているのではなく，遺族の心の整理のためにやるのだ，等々。それに，科学の発達と軌を一にして，近代では個人主義化が進行し，現代ではシングルのライフスタイルも広がって，二人称の死の範囲も狭まった。死者の存在のリアリティは薄れる一方だ。

　けれども，死後生のリアリティが失われることで，私たちはこの世の生に閉じ込められる。死んだら無になることが厳然たる「事実」となる。生まれる前は無，死んだ後も無，私たちは無に囲まれたこの人生を束の間だけ生き，そして死ぬ。それだけだ。もちろん，だからどうしたという人が大半かもしれない。あるいは，だからこそこのかけがえのない人生に無限の価値があると考える人もいるだろう。しかし，そのことに重大な危機を見出す人もいる。たとえばロシアの文豪トルストイ（1828-1910）はそうした1人であった。

　　私の疑問——五十歳の自分に私を自殺させようとしたこの疑問——は，他愛の
　　ない小児から思慮分別の十分ついた老人に至るまでの，すべての人の心の中に
　　横たわっている，最も単純な疑問であった。これを欠いては生きて行くことが
　　不可能になる疑問であった。私はそれを実際に経験したのである。その疑問と
　　いうのはこうだった。《私が今行っていることや，明日も行うであろうことから，
　　いかなる結果が生ずるのか？——私の一生涯からいかなるものが生まれるの
　　か？》／この疑問を別な言葉で表現すればこうなるであろう。《何故に私は生き
　　るのか，何故に私は何物かを求めるのか，また何事かを行うのか？》さらにこ
　　の疑問はつぎのようにも言い現わせる。《私の行く手に待ち構えているあの避け
　　難い死によって滅せられない悠久の意義が，私の生活にあるだろうか？》
　　　　　　　　　　　　　　　　　　　　（トルストイ 1961：38，／は原文改行）

　世界文学の最高傑作ともされる『戦争と平和』（1864-1869）や『アンナ・カレーニナ』（1873-1877）を著し，富も世界的名声も手中にしたトルストイだったが，そんなことに何の意味があるのか，そもそも人生に意味などないのではないか，という悩みに苛まれたのである。注意してほしいのは，ここでの「人生の意味」とは，人生全体の意味である点だ。人生における種々の出来事の意味は人生全体のなかに位置づけられることで意味をもつ。だが，人生の全体は，無に囲まれ，どこにも位置づけられない。何をしようと，いずれ無に帰し，虚しいだけではないのか。

　このように，人生に意味など無いのではないかという問いに取り憑かれてしまう状況を，一般に「ニヒリズム」というが（西谷1986），科学的世界観による死後生の否定，いやそれのみならず宗教的世界観全般の否定は，ニヒリズムを引き起こすと言われ続けてきた。現代において宗教を考える場合，このニヒリズムの問題を避けて通ることはできない。ニヒリズムは不可避なのだろうか。それに陥らないためには，宗教が不可欠なのだろうか。

3 ｜ 生きる意味と宗教

···

死生観の4タイプ

死生観は以下の4つに分けられると言われる（岸本1973：101）。

① 肉体的生命の存続を希求するもの

② 死後における生命の永存を信ずるもの

③ 自己の生命を，それに代わる限りなき生命に托するもの

④ 現実の生活のなかに永遠の生命を感得するもの

　①は要するに「死にたくない」ということである。人間のごく普通の態度であり，医療の発展の基礎でもある。不老長寿を求めたという昔話もここから出ているし，また，「人はいつか死ぬかもしれないが，自分はまだだ」と死を自分のこととして受けとめられない日常的な態度もここに入る。

　②は本章でこれまで扱ってきた来世観の多くが入る。別の世界で現世とは別の肉体で生きる異世界転生物語のみならず，仏教的輪廻や民俗宗教的来世観もそうだろう。死後に天国や地獄に行くのもそうだ。これらが近代科学の世界観

によって否定されてしまうことが問題になり得ると前節で述べた。

　③は言わば「大いなるもの」に包まれてあるという感覚だ。これは宗教に限るものではない。大いなる自然の一部であるという実感，不滅と信じられた国家や民族への寄与，歴史に名を残す，子孫に後を託す，といった考えもここに入る。このタイプの解決が現代では最もよくあるものかもしれない。だが，個人主義化が進むと，これも難しくなる。大自然が変わらず存在しようと，国家や民族が繁栄しようと，歴史に名が残ろうと，子孫が幸せに暮らそうと，「この私」がそこに居ないのなら，何だというのか。一方で，個人主義からこうした結論に至ってしまうことに危うさを感じる人も多く，個人主義を否定して全体主義や権威主義を（再び）呼び込もうとする人もいる。しかし，個々人の自由と権利を最も大切なものと考える近代的な考え方が，どれほどの人を解放してきたかを忘れてはならないだろう。

　そこで④が重要な解決となる。だが，これが一番難しいかもしれない。実はこの解決こそが，多くの宗教が最終境地と見なしてきたような立場だと言われることがある。日々のこの世の生活のなかで，「永遠」に触れること。「永遠」を感じること。ひょっとしたら，先に触れた，かけがえのないこの人生だからこそ無限の価値をもつ，という考えはこれに近いのかもしれない。だが，そういうことを頭で理解していても，実際に心静かに大切な人の死や自らの死を受け入れられる人など，ほんの一握りだろう。

　①〜④のどれかが正しいという話ではないし，どれかひとつを選ばなければならないわけでもない。①のような死への恐怖を捨てることなど普通はできないし，②を信じたり③に魅力を感じたり，時には④を実感したりと，これらの組み合わせのなかで（なんとなく）生きているのがほとんどの人の実相だろう。

• • •

人生の意味論と意味を問わない境地

　ところで，哲学や心理学などでは今，「**人生の意味**」とは何なのかが盛んに論じられている（浦田 2013，Metz 2013など）。それは死生観とも密接に関連するわけだが，そこでは人生の意味をどのように考えるのかについて，「超自然主義」「自然主義的客観主義」「自然主義的主観主義」の3タイプに分けられことが多い。ちょっと硬い表現だが，ここでの「自然」とは「この世」のことで

あり、「超自然主義」とはこの世を超えたものが人生の意味には必要と考える
立場なので、ごくおおまかに言って、先の死生観の分類の②に対応する。同様
に、「客観主義」とは自己を超えた何かが必要と考えるので先の③に、最後の
「主観主義」は先の④に、それぞれ対応すると見ることができる（この対応関係
はごくおおまかなものなので、細部はいろいろと検討の余地がある）。

　だが実は、もうひとつ、意味を問わない立場というのがあり得る。12 〜 13世
紀ドイツの神秘主義者マイスター・エックハルトはこう言っている。

> だれかが命に向って千年もの間、「あなたはなぜ生きるのか」と問いつづけると
> しても、もし命が答えることができるならば、「わたしは生きるがゆえに生きる」
> という以外答はないであろう。それは、命が命自身の根底から生き、自分自身
> から豊かに湧き出ているからである。それゆえに、命はそれ自身を生きるま
> さにそのところにおいて、なぜという問なしに生きるのである。
>
> （エックハルト 1990：40）

　なぜなしに生きること。それができれば苦労しないかもしれない。あるい
は、そもそもほとんどの人は実際になぜなしに生きているのかもしれない。人
生の意味とは頭で納得するものではなく、生きられるものであるので、実は、
そもそも人生の意味を問う事態が生じない状態が、最も意味に満ちた生を送っ
ている印と考えることができるのだ（宇都宮 2015）。問いが生じてしまったら、
トルストイのように、答えの出ない袋小路に陥ってしまいかねない。ニヒリズ
ムとは理論的な問題ではないのである。あなた自身がどのように生きるかが
「答え」そのものなのだ。

　だがもしニヒリズムに陥ってしまった場合、死生観を見つめ直すこと、先達
の生きざまと死にざまを学ぶこと——死生学や宗教学、あるいは宗教そのもの
——は、ひとつの助けにはなるかもしれない。とはいえそこに決定的な「答
え」を期待しすぎないようにしよう。「答え」とはただ、あなたがいかに生き、
そしていかに死ぬかによって示されるものでしかないからである。

参考文献
—

浅野智彦　2001『自己への物語論的接近——家族療法から社会学へ』勁草書房。

宇都宮輝夫　2004「死と宗教——来世観の歴史性と不変性」池上良正ほか編『岩波講座
　　宗教3　宗教史の可能性』岩波書店，215-244頁。

——　2015『生と死を考える——宗教学から見た死生学』北海道大学出版会。

浦田悠　2013『人生の意味の心理学——実存的な問いを生むこころ』京都大学学術出版
　　会。

エックハルト　1990『エックハルト説教集』田島照久編訳，岩波文庫。

大城道則編著　2017『死者はどこへいくのか——死をめぐる人類五〇〇〇年の歴史』河
　　出ブックス。

奥野修司　2020『魂でもいいから，そばにいて——3・11後の霊体験を聞く』新潮文庫。

岸本英夫　1973『死を見つめる心——ガンとたたかった十年間』講談社文庫。

島薗進　2012『日本人の死生観を読む——明治武士道から「おくりびと」へ』朝日新聞出版。

高橋原・堀江宗正　2021『死者の力——津波被災地「霊的体験」の死生学』岩波書店。

トルストイ，L　1961（改版）『懺悔』原久一郎訳，岩波文庫。

中村圭志　2018『人は「死後の世界」をどう考えてきたか』角川書店。

西谷啓治　1986『西谷啓治著作集8　ニヒリズム』創文社。

堀江宗正　2019『ポップ・スピリチュアリティ——メディア化された宗教性』岩波書店。

Metz, T. 2013. *Meaning in Life: An Analytic Study.* Oxford University Press.

ブックガイド

『あの日見た花の名前を僕達はまだ知らない。』1〜6（DVD）
　長井龍雪監督，アニプレックス，2011年

　東日本大震災の年に TV 放映されて感動を呼んだ傑作アニメ。幽霊として現れた幼馴染をめぐる主人公たちの葛藤と成長の物語。現代日本人の死生観の一面がよく表現されている。

『日本人の死生観を読む──明治武士道から「おくりびと」へ』
　島薗進，朝日新聞出版，2012年

　明治から現代にかけての日本の代表的な死生観と，死生学の概要を知ることができるお得な一冊。

『哲学コレクション I　宗教』上田閑照，岩波現代文庫，2007年

　人間として生きることそれ自体に宗教性が存在することを論じる宗教哲学。

Case Study | ケーススタディ1

オウム真理教事件を考える
生きる意味の追求とその危うさ

　オウム真理教は1995年3月20日に起きた地下鉄サリン事件を頂点とした数々の凶悪事件で知られており，現代日本で宗教を考えるうえでは避けては通れない。この教団や事件についてはすでに多くの研究がなされているが（リフトン2000，井上2015など），「生と死の意味」との関連で少し考えてみたい。

　事件当時，オウムには1万人以上の信者がおり，その多くは若者だった。なぜ若者たちはオウムに惹きつけられたのか。宗教への入信理由として伝統的には「貧病争」つまり経済的困窮・病気・人間関係の悩みの3つがよく知られているが，オウムへの入信理由の多くはそれらとは異なっていた。地下鉄サリン事件実行犯の1人である広瀬健一元死刑囚はこう書いている。

　　信徒の入信理由の特徴は，たとえば「生きる意味」に対する問いのような，解決が極めて困難な問題に関係があったことではないでしょうか。ただし，この「生きる意味」は，仕事に対する生きがいなどの日常的なことではありません。たとえば，「生まれてきた目的」に関わるような，形而上的ともいえることです。それゆえ，この問題はこの世における解決が困難です。（中略）ところが，オウムは「超越的世界観」を有し，この類の問題を解決する機能がありました。これは，日常を超えたオウムの世界観においては，「生きる意味」や「生まれてきた目的」の回答が与えられており，信徒がその世界観を受容すると問題が解決するということです。

（広瀬 2019：20）

　概説で述べたように，人生全体の意味は，この世を超えたもの無しで見出すことはなかなか難しい。だが逆に言うと，この世を超えたものを信じることで，強烈な意味が与えられることがあり得る。一般社会の倫理道徳を無化して

しまうほどのインパクトをもつことすらあり得るのだ。

　近代公式の科学的世界観や世俗化した近代社会に対して，宗教が強烈に「否」を突きつけることがある。その表れのひとつが，「カルト」と呼ばれるものだ。「カルト」とは反社会的宗教集団のことであり，その反社会性は現代ではとりわけ人権侵害を意味する（あくまで「反社会的」なものが「カルト」であって，宗教全般をそれと同一視してはならない）。オウムはもちろん「カルト」であった。

　しかし，「カルト」とされる宗教集団の多くは，初めから人権侵害を目的としていたりはしない。むしろ，一般的な世界観では与えられない強烈な人生の意味を，多くの人に知ってもらいたいという「善意」が出発点だったりするのだ。そのような「善意」を初めから無下にしたり，ましてや何も問題を起こしてないのに「摘発」したりすることは，信教の自由の否定であり，それこそ人権侵害である（櫻井 2006）。重要なのは，ニヒリズムに陥っても，確たる「答え」を見つけた気がしたときでも，常にそれを相対化する努力を怠ってはならないことだろう（森岡 2019）。それは簡単ではないかもしれないが，決して忘れてはならないことである。

参考文献
—
井上順孝責任編集　2015『〈オウム真理教〉を検証する——そのウチとソトの境界線』春秋社。
櫻井義秀　2006『「カルト」を問い直す——信教の自由というリスク』中公新書ラクレ。
広瀬健一　2019『悔悟　オウム真理教元信徒・広瀬健一の手記』朝日新聞出版。
森岡正博　2019『完全版　宗教なき時代を生きるために——オウム事件と「生きる意味」』法蔵館。
リフトン，R・J　2000『終末と救済の幻想——オウム真理教とは何か』渡辺学訳，岩波書店。

Active Learning | アクティブラーニング1

Q.1

自分自身あるいは周りの人たちの「死生観」を考えてみよう。

　普段自覚していなくても人は何らかの死生観をもっているものだ。みなさんや周りの人たちがどのような死生観をもっているのかを考えてみよう。

Q.2

トルストイ『イワン・イリイチの死』を読んでみよう。

　この本はトルストイが人生の意味に悩みぬいた末に書いた短い小説で，「死の受容」の難しさを赤裸々に描いたものとして世界的に有名である。死を目前にした主人公の苦しみや，周りの人々の非常に「人間的」な反応など，身につまされる描写の連続なので，心して読んでみよう（望月哲男訳，光文社古典新訳文庫，2006年（同じトルストイの『クロイツェル・ソナタ』と併録））。

Q.3

死者のリアリティをどう受けとめるべきかディスカッションしてみよう。

　死者がどこかに存在すると言えるだろうか。それは，葬式は誰のために行うのか，心霊現象をどう考えるか，といったことともつながるだろう。

Q.4

人生の意味を得るのに宗教が必要かどうかレポートにまとめてみよう。

　概説では死生観の4タイプ，人生の意味論の3タイプを紹介した。岸本（1973）などを参照しつつ，人生の意味，特に人生全体の意味——それは「死」をどう位置づけるかも含まれる——について，レポートにまとめてみよう。

第2章

悪の問題
無関係ではいられない熱い問題

―――――

根無一行

　ためしに「悪」に関する言葉を思いつくままに書き出していってみよう。すると、「悪天候」「悪臭」「悪夢」「悪性」「悪運」「悪酔い」「悪気」「悪癖」「悪役」等々、挙げ始めるときりがないことがわかる。それほど悪に関する事柄は私たちの身の回りにあふれかえっているということだろう。

　では、悪はどういう形で「身の回り」にあるのだろうか。たとえば、「現在雨が降っています」という天気の実況だが、雨自体は自然現象であって善でも悪でもない。しかし、楽しみにしていたイベントの日がどしゃ降りの「悪天候」になって「最悪だ！」と嘆いたりする。「心」が関係するときに悪が生じてくるのである。その際、悪は単独で生じるのではなく、善と関わりながら生じている。たとえば、病気になって初めて健康のありがたさが身にしみてわかったという話をよく聞くが、「病気」がなければ意識上は「健康」もなかったわけで、もし絶対に病気にならないのなら病気という概念も健康という概念も私たちには不要だろう。「楽しみ」（＝善）を奪われて「最悪だ！」と嘆いているのである。

　もっとつっこんで考えてみよう。どういう場合に心が関与して、どういう風に善と悪が生じるのだろうか。ここで出番なのが、悪について深く考えてきた宗教学である。どのように悪を考えていけばよいのか、一緒に見ていこう。

KEYWORDS　#罪　#犯す悪　#原罪　#無償の愛　#正義　#被る悪　#神義論

1｜罪

·
十戒

　悪と似たような語に「罪」という語がある。罪とは，「決まり」に反したことを行ったときに「罪を犯す」というような形で生じるものである。そうすると，その決まりを守ることが善で，それを破ることが悪だと言えそうである。

　本章が扱う悪のタイプのひとつはこれである。いわゆる『旧約聖書』に登場する有名な「十戒」を取り上げて，まずその「決まり」を見ていこう（この10個の戒律の内容は実は一様ではないが，ここでは日本で一番よく知られている「十戒」を挙げる）。

　①私をおいてほかに神々があってはならない。②自分のために彫像を造ってはならない。③あなたの神，主の名をみだりに唱えてはならない。④安息日を覚えて，これを聖別しなさい。安息日にはどのような仕事もしてはならない。⑤父と母を敬いなさい。⑥殺してはならない。⑦姦淫してはならない。⑧盗んではならない。⑨隣人について偽りの証言をしてはならない。⑩隣人の家を欲してはならない（「出エジプト記」20章3-17節参照）。

　④の「安息日」という言葉は聞き慣れないかもしれない。『旧約聖書』のなかの「創世記」の冒頭，「天地創造」物語のなかで，神が6日間働いて天地を造ったあと7日目に休んだという話を背景にもつのがこの安息日である。

·
3種類の罪

　以上の10個の戒律をここであえて3種類に分けてみたい。ひとつ目は神に直接関係する「宗教的戒律」。①〜④はこのタイプである。安息日を守るという行為は多くの日本人には無関係だろうが，『旧約聖書』のなかの紀元前何千年という世界には，安息日に薪を拾うという労働をしたために死刑になった者の話が出てくる（「民数記」15章32-36節）。もちろん現代ではそんなことはないし，『新約聖書』のなかの紀元30年頃の時代にイエスが治療という労働を安息日にする話があるが（「マルコによる福音書」3章1-6節），イエスはひんしゅくを買いこそすれ，死刑になってはいない。2つ目は「父母を敬え」というタイプのい

わゆる「道徳的戒律」。今度もイエスは「父母を憎め」というようなことを言ったりしているが（「ルカによる福音書」14章26節），死刑の原因はそれでもない。3つ目は「法律的戒律」。「盗んではならない」というような戒律に違反すると誰であれ捕まるだろう。イエスが処刑されるとき，「盗んではならない」という戒律に違反した「強盗」も同時に処刑されている（「マルコによる福音書」15章27節）。

　では，話を「罪」に移そう。3つ目の法律的戒律は，それを守らないと逮捕されるので，そこで生じる罪は「刑罰」が与えられる「犯罪」として私たちにも目に見えてわかりやすい。しかし，残りの2つの戒律もそれに背けば罪を生じさせることは，その違反を戒律のタイプに対応させてみると見えてくる。つまり，ひとつ目の宗教的戒律に背くと生じるのは「罪業」（これに対してはたとえば「地獄」という永劫の苦しみが罰として与えられる），2つ目の道徳的戒律に背くと生じるのは「罪悪」（すぐ次で考えるが，これに対しては「罪悪感」という苦しみが罰として与えられる）だと言えるだろう。

・

罪＝悪

　こう見ると，戒律違反という「罪」のなかに「悪」という言葉が直接現れるのは道徳的戒律の場合であることがわかる。この「罪悪」は具体的には「罪悪感を覚える」という形で私たちの上にのしかかってくる。電車で困っている人に座席を譲らないという不「道徳」的な行為をしてしまったときなどを想起してみよう。

　では，残りの2つの戒律を破った際にはどういう悪が生じていると考えられるのだろうか。法律的戒律違反に関して言えば，たとえ「完全犯罪」を成功させて法律的には罪に問われない場合でも罪悪感に苛まれて自首することがある。この感情は「犯罪感」とは言わない。私たちになじみがなさそうな宗教的戒律についてはどうだろう。たとえばお守りを踏み潰すとかおみくじを破り捨てるといった行為を私たちがしないのは，「そんなことしたら〈バチ〉があたる」からである。ここには宗教的戒律違反が原因で生じる罪悪感が表現されている（「罪業感」とは呼ばない）。それゆえ結局のところ，どのタイプの場合であれ戒律違反はすべて「罪悪」を生じさせることになると考えてよさそうである。

2│犯す悪

‥
原罪

　さて,「罪」という回り道を経て私たちの前に浮かび上がってきたのは罪悪感という言葉で表現される悪だということになる。このような悪は伝統的に「自分が**犯す悪**」として考えられてきたものである。

　「創世記」のなかの,アダムとエバ(イブ)の「失楽園物語」は聞いたことがある方も多いと思う。無垢だった2人が,食べてはいけないと神から命じられていた「善悪の知識の実」を蛇にそそのかされて食べてしまい,エデンの園から追い出されるあの話である(「創世記」3章)。2人は掟に背いて罪悪を(ということは善も)生じさせたわけだが,ここから伝統的にキリスト教〔☞諸宗教の解説〕は,2人の罪は人類に遺伝し,私たちは生まれたときから「**原罪**」を有していると考える。

　最初から神は人間をそんな風に創らなければよかったのにと思うかもしれない。しかし,原罪の教義形成に影響を与えた古代の神学者アウグスティヌス(354-430)は,人間は神によって初めから悪しき存在として創られたのではなく,あくまで悪の責任は「自由意志」によって行動した人間にあると繰り返す(アウグスティヌス 1989)。この洞察を引き継ぎつつも「罪の遺伝」という考え方は不適切だとして,原罪を「根元悪」という概念で捉え直したのが18世紀の哲学者イマヌエル・カント(1724-1804)である。

‥
良心の声

　電車で困っている人に席を譲らなかったとき,私たちはそれをしばしば〈自分のなかの「天使」が自分のなかの「悪魔のささやき」に負けた〉などと表現する。カントはそれをこう説明する。私たちは,「その行動方針を本当に誰もがいつでも採用すべきなのか?」というようなことを自分の理性が自分自身に語りかけていることを意識しているはずだが,そういう「良心の声(天使の声)」を聞きながらも,無条件で採用すべき善い行動方針とは異なる行動方針を「自己愛」のために選択してしまうのだ,と。

カントによれば問題はこの自己愛である。ある行為が「自分のため」というものを条件にしてなされたのであれば，それは「誰もがいつでも採用すべき道徳法則」に従った善い行為だとは——たとえ見た目が同じであっても——言えないからである。「悪」の発生のメカニズムをカントはこのように考えた。

　ただし，カントはもっと深くまで見つめている。カントによれば，私たちはど・う・し・て・も・そういう風に選択してしまうのである。それが「根元悪」である。私たちは「毎日」こういうことをしており，アダムの話は「君のことを語っている」（カント 2000b：56）。「わかっちゃいるけどやめられねえ♪」という「スーダラ節」（作詞：青島幸男）はこの「根元悪」をみごとに表現していると思う。

　だが，ここで終わりではない。カントは，私たちはまたどうしても良心の声を聞いてしまうという「事実」を強調する（カント 2000a：166）。良心の声が聞こえてこない場合もあるだろうし，現実には一度としてその声に聞き従ったことがなかったかもしれないが，一度たりともその声を聞いたことのない人はいないはずだ，そうカントは考える。なぜこの「事実」がそんなに大事なのかというと，そこには私たちが「自由」だということが示されているからである。

　本章では，善悪は「心」が関係したときに生じると述べてきたが，その「心」をカントは「自由」と捉えたと考えてよい。手にもった石を離せば落下するのは自然法則に基づいた機械的な運動であって，そこには落下せずに別様に運動する自由はない。だから，自由によってなされたのではない行為は機械的運動にすぎず，そこには善も悪もありえない。ある行為が善とか悪とかと判断されうるのは，そこに「心＝自由」があるからである。

　だから，人間にはどうしても悪へと向かってしまう「根元悪」という「性癖」があるといっても，その性癖は，悪として自分に意識される限りでは，自然法則の機械的な運動なのではなく，人間が自ら自分の自由によって自分のもとへと引き寄せたものだということになる（カント 2000b：38）。しかし，ここが大事なのだが，まさにそうだからこそ，私たちは良心の声に自ら進んで（つまり自分の自由によって）従うことでその悪を克服することもできるはずなのである。

無償の愛＝赦し

　だが，いかにして？　「根元悪」を抱え込んだ人間はどうしても悪を犯してしまう以上，悪の克服への道は閉ざされているのではないだろうか。現実には電車で座席を譲ることもあるだろう。でもそれで本当に「悪魔のささやき」に勝ったのだろうか。心の奥を覗いてみると「自己愛」という悪の原理が渦巻いていないか？　善い人だと思われたいために座席を譲っただけでしょ？「そうじゃない」って？　でもそうした方が「自分が幸せ」だからそうやったのでしょ？　善く生きようとすればするほど自分に善などありえないという「罪悪感」はいや増すばかりである。「根元悪」は私たちの「根元」に深く食い込み続けている。

　キリスト教という宗教の中心にあるのは「罪悪感」に対するこの自覚である。キリスト教の実質的な開祖の1人と見なしうるパウロはこう言っている。

> 正しいものはいない。1人もいない。（中略）／善を行う者はいない。／ただの1人もいない。（「ローマの信徒への手紙」3章10-12節，／は原文改行。以下同じ）

しかしパウロはここから180度転じて，神による**無償の愛**＝赦しを語り出す。

> 神の義は，イエス・キリストの真実によって，信じる者すべてに現されたのです。そこには何の差別もありません。人は皆，罪を犯したため，神の栄光を受けられなくなっていますが，キリスト・イエスによる贖いの業を通して，神の恵みによって価なしに義とされるのです。
>
> （「ローマの信徒への手紙」3章22-24節）

　キリスト教の教義では，「贖い」というのは神によってこの世に遣わされたイエスが十字架上で人類の罪を代わりにすべて背負って死んだ行為を指し，「義」とは「正しい」という意味である。要するに，信仰において私たちは罪から救われているとパウロは語っている。「罪悪感」に押し潰されていた自分が「神の恵み＝価なし（無償）の愛」によって赦され，生きていてよいという

一種の自己肯定感が与えられることで，自己否定するしかなかった多くの者が救われることになったのは間違いない。

..
正義の問い

それはよい。しかし，である。自分が「犯した悪」によって犯罪者になった者も信仰によって赦されてしまってよいのか。「犯された悪」は赦されてはならない。こう考える者も当然いる。

極端な例を考えてみよう。たとえば，600万人のユダヤ人を含む大虐殺を指示したヒトラーが価なし（無償）の神の愛によって赦されてよいのだろうか。前節で「自首」の例を出したが，逆に「罪悪感のない犯罪者」もいるだろう。しかし，この愛は文字通り無償なので，罪を犯した人が罪悪感を覚えているかどうかは実のところこの赦しには関係ない。

その大虐殺で親族のほとんどを失った20世紀のユダヤ人哲学者エマニュエル・レヴィナス（1906-1995）は，「無限の赦しの可能性は無限の悪を助長する」とキリスト教的な愛を強く批判した（レヴィナス 2008：187）。必要なのは無償の愛ではなく「**正義**」，つまり「公正さ」に基づいた裁きや処罰だというわけである。私たちはこういう批判を無数に挙げていくことができるだろう。

3 ｜ 被る悪

...
「自分が犯す悪」から「自分が被る悪」へ

「自分が犯す悪」という問題に光を当てることで，宗教において「罪が赦される」という可能性に出会った。しかし，それは他方で，「犯された悪」は赦されてはならないという「正義」の問いを引き起こすこともわかった。ヒーローものには「ゆるさないぞ！」というセリフがよく出てくるが，それはそのヒーローが「正義のヒーロー」であることを端的に示している。それだけではない。「月に代わっておしおきよ！」という「セーラームーン」のセリフは，「この世」ではまっとうされない正義のために私たちが人間を超えた力を必要としていることをも表している。罪悪感が道徳的罰として私たちの心にのしかかり，犯罪に対する法律的罰が刑罰として社会的に科されるのだとしたら，

「天罰」といった宗教的罰の概念もまた現実的に必要とされ続けるだろう。ただし，自分の「罪」に対して罰が与えられるという話ならそれは「犯す悪」の問題にとどまる。

　本節で注目したいのは，「犯罪者」がいればその「被害者」がいるという事実である。法律的戒律に違反した犯罪者の罪悪感ではなく，その犯罪者によって「被った悪」が新たな問題になる。「正義のヒーロー」が守ろうとするのは決まって「罪のない善良な人たち」だろう。罪悪という角度からは見えなかった「被る悪」という悪が，本章が扱う悪のもうひとつのタイプである。

• • •

「ヨブ記」と「神義論」

　「被る悪」を考える際に古典になっている「ヨブ記」（『旧約聖書』に収録）を取り上げよう。

　昔あるところに神を敬い悪を避けて暮らすヨブという正しい人がいた。地方一の富豪で，7人の息子と3人の娘がいた。ある日，ヨブの信仰を試してみてはどうかというサタンの提案に神がなんと乗ってしまい，サタンに命じて数々の災厄をヨブにもたらすことになる。家畜がすべて死んでしまったのみならず，息子と娘も全員死んでしまう。ひどい皮膚病にかかったヨブは，ついに神を問いただし始める。友人たちは「知らない間に犯した悪のバチがあったのではないか」というように話してヨブのそうした態度をたしなめるが，ヨブは頑なにそれを拒み続ける。最終的に神が現れてヨブをしかりつけ，悔い改めたヨブは神からかつての倍の財を与えられ，再び7人の息子と3人の娘を授かることになる。このような話である。

　ヨブ自身は，自分は悪を犯していないと主張している。本当にそうなのかどうかは措いておこう。そうすると，「全知全能でなおかつ善い方である神がこの世を創ったのならなぜこの世に悪があるのか」という問いが浮かび上がってくる。この問いに対する応答を17世紀の哲学者ライプニッツは「**神義論（弁神論）**」と名づけ，「全体として見れば善が最も大きくなっているはずだ」と考えて「神」の「正義」を「弁護」する議論を繰り出した（ライプニッツ 1990, 1991）。ドストエフスキーの有名な小説『カラマーゾフの兄弟』（1880）のなかにもこの問いが出てくる。「ヨブ記」を読んだ高僧ゾシマ長老がこう語る場面である。

多くの歳月が流れ，彼にはすでに新しい，別の子供たちがいて，彼はその子供たちを愛している。だが，「前の子供たちがいないというのに，前の子供たちを奪われたというのに，どうして新しい子供たちを愛したりできるだろう？　どんなに新しい子供たちがかわいいにせよ，その子たちといっしょにいて，はたして以前のように完全に幸福になれるものだろうか？」という気がしたものだ。だが，それができるのだ，できるのである。（中略）すべての上に，感動させ，和解させ，すべてを赦す，神の真実があるのだ！

（ドストエフスキー 2004b：76）

　ライプニッツが語っているのはまさにこの「すべての上に，感動させ，和解させ，すべてを赦す，神の真実」だと言ってよい。不条理な悪に直面したとき，私たちはそれでも生きていくために，時間はかかるとしてもそれになんとか折り合いをつけようとする。そのとき，「神からすればすべてに最善の世界のためという理由がある」という考え方がその人を励まして顔を上げさせることがある。それは，たとえばオリンピック選手が大怪我をした［＝不条理な悪］際に「神様は乗り越えられない試練を与えない」と捉え，怪我を克服してよい成績を残すことができた［＝最善］という話を想起すればよいだろう。「悪天候」で「最悪」だという冒頭で触れた「悪」も，「被る悪」というこのタイプの「悪」だったことがわかる。後日開催されたイベントが「最高に楽しかった」のは待ちに待たされたからというのもよくある話である。

・・・

イワンの問い

　1755年に死者9万人とも伝えられるリスボン大地震が起こり，ライプニッツの考え方は啓蒙思想家ヴォルテールによって痛烈に批判されることになった（ヴォルテール 2005）。私たちなりに言い直せば，東日本大震災のあの惨状から「最善の世界」が出てくるなどとは到底思えないということであり，ゾシマ長老の言葉に戻れば，たとえ同じ数の子どもを新たに授かったとしてもかけがえのないあの子たちが戻ってきたわけではないということである。実際，『カラマーゾフの兄弟』では，「神の真実」に対する「反逆者」として知られるイワン・カラマーゾフが，ゾシマ長老の弟子でもある弟アリョーシャにこう問うて

いる。

> 究極においては人々を幸福にし，最後には人々に平和と安らぎを与える目的で，
> 人類の運命という建物を作ると仮定してごらん，ただそのためにはどうしても
> 必然的に，せいぜいたった一人かそこらのちっぽけな存在を，たとえば，例の
> 小さな拳で胸をたたいて泣いた子どもを苦しめなければならない，そしてその
> 子の償われぬ涙の上に建物の土台を据えねばならないとしたら，お前はそうい
> う条件で建築家になることを承諾するだろうか，答えてくれ，嘘をつかずに！
>
> （ドストエフスキー 2004a：618）

この問いに対する憤りに満ちたイワン自身の回答は，読む者の心を打つ。

> そんな最高の調和［＝「神の真実」］なんぞ全面的に拒否するんだ。そんな調和
> は，（中略）痛めつけられた子どもの一人の涙にさえ値しないよ！
>
> （ドストエフスキー 2004a：616，［　　］は引用者による補足）

この憤りは，「神の真実」の妥当性を語ることができるのは悪を被った当の
本人のみだという考え方から出てきている。だからイワンからすると，ライプ
ニッツもゾシマ長老も非当事者でありながら当事者づらして「神の真実」を
語ってしまっていることになるのである（ドストエフスキー 2004a：617）。

・・・

おわりに──熱い「悪の問題」

本章ではまず「罪」を分類して「罪悪」というものを浮かび上がらせ，それ
を通して「犯す悪」という悪に光を当てた。そこで見えてきたのは「赦し」で
ある。それはすぐさま「正義」の問いを引き起こした。この正義の問いに見て
取られたのは，自分の罪悪と関係なしに「被る悪」である。この被る悪の問題
は，被る悪には神のみが知る「最善の世界のため」という究極的理由があるの
かないのかという問いを私たちに突きつけることになった。

問題は非常に難しい，というより解決不可能である。自分が加害者側なのか
被害者側なのか，当事者側なのか非当事者側なのかという立場の違いが考え方

に反映されてしまうからである。かといって，俯瞰的な位置から眺めていては問題は「他人事(ひとごと)」のままで，悪という問題の大事なところに触れることはできない。それは，恋愛についていろいろと知識をもっていても，実際に恋愛して初めてそのドキドキ感がわかるというのと同じである。考えてみれば当然である。悪は心が関係して初めて生じてくるのだから，自分の心と無関係に考えられた悪は文字通り「絵に描いた餅」でしかない。だから，「悪の問題」を「自分事」にする必要がある。そう言うと何か重たく感じるかもしれないが，そんなに難しいことではないと思う。本章を読み始めてくれたのは悪に対して思うところが何かあったからで，そして，本章に共感したり納得できなかったりした部分があったはずである。それは，「悪の問題」がすでにあなたにとって無関係ではいられない熱い問題になっているからである。

参考文献
—
アウグスティヌス　1989『自由意志』泉治典訳『アウグスティヌス著作集3』教文館。
ヴォルテール　2005「カンディードまたは最善説」『カンディード他五編』植田祐次訳，岩波文庫。
カント，I　2000a『実践理性批判』坂部恵・伊古田理訳『カント全集7』岩波書店。
───　2000b『たんなる理性の限界内における宗教』北岡武司訳『カント全集10』岩波書店。
ドストエフスキー，F　2004a『カラマーゾフの兄弟　上』原卓也訳，新潮文庫。
───　2004b『カラマーゾフの兄弟　中』原卓也訳，新潮文庫。
日本聖書協会　2018『聖書　聖書協会共同訳』日本聖書協会。
ライプニッツ，G・F　1990『ライプニッツ著作集6　弁神論　上』佐々木能章訳，作品社。
───　1991『ライプニッツ著作集7　弁神論　下』佐々木能章訳，作品社。
レヴィナス，E　2008『困難な自由［増補版・定本全訳］』合田正人監訳・三浦直希訳，法政大学出版局。

ブックガイド

「ためらいの倫理学」『ためらいの倫理学——戦争・性・物語』
　内田樹，角川文庫，2003年

　　「赦し」と「正義」のジレンマについて考えるにはこれ。読みやすいが深い。

「悪の問題を再考する——現代哲学と反神義論」『宗教研究』83（2）：339-362，
　伊原木大祐，日本宗教学会，2009年

　　「神義論」について本章とかなり関連する内容。学術論文だがクリアな論述
　なので，きちんと考えていきたい方に。ウェブ上で読める。

「訳者解説　第2節　悪の問いと哲学 ——その歴史的変遷」『悪についての試論』
　ジャン・ナベール，杉村靖彦訳，法政大学出版局，2014年

　　西洋哲学において「悪」がどのように扱われてきたのかが厳密にしてクリ
　アかつコンパクトな形でまとめてられている。ナベールという哲学者はマ
　ニアックでその議論も難解なので本書を手に取るのはためらわれるかもし
　れないが，本文とは切り離して「訳者解説」のこの部分を読むことができ
　る。本章とあわせて読むべし。

Case Study ｜ ケーススタディ2

『苦海浄土』を読む
原罪と神義論の観点から

　水俣病事件を題材にした石牟礼道子の代表作『苦海浄土』には宗教学や宗教哲学に携わる者が読むべき豊かな内容が含まれている。渡辺京二は石牟礼の文学的表現を「日本の近代文学の上にはじめて現れた性質のもの」（石牟礼2004：374）だとしているが，石牟礼の思想はそういう文学的表現と切り離せないところがあって，ここで『苦海浄土』の魅力を十分に伝えることは難しい。ここでは概説で扱った原罪と神義論という視点から少し見てみよう。

　新日本窒素肥料株式会社が水俣病事件の責任をまだ認めていなかった1959年，患者を初めて見舞った石牟礼はそのときのことをこう書き記している。

　　　新日窒水俣工場が彼の前に名乗り出ぬかぎり，病室の前を横ぎる健康者，
　　　第三者，つまり彼以外の，人間のはしくれに連なるもの，つまりわたくし
　　　も，告発をこめた彼のまなざしの前に立たねばならないのであった。（中
　　　略）この日はことにわたくしは自分が人間であることの嫌悪感に，耐えが
　　　たかった。　　　　　　　　　　　　　　　　　　　　（石牟礼 2004：147）

　水俣病事件に関して何の罪もない石牟礼がこのように罪悪感を覚える必要はまったくないはずで，しかも，この患者はこのときすでに失明していた。だから，石牟礼は「告発のまなざし」を一方的に受け取ったわけである。私たちがこの文章に見て取ることができるのは，人間はどうしても自己愛によって行動してしまうという「原罪」を照らし出すセンサーが発動するまさにその様である。

　そのような石牟礼によって，患者とその家族の苦悩がすくいあげられていく。

　　　「神さんはこの世に邪魔になる人間ば創んなったろか。ゆりはもしかして
　　　この世の邪魔になっとる人間じゃなかろうか」／「そげんばかなことがあ

るか。自分が好んで水俣病にゃならじゃったぞ」　　　（石牟礼 2004：272）

　いわゆる植物状態の子の親が発するまさに「神義論」である。いかなる「究極的理由＝神の真実」があるのか。以下は別の家庭だが，問いは地続きである。

　　なみあぶだぶつさえとなえとれば，ほとけさまのきっと極楽浄土につれて
　　いって，この世の苦労はぜんぶち忘れさすちゅうが，あねさん，わしども
　　夫婦は，なむあみだぶつ唱えはするがこの世に，この杢をうっちょいて，
　　自分どもだけ，極楽につれていたてもらうわけにゃ，ゆかんとでござす。

　　　　　　　　　　　　　　　　　　　　　　（石牟礼 2004：211-212）

　この憤りはイワンと同じ水準にあるだろう。しかし石牟礼は，「神の真実」に「反逆」するイワン的な問いにこう応える。あまりにも不条理な悪を被った者に対して何らか神的な表現を与えずにはいられないからである。

　　あねさん，この杢のやつこそ仏さんでござす。　　（石牟礼 2004：212）

　非当事者でしかない石牟礼の描くこの場面が，そんなのただの気休めにすぎないと言ってすますことのできない温かな深みをもつのは，それが「原罪」の場所から語られているからではないか。

参考文献
—
石牟礼道子　2004『新装版　苦海浄土——わが水俣病』講談社文庫。

Active Learning │ アクティブラーニング 2

Q.1

「わかっちゃいるけどやめられねえ♪」？

こういう経験をしたことのない人はいないと思う。「勉強しないとダメだと頭ではわかっているけど遊んでしまった」等々。自分の経験を思い出して，グループで話し合ってみよう。

Q.2

かわいそうな兄息子？

「放蕩息子のたとえ話」（「ルカによる福音書」15章11-32節）を読み（ウェブ上で読める），赦しと正義というテーマで考えをまとめ，発表してみよう。

Q.3

「神様は乗り越えられない試練を与えない」？

一流のスポーツ選手からよく聞かれる言葉だが，これはまさに「神義論」である。過去の「試練」の経験について，程度は大小あると思うが，考えてみよう。その際，自分だけでなく，自分以外の人の経験も想像してみよう。

Q.4

「確かなことを語った」のはヨブ？

概説でも取り上げた「ヨブ記」は多くの哲学者や文学者を魅了してきた。そこで，自分で実際に「ヨブ記」を読んでみよう（これもウェブ上で読める）。ヨブやその友人たちがどう考えるのか，とりわけラストで神が「確かなことを語ったのはヨブだ」と言ったことについて，ブックガイドの2つ目と3つ目で紹介したものも参照しながらレポートを書いてみよう。

第3章

宗教と倫理
宗教を問い直す／倫理を問い直す

———

重松健人

　現代の私たちは，宗教と倫理の関係をどのように考えているだろうか。宗教集団が関係する事件の際にマスメディアを賑わす論調は，総じて宗教を敬遠ないし拒否しているように見える。だが，そのような場合にイメージされている「宗教」とは，また宗教を裁こうとしている倫理観とは，実際にはどのようなものなのだろうか。いくつもの宗教集団がこれまでにさまざまな問題を起こしてきたことは事実である。しかし，あらゆるものごとにはプラスの面とマイナスの面がある。問題点ばかりに注視して「どうあるべきか」を考え始めてしまうと，人間がこれまでどのように生きてきたのかを見るのを忘れてしまう。宗教に関する学問的記述は，宗教を「擁護」することを目的としているわけではない。場当たり的な政治的主張や判断をするコメンテーターになる前に，人間の現実を見据える視線が必要である。

　まずは「現代人はどのように宗教を営み，倫理を考えているのか」ということについて，大づかみに理解することを試みてみよう。それを通じて初めて，私たち自身が自分では気づかないままに抱いてしまっている，宗教や倫理に関する「思い込み」「先入見」「偏見」があぶり出される可能性がある。「宗教はどうあるべきか」「倫理はどうあるべきか」と未来を想い描いて政治的な主張を述べるのは，そのあとでも遅くはない。

　本章は現代の日本社会に生きる人々，特に若者を想定して書かれている。まずは宗教と倫理に関し，自らが置かれた状況や事実の確認，さらに自らの価値観を見極めていくこと，それが本章の考察の課題である。

KEYWORDS　#死生観　#エートス　#人権思想　#理神論　#人間の苦悩　#宗教哲学

1 ｜ 現代日本における宗教と倫理

・

日本人の宗教的意識

　現代の日本社会で宗教が敬遠される場合，いわゆる新宗教団体が関係した霊感商法問題や地下鉄サリン事件，戸別訪問による布教活動に伴うトラブルなどが与えた影響は大きい。とりわけ，在家信者が活発に活動を繰り広げる宗教集団に対する批判や警戒心が目立つ。「宗教はアブナイ」というわけである。

　この場合，「宗教」ということばで何が意味されているだろうか。宗教集団とその活動が問題視されているのであって，神や思想に関する立ち入った考察があるわけではない。また「自分は無宗教だ」と言われる場合（序章参照）も，「特定の宗教集団に入信していない」を意味しているのであって「宗教思想に一切関係がない」現実を生きていると言えるのだろうか。「宗教集団」と「宗教思想」，この2つは区別しないと議論は混乱してしまう。

　「宗教集団」に帰属意識をもたない場合でも，何らか「宗教的意識」とでも言うべきものと無関係ではないはずだ。神社に参詣してお守りを買い求める人は相変わらず多いし，家族が死ねば葬式は執り行う。遺骨をゴミのように粗末に扱うことは，刑法の処罰規定がなくても抵抗感がある人が多いだろう。自らのこうした「宗教的意識」ないし「メンタリティ」に気づくのであれば，「自分は本当に無宗教なのだろうか」という疑念が兆すかもしれない。

　それらは確かに「信仰」というよりは「慣習としての営み」であって，「宗教集団における活動」ではない。けれども，そこに見え隠れしている**死生観**や「聖なるもの」〔☞用語集〕によって構造化された空間意識，さらには死者に対する尊重の意識は「祖先崇拝」〔☞用語集〕にも関わるものであり，「無宗教」とは別の何かがあると言えるのではないか。

・

エートスとしての倫理

　そもそも，これらの宗教的「慣習」こそ「倫理」と関わりがある。「倫理」と訳される ethic はギリシア語の「**エートス**（慣用，習慣）」に由来する。「道徳」と訳される moral のほうも，エートスをラテン語訳した mos が語源であり，

やはり同様の原義がある。現代の倫理学（ethics）は「普遍的な正しさ」を希求するかもしれないが，それは学問・思想としての倫理学の課題である。これに対し，現実の社会的「慣習」としてのethicやmoralは，文化に相対的で社会的な「精神的態度」であると言えよう。先に「メンタリティ」と述べたものも，ドイツの神学者・宗教哲学者エルンスト・トレルチ（1865-1923）が近代ヨーロッパの精神文化を論じる際に用いた「精神的態度としてのエートス」という概念でもって言い換えることもできるだろう（トレルチ 1959）。「無宗教」を自認する現代の日本人の多くが「慣習」として繰り返している儀礼や，死者や聖域に関する禁忌の意識は，まさに「社会的エートス」として，宗教のみならず倫理と深く関わっているものなのだ。

　社会的「慣習」の習得は，母語を身につけるのに似ている。つまり，生まれ育った環境において醸成され，地域性や血縁関係と無関係ではない。それこそ「慣習としての宗教」として人間の文化が育ててきたものである。日本の民俗宗教に関する数々の研究が示すとおり，かつての日本の農村や漁村などにおいては，日常のなかに「聖なるものとの関わりにおいて営まれる人間の生活様式」（宮家 1994）が見られた。具体的には，集落の互助的な社会組織が存在し，祭祀や通過儀礼〔☞用語集〕，葬送儀礼などを共にすることを通じて生命観や宗教的世界観が伝承されてきた。まさにそこにおいて「いかに生き，そして死ぬのか」という社会的な行動規範や生き方の「エートス」が形成されてきたと言えるだろう。

社会構造の変化とエートスの変容

　だが，経済活動の発展に伴い，社会構造が変化し，都会への人口移動や生活様式の変化が生じてきた。かつて村落では，「結」などの呼称の互助組織により葬送儀礼は「お互いさま」でとり行われていた。しかし，それもかつてのようには機能せず，年中行事や通過儀礼としての祭礼も形骸化しつつある。都会では地域社会の横のつながりは希薄化し，葬送儀礼も金銭で業者任せにするのが当たり前のようになっている。社会的・宗教的な「エートス」は完全に失われたわけではないが，世代交代が進めばさらに大きく変化して行くだろう。

　新宗教〔☞用語集〕の布教活動もこの点に関わりがある。日本の新宗教研究

で指摘されているとおり，新宗教が勢力を拡大した要因のひとつとして，第二次世界大戦後に人の居住が大きく流動化し，地域社会が崩れたことが挙げられている（島薗 2020：139-142）。都会で孤立し，「エートスの共同体」を失った人々が，新たな帰属先を求めているとも言えよう。「宗教は個人が選び，入信するもの」という宗教理解もそのことと無関係ではない。生活様式が変わり，人間関係が変わり，エートスが変わり，生き方が変わり，宗教との関わり方が変化してきたのだ。

2｜近代における宗教と倫理

福澤諭吉の「天賦の人権」

　都市化した社会においては，倫理的判断は伝統的エートスではなく，普遍的な**人権思想**や自由思想を拠り所とするであろう。では，それらと宗教は関わりがないのだろうか。エートスの変化と価値観や倫理観の変化はさまざまな角度から考察すべき課題である。ただ，少なくとも次の点を考察してみよう。「神などいなくても人権は絶対的なものだ」と主張することは可能なのだろうか。

　福澤諭吉（1835-1901）の名前は，明治初期の人権思想に関する人物としてよく知られているだろう。『学問のすゝめ』の冒頭のことば「天は人の上に人を造らず人の下に人を造らずといへり」も広く知られている。だが，その「天」いうことばで，私たちは何を考えているのだろうか。

　福澤はアメリカの独立宣言を訳しており，"...all Men are created equal" は「天の人を生ずるは億兆皆同一轍（どういつてつ）」としている（福澤 2002：68）。この英語表現がキリスト教の「神の被造物としての人間」という考え方に基づくものであることも，また他方「天」という語が儒教思想のキーワードであることも，福澤はわきまえているはずである。孔子が語る「天，徳を予（わ）れに生（しょう）ぜり」（『論語』述而篇22）に見られるように，儒教思想は自然や人間を支配する「理法」として超越的かつ非人格的な「天」を認める。儒教〔☞諸宗教の解説〕は単なる世俗的・非宗教的な社会倫理だとも言われるが，超越的「天」のもとで普遍的道徳を希求する宗教的「信仰」の側面ももつ（森 2003：140-141; 金谷 1993：197）。

　さて，現代の日本人はかつての福澤のように儒教に慣れ親しんではいない

が，少なくとも福澤の「天」の文字を介して，今日でも理解されている何かがある。創造主としての神に「天」という訳語があてられて，私たちは今日，何を理解しているのだろうか。儒教的な「天」の理法にヨーロッパのキリスト教〔☞諸宗教の解説〕を背景とした人権思想が「上書き」されているのか，あるいはアメリカの独立宣言の思想のほうが，創造主の人格性が消去された東洋的な「天」の下に透けて見えるものとして理解されているのか。むろん，キリスト教信仰に強く影響される人もいればそうでない人もいる。翻訳による「上書き」は，下の文字が透けて見えることもあれば，消えて見えなくなることもある。ヨーロッパ由来の人権思想の理解も自ずと多様となり，人権の根拠に関する議論も錯綜する。キリスト教の理解が色濃いものか，あるいは儒教的な天か，またはその両方か。いずれにせよ，そこに宗教的な理解の残響を聞き取ることは可能ではないだろうか。

ジェファーソンと理神論

アメリカの「独立宣言」のなかに「創造主としての神」を登場させた起草者トーマス・ジェファーソン（1743-1826）であるが，「ヴァージニア信教自由法」の起草者でもあり，宗教的寛容〔☞用語集〕や政教分離，信教の自由といった，当時の宗教思想に関する大きな課題に関して進取の思想を抱いていた。彼がキリスト教の教理に見られる非合理的な部分に批判的言明を重ねていることは，彼の残した書簡にも記述が見られる（ジェファソン 1980：294-298）。イギリス経験論の哲学やフランスの啓蒙思想に親しみ，合理主義的なキリスト教理解を主張している彼は，いわゆる「理神論者」の1人に数えられることがある。

理神論（deism）〔☞用語集〕とは，合理性を重視しつつ教会批判の傾向をもつ宗教論の総称である。17世紀イギリスのチャーベリーのハーバートやジョン・トーランドの著作が代表的なものとされ，ヴォルテールなどの18世紀フランス啓蒙思想家ならびにジェファーソンなどの人権思想家に継承された。その一般的特徴は，神による万物の創造は認めつつも，啓示や奇跡のような「非合理的」「神秘的」と思われる要素を排除すべきだ，とするところにある。ただしキリスト教全体を「非合理的だ」と批判するのではない。神を否定する「無神論」とも，また神を非人格的な力や世界の根拠のように考える「汎神論

的世界観」〔☞用語集〕とも異なり，理神論はキリスト教の枠内にとどまろう
とする。しかし神の啓示や奇跡を認めない立場をとることにおいて，理神論は
主流派教会からは「異端」〔☞用語集〕と見なされかねない，いわば「別のキ
リスト教」を語る思想である。

　「理神論」は，17 〜 18世紀においては積極的な自称であるよりはむしろ，
誰かの思想を「合理性に過ぎる」「教会の教理を否定している」と揶揄する語
であった。19世紀にキリスト教内部で教派間の対立を回避する宗教的寛容が
広がっていくと，「理神論」の位置づけは自ずと変化する。先のジェファーソ
ンのようにアメリカ建国に活躍する例だけではない。たとえばフランス革命
後，カトリック教会の強い政治的影響力を排する「ライシテ（世俗性）」の動
きがフランスで高まりを見せ（第13章参照），思想面でそれを裏打ちする理神
論的な考え方が思想家たちのなかにも認められるようになる（伊達 2010）。世
俗化し科学と合理性が尊重される現代においては，奇跡や啓示を認める宗教思
想よりも，理神論はその単純化された合理性において受け入れられやすい一面
があるかもしれない。

・・
理神論における神

　だが，理神論における神は真に宗教的な神なのだろうか。万物を創造し世界
に合理性は与えるが，その後の人間世界には関与も介入もしない「神」であ
る。それゆえに理神論の神は，17世紀にパスカルがデカルトについて語った
とされることばを思い起こさせる。すなわち「彼はその哲学の全体にわたっ
て，できることなら，神なしですませたかったのだ」という揶揄のことばであ
る。「世界を動かすためには，神に最初のつまはじきをさせないわけにはいか
なかった。それがすめば，お払い箱というわけだ」（パスカル 2016：208）。パ
スカルの姪による伝聞のことばだとされるが，確かにデカルトの『方法序説』
や『省察』における神の議論をそのように読むことは不可能ではない。むろん
デカルトなりの主張と論理の筋はあるのだが，それでもやはり彼が語るのはあ
くまで「創造主としての神」であり，歴史に介入し奇跡を起こす救い主として
のイエス・キリストなる神であるとは言いがたい。どちらも優れた科学者とし
て交流がありながらも，あくまで哲学者の立場から神を語るデカルトと，宗教

者としての一面をもつパスカルとの違いが際立つ一例である。

　独立宣言の一節に登場する「創造主」もまた、「最初のつまはじき」以外の役割を与えられていないように見える。今日、私たちの多くもまた、パスカルの言う「信仰の神」に出会ってはいないかもしれない。けれども、デカルト的な理神論の神をどこかで期待しつつ、ジェファーソンの人権思想を「なんとなく」受け入れ、儒教的な「天」の思想に理神論的な人権思想を重ねて「天賦の権利」を期待しているのが、「無宗教」を標榜する私たちの姿ではないだろうか。

　確かに、ジェファーソンが語るような「人権は神から授けられたもの」とする自然法思想は、19世紀に法実証主義思想によって乗り越えられたとも言われている。しかし、それに続く時代を生きているはずの現代の私たちは、法実証主義思想を知らないまま、「天賦の人権」を漠然と期待する「隠れ理神論者」かもしれない。宗教思想と人権思想の関係についてもう一度歴史をたどりつつ、自分たちが21世紀にどのような仕方で考えているのか、現代の世俗化論（第9章参照）ともあわせて考え直しておく必要があるものと思われる。

3│宗教を問い直す／宗教が問い直す

…

宗教は倫理的なのか？

　さて、宗教と倫理は切っても切れない関係にあり、なおかつ両者は調和しうるものであるかのようにこれまでは語ってきた。しかしそれでもなお問題は残る。かつての地域社会の互助組織は本当に「倫理的」なのだろうか。閉鎖的な地域社会は、慣習に違反した者を排除する制裁慣行をもつ。家父長制〔☞用語集〕も現代の個人主義からすれば「抑圧的だ」と言われる。近代の人権思想は、人権を文化的相対性を超えた「普遍的なもの」と見なし、伝統的エートスや宗教に関わることがらを糾弾する。他方、その人権思想に歴史的に絡みついている宗教性については忘却、ないしとうの昔に脱ぎ捨ててしまったつもりになっている。その忘却も問題ではあるが、さらには、人権思想や自由思想を根拠として「宗教は倫理的である・べ・き・も・の・だ」というのがまるで当たり前であるかのように語られてしまうことすらある。その場合に宗教と倫理の関係は、調和を通り越して宗教が倫理の「監督下」に置かれているかのようである。

　だがそもそも，宗教と倫理は調和するものなのだろうか。宗教を社会的な機能を果たすべきものだと考える傾向が強すぎて，両者は調和すべきものだという考え方が支配的になってしまってはいないだろうか。端的に，そもそも宗教とは倫理的なものなのだろうか。近代の人権思想や自由思想，倫理観の「当たり前」のほうもまた，別の視点から問い直さなければならないのではないか。

• • •

玄沙出家

　ここで，古くから語り継がれ，鎌倉時代の禅僧道元（1200-1253）の『正法眼蔵』にも見られる仏教〔☞諸宗教の解説〕の「出家譚」をひとつ紹介してみたい。中国唐末の禅僧，玄沙師備（835-908）の逸話である。玄沙は大変な親思いの漁師だった。仏教学者の梶山雄一は「説話は成長し，思想を育てる。なんでもないおとぎ話が，やがてのっぴきならぬ苦悩の人生を描きだすようになる」（梶山 2022：17）と説き起こしつつ，作家杉本苑子の翻案によって紹介している。

　漁師だった頃の玄沙は父と漁に出かけた。ある日，父が過って水に落ちた。

> 　（中略）玄沙はおどろいて竿を差しだし，父はそれにつかまった。
> 　瞬間，ながいあいだ思いなやみながら遂げずにいた行為への，決行の決意が，玄沙の全身を電光さながらつらぬいた。
> 　竿を，彼は手から放した。
> 　「あ，なにをするッ，せがれ，せがれッ」
> 　恐怖と疑いに，せいいっぱい見ひらかれた老父の眼，もがいて水を打つ手足……。玄沙はそれらを見すてて懸命に舟をこぎもどし，そのまま雪峰山に走りのぼって，出家落髪をとげたのである。　　　　　　　　　（杉本 1969：5）

　「ひどい息子だ」と思うだろうか。「僧である以前に人間であるべきだ」と非難するべきなのだろうか。真に迫る杉本の筆致は玄沙の生涯の決定的な一場面をくっきりと描き出す。老父を見捨てる行為に対しては，誰でも非難の声をあげたくなるかもしれない。

...

人間の苦悩に寄り添う

　だが，そもそも仏教はなぜ，このような残酷な出家譚を伝承しているのだろうか。梶山は作家の筆致を称賛しつつ，続けて杉本のコメントを引用する。

　　ああ，人間とは，これほどまでにしなければ一大事に向って，自己を駆り立てることができない弱いものなのか。言語に絶するこのような無慙を，焼きゴテの強烈さで記憶の底に印しなければ，不退転の金剛心を持続しぬく自信を，保ちえないほど……それほど，悲しいものなのか。　　　　　　　（杉本 1969：6）

　杉本が，そして梶山が玄沙の出家譚に読みとっているのは，**人間の苦悩**の深さである。玄沙を批判しているのでも，蔑んでいるのでもない。「そんなことをしていいのか」「私にはできない」というような他人事としてではなく，「自分は今，まさにそれをしているのではないだろうか」という問い——杉本と梶山の目は，玄沙に重ねあわされた自分自身に向いている。杉本は続ける。

　　やがては，
　　「尽十方世界，是，一顆の明珠」
　　と説破するまでの境界に達した玄沙だからこそ，出離［＝出家］の時点において彼が揉まれた人間的な弱さ，悲しさは，いっそうつよく私を搏った。涙が出てたまらなかった。すさまじい話である。

　　　　　　　　　　　（杉本 1969：6，［　］は引用者による補足）

　「親孝行が当たり前」と他人を批判するのは簡単だが，子が親の犠牲になる，あるいはその逆の親子関係など，儒教が教える「孝」をめぐり，現実には解きがたい問題が山積している。他人を批判するだけでは見えてこない問題が，この出家譚にあぶり出される。仕事のために家庭を犠牲にする人，遠方で親の死に目にも会えない人。「孝」の問題だけではない。さまざまな動物の殺生を人任せにして肉だけ手に入れて食べる私たち。玄沙ほどに残酷ではなくとも，人間はどこかで何らかの「無慙」を犯しつつ生きているのではないか。

　何かを成し遂げるために別の何かを犠牲にすることは，実は常に私たちのしていることではないだろうか。自分自身や他の人々の生涯，あるいは動物たちの生死に本気で向き合うというのは，自らの「無慚」とその弱さや苦悩，悲しさに向き合うことではないか。杉本は「焼きゴテの強烈さ」の痛みを伴う記憶をかかえた玄沙の姿に自らを重ねているとも言えよう。涙を流したのは杉本自身であり，また同時に玄沙師備だったかもしれない。小説家の想像力と洞察力もまた，すさまじい。

　仏教はこのような説話を伝える。梶山が言うように，そこから育つ思想があり，説話に触れることを通して立ち止まって考える機会が与えられる。他人の行為を批判して「このように生きるべきだ」と語る倫理論は，確かに正しく美しく見える。しかし，その正しさや清らかさは，「まさに今を生きる」自分の（人間の）「無慚」や悲しみや苦悩へどれほど目を向けているだろうか。この出家譚には何らの救済も語られてはいない。しかし倫理や倫理学と違って，仏教が（そしておそらく多くの宗教が）本気で人間の生と死を語る場合，こうした生の全体を立体的にそのまま受け止め向き合おうとしているのではないか。「倫理を問う」というのは，正しさを決めることではなく，人間自身がこのように自らの無慚を問うことではないだろうか。

・・・
宗教思想を通して倫理を問い直す

　そもそも仏教の「出家」とは社会的な血縁を断ち切って仏道の修行に専念することであり，「社会的倫理」に反する行為としての一面をもつ。それゆえ仏教は西暦一世紀初めに中国に伝来しながらも，「孝」を大切にする儒教思想が色濃い中国社会では初めは受け入れ難いところがあったという（金谷 1993：47）。宗教と倫理は必ずしも調和するものではないことを，この出家譚は思い起こさせてくれる。

　現代カナダの哲学者グロンダンは，現代の「**宗教哲学**」には二重の意味があると述べている（グロンダン 2015：10-11）。フランス語 La philosophie de la religion の前置詞 de は英語の of とよく似た機能をもつ語であり，「宗教の哲学」の「の」にあたる。すなわち①目的語を表す（ex. discovery of America）ことも，また②主語を表す（ex. arrival of the train）こともできる。彼によれば宗教哲学

は「宗教の哲学」として，①「宗教を対象とした哲学的研究」としても，また②「宗教が哲学的に展開する思考」としてもありうるのだ。そもそも本章の考察は宗教学のなかでもとりわけ宗教哲学と言われるものに属する。玄沙師備の出家譚についても，①「それを対象として倫理性を評価する」こともできるのだろうが，②「仏教のなかで守られ育てられてきた思想が語る倫理的・哲学的思考として，それを読む」こともできる。むしろ後者の方が，宗教思想の豊かさを見出すことになるのではないか。

　この出家譚に見られるように，仏教に限らず諸宗教は「いかに生きるか（そして死ぬか）」を考える。「宗教の哲学」はそれを①批評することもできるが，②それに寄り添って考え，その問いを自らのこととして考えてみることもできる。それにより自らの「エートス」や倫理観にひそむ問題点が浮かび上がることだってあるのだ。

　宗教学，「宗教の哲学」を学ぶことの「意義」がそこにある，とまでは言わないが，「学ぶ面白さ」は明らかにそこにある。

参考文献

―

梶山雄一　2022『般若経――空の世界』講談社学術文庫。

金谷治　1993『中国思想を考える――未来を開く伝統』中公新書。

グロンダン，J　2015『宗教哲学』越後圭一訳，白水社文庫クセジュ。

ジェファソン，T　1980「書簡選集」松本重治責任編集『中公バックス　世界の名著40　フランクリン　ジェファソン　マディソン他　トクヴィル』中央公論社。

島薗進　2020『新宗教を問う――近代日本人と救いの信仰』ちくま新書。

杉本苑子　1969「一顆の明珠」『仏教の思想7』「月報」角川書店：4-6。

伊達聖伸　2010『ライシテ，道徳，宗教学――もうひとつの19世紀フランス宗教史』勁草書房。

トレルチ，E　1959『ルネサンスと宗教改革』内田芳明訳，岩波文庫。

パスカル　2016『パンセ　下』塩川徹也訳，岩波文庫。

福澤諭吉　2002『西洋事情』マリオン・ソシエ／西川俊作編，慶應義塾大学出版会。

宮家準　1994『日本の民俗宗教』講談社学術文庫。

森三樹三郎　2003『老荘と仏教』講談社学術文庫。

『日本の民俗宗教』宮家準，講談社学術文庫，1994年

　参考文献にも挙げた本だが，日本人の「原風景」とも言える「エートス」を知るための一冊。情報量も多く，かつての日本の民俗宗教に関して知りたいならまず手にするべき。研究史に関する情報も多く目配りも利いている。

『反・仏教学——仏教 vs. 倫理』末木文美士，ちくま学芸文庫，2013年

　タイトル通り刺激的な本だが，仏教に関する広範な知識をもとに，キリスト教的な倫理とは別の倫理を仏教思想からえぐり出しつつ，両者の関係を問い直す。「死者」との関わりという点から語られる思想も刺激的だ。

『小さな倫理学入門』山内志朗，慶應義塾大学三田哲学会叢書，2015年

　「〜すべき」を理念として語る倫理学ではなく，「人間の弱さにまなざしを向ける倫理学」を語る本。哲学思想やキリスト教思想，西洋中世倫理学，さらには現代思想をも参照しつつ，さまざまな現代的テーマをめぐって平易に説く。

Case Study │ ケーススタディ3

絞首台に吊るされた「神」
エリ・ヴィーゼル『夜』を読む

「神は絞首台に吊るされている」

ユダヤ人として生まれたエリ・ヴィーゼル（1928-2016）は，第二次世界大戦末期ナチス・ドイツの支配下となった町から，ユダヤ人の大量虐殺のためのアウシュヴィッツ強制収容所へ家族共々送られる。過酷な収容所生活を耐え抜き終戦を迎えるが，両親と妹を失う。戦後，フランスで教育を受けてジャーナリストとなり，自らの強制収容所体験を綴った『夜』を出版する。

そのなかから強い印象を残す逸話を紹介しよう。強制収容所で爆発事故があり，子ども1人を含む3人のユダヤ人が「犯人」として捉えられ絞首刑となる。

> 「〈神さま〉はどこだ，どこにおられるのだ」。私のうしろでだれかが尋ねた。
> 収容所長の合図のもと，三つの椅子が倒された。（中略）二人の大人はもう生きてはいなかった。（中略）しかし三番目の綱はじっとしてはいなかった──男の子はごく軽いので，まだ生きていた……。
> 三十分あまりというもの，彼は私たちの目のもとで臨死の苦しみを続けながら，そのようにして生と死のあいだで闘っていた。（中略）
> 私のうしろで，さっきと同じ男が尋ねるのが聞こえた。
> 「いったい，〈神〉はどこにおられるのだ」
> そして私は，私の心のなかで，だれかの声がその男に答えているのを感じた。
> 「どこだって？　ここにおられる──ここに，この絞首台に吊るされておられる……」
> 　　　　　　　　　　　　　　　　　　　　　　（ヴィーゼル 2010：127-128）

神に祈るとは，信仰をもつとは，どのようなことなのだろうか

神が人を苦しめているのではない。人間が人間を苦しめている。強制収容所を作り，人間をガス室で，焼却炉で惨殺している。それは神を否定し神を殺そ

うとする所業ではないか。神は今まさに吊るされ，苦しんでいる。それを見続けるよう命じられている収容者たちも，何もできずにひたすらに無力だ。

　「神に祈ってなどいないで，合理的な抵抗運動でもすればいい」などと安易な感想を述べるべきではない。食べ物も髪も衣服も人間らしさも考える力も正義も善良さも未来も，ありとあらゆるすべてを奪われた「無力」なのだ。「祈れば神が救いに来てくれる」などというおとぎ話を信じて祈っているわけではない。それでも人は神に祈る。アウシュヴィッツは単に過去のことではない。21世紀に砲弾が飛び交う戦火の町に暮らす子どもが神に祈るとしたら，同じ想いではないか。豊かで平和で安全な暮らしを満喫する社会に生きる者は，神に祈る人の心を想像する力すら失いつつあるのかもしれない。

　エリ・ヴィーゼルはこのような体験をしながらも，ユダヤ教〔☞諸宗教の解説〕の信仰を生涯失うことはなかった。彼は自らの聞いた「声」の意味するところを作家・宗教思想家として生涯問い続けた。信仰をもつとは，人間として生きるとは，神とは，神が共にあるとは，神を否定するとはどういうことなのか……。信仰をもつ者だけに限られた問いではない。ユダヤ人の大量虐殺のような途方もない出来事は，人間にとって，神にとって何を意味するのか。宗教的な問いの形でもって考えてみて初めて，深さとともに考えられることがらがある。正解があるわけではない。人々の苦しみに寄り添いつつ，問いや思いをことばにしてみよう。

参考文献
—
ヴィーゼル，E　2010『夜〔新版〕』村上光彦訳，みすず書房。

Active Learning | アクティブラーニング 3

Q.1

民俗宗教の儀礼や祭礼などの映像資料を探してみよう。

地域社会にかつて存在した伝統的儀礼や祭礼のなかには，映像記録に残された ものがある。YouTube などに個人撮影の古い映像が見つかることもあるが， NHK『ふるさとの伝承』(1995-1999年) シリーズのように，わかりやすい解 説付きのビデオや DVD もある。

Q.2

明治の人権思想家たちの信仰について調べてみよう。

「天賦人権論」の「天」とは何か。福澤諭吉の宗教観はどのようなものだった のだろう。また，ヨーロッパ由来の人権思想の受容に貢献した明治の人権思 想家のなかには，キリスト教に関わった人物も多い。あわせて調べてみよう。

Q.3

「妙好人」における宗教と倫理（エートス）について調べてみよう。

浄土真宗などの信仰に篤（あつ）い在家信者のなかには，「妙好人」と呼ばれた人たち がいる。素朴な人柄とその行状の素晴らしさを褒め称える「妙好人伝」が， 鈴木大拙（だいせつ）や柳宗悦（やなぎむねよし）の著作などを通じて広く知られている。彼らの人となりに ついて，また彼らを取り上げた思想家たちについて，調べてみよう。

Q.4

日本の宗教教育の現状について調べてみよう。

日本の宗教教育〔☞用語集〕と倫理教育の現状について，藤原聖子『教科書の 中の宗教——この奇妙な実態』(岩波新書，2011年) が鋭く批判している。概 説で述べた宗教と倫理の関係を，日本の教育問題として再考してみよう。

宗教学の基本テーマを学ぶ

第4章

宗教と各種データ
宗教学における量的調査との向き合い方

————

松野智章

　宗教学の入門書の導入として，宗教のことをよく知らない読者向けに，諸宗教の分布が示された世界地図や信者数の表を見たことはないだろうか。たしかに，それらは世界の宗教の現状を知るのに必要な情報である。しかし，本書では冒頭ではなく第4章で，そのようなデータを扱う構成になっている。つまり，単純に世界の宗教情報を読者に伝えるだけの章ではない。そうではなく，読者自身でデータとじかに向き合える方法を伝授することが本章のねらいである。実際にデータに触れてみると，これまで紹介されていたデータが，すでに古い情報であったことに気づけたり，思いもよらないような新たな発見に出くわしたりする。また，データといっても，そのまま受け取ることはせず，そのデータをどのように受け取るべきなのかという考察も必要である。そのためには，最低限の諸宗教に関する知識も必要だろう。つまり，データの見方を説明することもまた本章の役割となる。したがって，本章では3つに分けて論じる。①データとは何か，②各種データを踏まえた世界の宗教状況，③読者自身がデータに触れる方法の3つである。本章を読んだ後は，ぜひ，読者自身で，これから紹介していくサイトにアクセスし，本章で取り上げるそれぞれのデータを自分の目で確認してほしい。

KEYWORDS #量的調査 #宗教概念批判 #ピューリサーチセンター #世俗 #無宗教

1｜データとは何か

・

量的調査について

　宗教社会学という専門領域があり，宗教を社会の現象として捉える研究方法はすでに確立している。調査方法は社会学に準じ，おおよそ2種類に分類できる。量的調査と質的調査である。そして，本章では量的調査について解説する。

　量的調査とは，正式には質問紙法と言われるアンケート調査のことである。質的調査でも複数の対象者を調査することもあるが規模が異なる。量的調査には，質問項目ごとに集計したものから，関連する複数の質問を用意し統計的手法を用いて回答全体の特徴や傾向を見出し，モデルを構築するものまでをいう。

　実際に行われている調査として代表的なものは，政府が行う国勢調査であろう。国勢調査は，各国で実施されており，インドのように国によっては宗教に関する質問項目があるところもある。日本においては国勢調査以外にも，統計法に基づき文化庁宗務課が各宗教団体に毎年提出を依頼している宗教統計調査がある。この成果は毎年『宗教年鑑』としてまとめられている。

　次に，大学・研究者・企業などが質問項目を用意し，本人もしくは民間の調査会社などに依頼して情報を収集するものがある。実は，日本の宗教研究における量的調査は充実しているとは言いがたい状況にある。というのも，量的調査は多額の費用を必要とし，人文科学としては研究費を用意するのが難しいのである。また，調査結果を分析するための数学や統計学のスキルをもった宗教研究者が少ないのも要因のひとつであろう。だが，本音を書けば宗教研究者は量的調査にあまり意義を見出してこなかったと思える。これは，宗教がアンケート結果に反映される現象ではないという考えがあるからかもしれない。宗教研究においては，質的調査が主流であり，特定の対象者から体験談を聞き取るインタビュー形式の調査や現場に足を運んで行う参与調査などがなされてきた。これは，量的調査の結果である数値では見えてこない情報を得ようとして誕生した研究である。つまり，宗教研究では量的調査・質的調査が相互に補完しあう。量的調査の結果を理解するうえで，質的調査は無視できず，また，質的調査を裏づけるためには量的調査を必要とするからである。

・

量的調査の問題点

　量的調査を理解するために問題点を考えてみよう。まず，調査方法の確認だが，質問紙法は次のプロセスを経る。質問者が質問項目を作成し，回答者がそれに回答する。たとえば，「神などの超越的な何かは人生に影響を与える」という主張に賛同するのか，しないのかを尋ねる。回答は①「そう思う」，②「やや，そう思う」，③「あまり思わない」，④「まったく思わない」，⑤「よくわからない」，⑥「答えたくない」のどれかを選択する。そこで得られた回答は回答者の意識の表出として扱われる。当然のことのようだが，この一連の作業には，ある根本的な前提がある。それは，回答者が理性的に思っていることを明確な意思をもって回答に反映させているという人間像が想定されていることである。だが，本当にそのような人間像は適切なのであろうか。

　別の言い方をしてみる。質問紙法とは，回答者の「本当」の意思や考えなるものが，あらかじめ頭のなかにあり，それに基づいて回答者は回答を記入していき，その用紙を回収し，分析することで回答者全体の傾向や特徴，ひいては社会状況が理解できるというものである。どうだろうか，「心」と「回答」という二元論，かつ，その両者が相互に結び付くという極めて単純化されたモデルが設定されてはいないだろうか。しかし，実際は多様なケースが想定される。たとえば，回答者は質問紙と向き合うなかで初めて質問内容を理解して回答を選んだかもしれない。または，質問と向き合うなかで，そもそも問題自体を初めて意識化したかもしれない。しかも，この場合は質問自体が回答者に影響を与えてしまっている可能性すらある。また，回答方法が選択式なので，回答者の「心」を反映していると回答者自身が思える選択肢を選択するのだが，この場合でも，回答者の「心」を正しく反映させたものとは言い切れない。場合によっては，質問紙と向き合うなかで，たまたま生じた回答者の判断が反映されただけということもありうるからである。

　宗教に関する質問ならば「今年は初詣に行きましたか」というような事実に関する質問は，記憶を頼りに回答すればよい。しかし，「神は存在すると思いますか」と聞けば質問の難易度は途端に高くなる。初詣とは異なり，神がいるかと問われると，回答はそのときの状況や気分に左右される可能性がある。も

ちろん，質問紙法はそのような回答者の判断の危うさを踏まえ，関連する質問項目を複数用意することで構造的に対象の「心」を捉えられるように工夫している。なるべく，正確なデータを得ようと試行錯誤するのである。

　とはいえ，宗教研究においては質問紙法の根本的な素朴さに対する疑念がまだ残る。それは，質問紙法の回答者は，その多くが通常の生活を送っているなかで回答しているという点である。日常で使う商品に関する企業の意識調査なら問題ないが，宗教は事情が異なる。なぜなら，宗教的な問題は人生で不幸が続くときほど意識されるからである。生老病死など四苦八苦との関係のなかで，初めて宗教と向き合う事例が多い。なので，先進国といわれる国々において一般的に宗教に対する関心度は若年層よりも高齢層の方が高いのである。そして，ここで振り出しに戻る。なぜなら，先述した「不幸にあってから宗教を意識する」という主張の担保になっているのが，実は，過去に行われた量的調査の結果ということになるからである。したがって，諸宗教の現状を俯瞰的にみる研究は，量的調査という研究方法しかない。量的調査の限界を知りながらも，宗教を考察するうえでの貴重なひとつの材料として，データと向き合うことが宗教研究において必要とされる。

2│世界の宗教のデータとその見方

‥
データに触れる前に踏まえておくべきこと

　世界の宗教のデータは，インターネットで検索すれば表をいくつも確認することができる。ただし，データを見る際に注意すべき点が2点ある。この2点を説明するにあたり，正月の三が日における明治神宮の初詣とイスラームのメッカの巡礼を取り上げてみよう。まず，1点目だが，データ自体が本当に正しいのか疑いの目を向けることが大切である。なお，本節では巻末資料（用語集・諸宗教の解説）の用語が頻出する。下線の箇所は，巻末資料を参照して学びを深めてほしい。

　明治神宮の正月の三が日における参拝者数は読売新聞朝刊（2020年12月20日）に318万人と記載されている。たしかに，明治神宮が神社庁（都道府県ごとにある包括宗教法人の事務局，都道府県を包括する事務局が神社本庁）に報告した三が

日の参拝者数の集計データが，神職の専門機関誌である『月刊若木』第777号（2014年3月）に紹介されている（神社本庁 2014）。そこでの数字は316万4000人である。これは，イスラームのメッカの巡礼をする信者数を上回る数字である。巡礼はイスラーム暦の巡礼月に行われ，期間中のメッカの巡礼者数はサウジアラビア王国統計局のデータによると2012年で316万1573人，2016年で186万2909人，2018年で237万1675人である（General Authority for Statistics 2018）。期間中の巡礼には政府の許可が必要なので正しい数値と言えるだろう。平均値でいうならメッカの巡礼者数より毎年300万人超えの明治神宮の三が日の参拝者数の方が圧倒的に多いことになる。そこで，電気通信事業者 KDDI が調査したデータを見てみる。携帯の機能である GPS をもとに携帯を使用していない人の比率など考慮して12月31日から1月3日までの明治神宮の参拝者数を推計したもので，2020年の初詣が15万5866人（KDDI Location Analyzer 2021）であった。あまりにも，神社側の発表とかけ離れている。そこで，伊勢の神宮（内宮）の参拝者数を見てみよう。神宮の発表は信頼できると言われる。なぜなら，神宮に参拝するには五十鈴川の宇治橋を渡らなければならず，神社側の調査が容易だからである。先の『月刊若木』（第777号）には神宮の参拝者数は41万1192人とある。地理的に見て参拝者数は神宮より明治神宮の方が多いと思われるが，とはいえ，読売新聞や明治神宮の発表の参拝者数は盛った数字のようで信じがたい。しかし，逆に KDDI の数字は少なすぎる。結局のところ，正確な参拝者数はわからないというのが本当のところであろう。

　2点目は，データから受ける印象と当事者の意識に隔たりがある可能性である。先に取り上げた明治神宮の正月の三が日の初詣の参拝者の混雑ぶりはたびたびマスメディアに取り上げられてきた。では，日本の元旦の様子を海外のニュース番組が取り上げたら，海外の視聴者の目にはどのように映るのだろうか。そこに映し出された映像は，大晦日が明けるとともに初詣に訪れた参拝者で賑わう明治神宮であり，初日の出を見るために多くの人が浜辺で太陽を待つ姿である。日本の宗教のことを少し勉強した人であれば，年が明けるとともに深夜に明治天皇が祀られている神社に参拝し，翌朝には浜辺で天照大御神といわれる太陽を拝む日本人の姿を見て「なんて日本人は熱心な神道の信者なのだ！」と判断したとしても仕方がない。年中行事のひとつとして大半の参拝者

は初詣も初日の出も一年の平安を願って，すがすがしい気持ちで臨んでいると思われる。だが，神道の信者と自覚する人はいないだろう。ならば，逆に私たちがイスラームの寺院であるモスクに集まって集団で礼拝しているムスリムを見て，すぐに敬虔な人々と決めつけてしまうこともまた早計なのかもしれない。もちろん，礼拝をしている人々が敬虔ではないということではない。ただ，その背景にはムスリムに対して，知識のなさからくる思い込みが多分に含まれている。

　宗教学における**宗教概念批判**（終章参照）が明らかにしたことは，今日の基準となる宗教のモデルが近代のキリスト教のプロテスタントだということである。ゆえに信仰というものに重きを置いたプロテスタントのイメージを他の諸宗教にも当てはめてしまいがちである。それは，日本の神道や仏教だけでなくイスラーム・ユダヤ教・ヒンドゥー教にも該当する。しかし，すべての宗教において熱心な信者と信仰心の希薄な人はいる。特に，ムスリムはキリスト教のように教団組織が明確に存在していない場合が多い。モスクでの礼拝を見るとその寺院の信者という印象を受けるが，そのような拘束力は寺院にはない。個人ではなく集団で祈ることがイスラームでは良いとされているため，個々人が集まって礼拝するのである。つまり，イスラームに馴染みが少ない日本人には，彼らがさも統一されているかのように見えるのである。ムスリムの場合，家がムスリムなら子どももムスリムになるし，結婚相手がムスリムでないなら，結婚相手がムスリムに形式だけでも改宗しなければ結婚ができない。したがって，イスラーム圏の国々は人口をもって信者数となるようなものである。これは，日本において，仏式で葬式を行うから家の宗教が仏教で，その家族全員を仏教徒と数えるような数え方である。もちろん，日本の宗教状況と同一視できないが普通の人間の生活である以上，厳格なことばかりではないのは当然である。それでは，これらのことを踏まえて，実証的研究の根拠となるデータと向き合ってみよう。

・・

世界における宗教の分布と世界史

　世界の宗教の状況を俯瞰してみよう。2010年の各国の宗教のデータをアメリカの民間調査会社**ピューリサーチセンター**が公開している（Pew Research

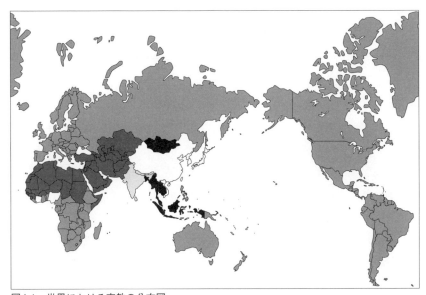

図4-1　世界における宗教の分布図
出所）Pew Research Center（2012）をもとに筆者作成
注）どれが，何の宗教なのか本文を読みながら確認してみよう。

Center 2012）。世界の人口が，2010年の時点で約68億9589万人。これを分母として最も信者数の多い宗教がキリスト教の31.5％（約21億7220万人）である。次にイスラームの23.2％（15億9984万人）。次に多いのが，特定の宗教に所属していない人々，または無神論・不可知論などの人々で16.3％（11億2403万人）。次にヒンドゥー教の15％（10億343万人）で，世界三大宗教のひとつといわれる仏教より多い。次が仏教で7.1％（4億8690万人）。他は神道も含めた民族宗教やその他になる。ちなみにユダヤ教は0.2％（1379万人）である。地域別の分布は，世界史上における宗教伝播の歴史を踏まえると理解しやすい。

　キリスト教は1世紀にパレスチナ（エジプトから北東の地域）で誕生し，4世紀にはローマ帝国内のヨーロッパ全土に広まり，16世紀以降には大航海時代を迎えて北米・南米の東沿岸部やアフリカ南部へと伝播し，さらに海洋国家であったオランダやイギリスを通して東南アジアや東アジア沿岸の国々に広まった。中国にも唐の時代以降キリスト教伝播はたびたびあったが主流にはならなかった。したがって，北米・南米・ヨーロッパ・アフリカ南部・フィリピンなどの国々にキリスト教の信者が多く存在する。

　次に，イスラームは7世紀初頭にアラビア半島で誕生し，キリスト教が支配するヨーロッパを避けるように伝播していった。西方には，アフリカ北部，さらにはジブラルタル海峡を越えてイベリア半島まで伝播し，東方には，イラン・インド・東南アジア地域へと伝播していった。ただ，インドに関しては歴史的にもヒンドゥー教が主流であったため，第二次世界大戦後にインドにいるムスリムが独立する形で1947年にパキスタンが誕生し，さらにはパキスタンからバングラデシュが独立している。ただし，ヒンドゥー教徒とムスリムが完全に区分されたわけではない。もとの住民も存在するわけで，インドにもムスリムがいればパキスタンにもヒンドゥー教徒がいる。さて，15世紀にキリスト教徒によるレコンキスタ（キリスト教国を作る再征服）が成功し，イスラームをイベリア半島から追い出したので，現在のイスラームは，北アフリカの諸国から中近東・パキスタン，インドを飛び超えてバングラデシュ，また仏教国であるタイを飛び越えて，マレーシア・インドネシアと幅広く広まっている。

　仏教はキリスト教やイスラームより古く紀元前5世紀に北インドにて誕生し，東方に伝播していった。東アジア・東南アジアである。一神教であるキリスト教やイスラームと異なり，神について語らない仏教は民族宗教と習合し，ヒンドゥー教・道教・儒教・神道などと，多様なシンクレティズム（宗教の混合）を誕生させた。ただし，インドで誕生した仏教だが誰でも真理にアクセスができることを謳う仏教とバラモンのみが真理にたどりつけると考えるヒンドゥー教は本質的に相容れないものであった。なお，イスラームのゴール朝の軍勢によって東インドにあったヴィクラマシラー僧院が破壊された1203年を最後に，仏教教団はいったんインドから消滅している。現在は1956年にインド人の不可触民であったアンベードカルが自身への差別をきっかけにして仏教に改宗して新仏教徒運動を展開したことで，割合としては少数（といっても数千万単位）であるがインドにも仏教徒が存在している。

　無宗教者・無神論者・不可知論者は，古代から少なからず存在していたと思われるが，自認・公言する者の本格的な増加はフランス革命以降の近代国家＝政教分離国家が誕生してからである。したがって，世俗的な国ほど無宗教者・無神論者・不可知論者が多く存在する。また，共産主義国家は宗教に対して否定的であり，中国などは無宗教者の割合が高い。

‥

国ごとにみる諸宗教の信者数

　主要な国別の信者数の確認をしていこう。一般的に世俗化の進む国では信仰している人の数が3割前後といわれている。そのなかでも特に，ライシテと呼ばれる世俗主義の宗教文化をもつフランスは，信仰していると答える人の割合が低いと言われる（第13章参照）。また，日本も低い傾向にある（序章参照）。対して，例外として，よく取り上げられるのがアメリカである。政教分離国家でありながら信心深い人が多い国と言われている。しかし，これもイギリス・フランス・ドイツと比べたときの話であって，イタリア・スペインならびに東欧諸国と比較するならば特異なわけではない。

　ところが，信仰心の度合いを確認する調査とは異なる国勢調査などをもとにした先のデータは必ずしもそのような数値にはなっていない。イギリス（人口6204万人）では71.1％がキリスト教と答え，**無宗教**は21.3％である。フランス（人口6279万人）でもキリスト教が63％，無宗教が28％であり，ドイツ（人口8230万人）では68.7％がキリスト教徒，24.7％が無宗教と回答している。では，アメリカはどうだろうか。アメリカ（人口3億1038万人）は78.3％がキリスト教徒で無宗教が16.4％と回答している（ケーススタディ4参照）。イギリス・フランス・ドイツに比べて，やや，宗教的といった程度である。しかし，ヨーロッパ全域のキリスト教に目を向けるなら，スペイン（人口4608万人）78.6％，イタリア（人口6055万人）83.3％，アイルランド（人口447万人）92.0％の方が高い。また，旧共産圏であった国々のキリスト教徒の率の高さも見逃せない。ロシア（1億4296万人）73.3％，ポーランド（人口3828万人）94.3％，ルーマニア（人口2149万人）99.5％である。思うに，欧米における信仰度の調査結果と国勢調査をもとにしたデータの違いは，選択肢として特定の信仰をもつ者以外は，無宗教とキリスト教の二者択一を迫られることになり，無難にキリスト教と記入したことが容易に想像できる。なぜなら，これらの地域では無宗教という回答には，強い意思が求められると思われるからである。

　それと対象的なのが，中国と日本である。中国（13億4134万人）は無宗教52.2％で，仏教18.2％，道教・儒教と思われる民俗宗教が21.9％である。次に日本（1億2654万人）は，無宗教57.0％，仏教36.2％，キリスト教1.6％，もし，

神道が民俗宗教の括りなら0.4％，他宗教なら4.7％である。どちらにせよ，神道は多くの人が神社に参拝していても，宗教欄に記入されることのない宗教であることが読み取れる。

　以上，各国におけるマジョリティの宗教と無宗教を中心に概観したが，日本のキリスト教のように欧米ではマジョリティでも日本ではマイノリティというような宗教の信者はそれぞれの国に存在している。だが，そうした存在を無視してはならない。特に，インドや中国・アメリカのように人口の多い国の場合，割合は低くても分母が大きい分，絶対数でいうなら信者数も多い。インド（12億2461万人）は，ヒンドゥー教79.5％でムスリムが14.4％だが，インドの14.4％は1億7634万人であり，日本の人口より多いのである。

3 ｜ データに触れる

…

海外の動向

　宗教学を学びたいと本書を手に取っている読者は，本章で紹介した諸宗教のデータだけで満足してはいけない。紙幅の都合もあり，取り上げたデータはわずかでしかない。現在はインターネットを通して多くの情報が簡単に入手できる。特に，海外の動向は，情報量が多く本章で何度も登場しているピューリサーチセンターのウェブサイト（https://www.pewresearch.org）を訪ねてみるのが良い。

　サイトは英文だが翻訳機能を使えば本文は日本語で表示される。多くのデータに触れることができるサイトで，アメリカを中心に宗教の世界的な動向や予測を研究したレポートが読める。無神論者の特徴やカトリックと中絶の問題など量的調査を通して論じているので，貴重な情報源といえる。また，インターナショナル・ソーシャル・サーベイ・プログラム（ISSP）も調査機関に関係する研究者向けであるが有名である。

　次に，日本の宗教状況を知るには，『宗教年鑑』が代表的な資料であり，宗教団体数や信者数，聖職者数などを知ることができる。ただし，『宗教年鑑』で取り上げられている数字は宗教団体による任意の報告に基づくもので，取り扱いには注意が必要である。たとえば，『宗教年鑑』令和3年版によるすべて

の宗教団体の総信者数は1億8114万6092人と日本の人口をはるかに上回る数値になっている。したがって，データに解釈を施さねばならない。その際，研究者が独自の調査を行って得たデータなどを参考にすると良い。たとえば，松島公望は編著『宗教を心理学する』の紹介で，「自然の中に神を感じる」という質問に対して6613名のうち2618名の約4割弱から「そのような体験がある」という回答が得られたことを挙げている（松島 2017）。宗教心理学の立場から「信仰」という枠組みとは異なる「感じる」という日本的な宗教性の明示化を試みているのである。

　あとは多くのデータに触れて読者自身でデータを理解する経験値を上げていくこと。とにかく，データを鵜呑みにせずデータを解釈することが大事である。

___

参考文献
—

神社本庁　2014『月刊若木』777：12。

松島公望・川島大輔・西脇良編　2017『宗教を心理学する——データから見えてくる日本人の宗教性』誠信書房（東京大学教員の著作を著者自らが語る広場ウェブサイト https://www.u-tokyo.ac.jp/biblioplaza/ja/C_00124.html　編者の松島による紹介文。最終閲覧2023年2月17日）。

KDDI Location Analyzer 2021「2021年の初詣の変化を，位置情報分析で読み解く」https://k-locationanalyzer.com/report/visit_shrine2021/（最終閲覧2023年2月17日）

General Authority for Statistics 2018 Hajj Statistics　الهيئة العامة للإحصاء المملكة العربية السعودية إحصاءات الحج　https：//www.stats.gov.sa/sites/default/files/hajj_1439_ar.pdf（最終閲覧2023年2月17日）

Pew Research Center 2012 The Global Religious Landscape https://assets.pewresearch.org/wp-content/uploads/sites/11/2012/12/globalReligion-tables.pdf（最終閲覧, 2023年2月17日）

ブックガイド

『宗教を心理学する──データから見えてくる日本人の宗教性』
　松島公望・川島大輔・西脇良編著，誠信書房，2016年

　　日本人の宗教性について心理学の立場から量的調査を行った研究書。共著でテーマも多岐にわたり読みやすい内容となっている。入門書としても最適である。

『宗教意識の国際比較──質問紙調査のデータ分析』
　真鍋一史，北海道大学出版会，2020年

　　日本とドイツの信仰心の違いを，量的調査を通して研究した専門書。また，本章のような量的調査自体の検証もなされ量的調査を本格的に学べる良書である。

「宗教的信念における共通の因子──8カ国調査の結果から」
　『大阪大学大学院人間科学研究科紀要』42，川端亮，2016年

　　世界の主要8カ国4000人以上を対象とした日本では珍しい大規模なオンライン調査を実施しており，その結果を踏まえて日本の宗教の特異性を指摘した学術論文。

Case Study | ケーススタディ 4

アメリカは熱狂的なキリスト教の国というのは本当？
データに見るキリスト教徒の減少と無宗教者の急増

　宗教学の入門書として広く読まれている石井研士『プレステップ宗教学　第3版2刷』（石井 2021）においては，アメリカで信仰心をもつと答えた人の数は80％に上ることが図示されており，その高さが本文でも指摘されている。また，アメリカについて書かれた通俗本でも80％以上がキリスト教徒で熱狂的なキリスト教の国と書かれたりする。しかし，こうした情報も鵜呑みにするのではなく，それらのデータがいつのデータなのか確認してみよう。この『プレステップ宗教学』を見ると1998年のインターナショナル・ソーシャル・サーベイ・プログラムの情報が引用されている。研究所は異なるが，ピューリサーチセンターの現在のキリスト教に関するデータを見てみよう（Gregory 2021）。このデータでは2007年から2021年までのアメリカの信者の割合が表示されており，カトリックは25％が21％に，プロテスタントは52％が40％にそれぞれ減少している。したがって，大幅に減少しているといってよい。

　また，アメリカでムスリムが増えているといわれるが，それはアメリカの人口の0.8％が1.1％に上昇した程度であり，またキリスト教以外の宗教は5％から6％という程度であるから実質的にはほぼ横ばいと言える。これらに対して，無宗教者ならびに無神論者・不可知論者を自認する人の数が16％から29％に大きく増加している。つまり，キリスト教徒の数が激減して，無宗教者・無神論者・不可知論者が急増しているのである。ちなみに，無神論者・不可知論者はそれなりに確固たる立場といえるもので各々 3％程度である。

　『プレステップ宗教学』が指摘するように，アメリカは日本と比べれば宗教的な国であることは間違いない。しかし，少なくとも1998年と同じ状況ではない。今後も，この数字が逆転する要因が見当たらない以上，アメリカを熱狂的なキリスト教の国と位置づけ続けるのは注意が必要である。

　ただし，2060年頃になると世界的には無神論者が減少し，神が存在すると

考える人が増加するという予測をした研究があることにも触れておきたい（Pew Research Center 2017）。日本に住んでいると，世界の世俗化がさらに進み，無神論者が増えると漠然と思いがちだが，世界各国の人口の増減と信者数を関連づけてデータを読み解くと，無神論者の多い地域は総じて少子化であることがわかる。したがって，少子化に伴い無神論者の数も減少すると推測される。それに対して，ムスリムの住む地域社会は多産を推奨する傾向があり人口が増加するという主張である。ムスリムの信者数が1億人を超えている国はインドネシア・パキスタン・インド・バングラデシュであり，これらの国々は今も人口が増え続けている。今後，この勢いで人口が増え続けることは無いとしても，まずは横ばいとなってからの少子化であろうから，当面，ムスリムの人口は増加するという予測で間違いないと思われる。

参考文献
—

石井研士　2021『プレステップ宗教学　第3版2刷』弘文堂。

Gregory, A. S. 2021 About Three in Ten U.S. Adults Are Now Religiously Unaffiliated. Pew Research Center. https://www.pewresearch.org/religion/2021/12/14/about-three-in-ten-u-s-adults-are-now-religiously-unaffiliated/（最終閲覧2023年2月17日）

Pew Research Center 2017 The Changing Global Religious Landscape. https://www.pewresearch.org/religion/2017/04/05/the-changing-global-religious-landscape/（最終閲覧2023年2月17日）

Active Learning | アクティブラーニング 4

Q.1

ブラジルにおけるキリスト教のカトリックの衰退を調べてみよう。

ケーススタディでアメリカの宗教事情を取り上げた。では，ブラジルはどうであろうか。1960年，ブラジルの人口の93.1％がカトリックと答えている。しかし，現在のブラジルのカトリックは何％だろうか？

Q.2

アメリカの進化論論争にまつわるデータを調べてみよう。

アメリカでは知的な何かが生物を創造したと考える ID 説など進化論に抗う主張がなされることがある（第14章参照）。だが，進化論を正しいと考える人の割合が急増している。学歴や年齢，地域に着目して，その割合を調べてみよう。

Q.3

公安調査庁のサイト「世界のテロ等発生状況」を閲覧して，テロが本当にイスラームの問題なのか考えてみよう。

世界のテロなどの状況を随時公安調査庁は発信している。テロの原因をイスラームとするような安易な結論にはせず，地域や経済にも目を向け宗教以外の問題として，なぜテロが起きるのかグループで話し合ってみよう。

Q.4

日本の伝統宗教である神道と仏教の信者数の実態はどうであろうか。

神社には氏子がいて寺には檀家がいる。ただし，氏子数や檀家数が神道や仏教の信者数ではない。氏子・檀家・信者の違いを理解するため，近所の神社や寺の氏子数・檀家数・信者数を調べてみよう。

第5章

宗教と呪術

異質なものへと開かれるために

伊原木大祐

　超自然的な力を利用して自然の秩序に介入し，一定の目的を達成しようとする行為ないし信念のことを「呪術」という。車の後部ガラスに安全祈願のステッカー（護符）を貼る行為は，車が事故に遭うという自然な出来事を，何か別の力に訴えて止めようとしているのだから，極めて呪術に近いといえる。宗教学や人類学で呪術は magic の訳語として定着してきた。つまり，「魔術・魔法」でもある。そのうち，益をもたらすものは「白魔術（ホワイト・マジック）」，災いを与えるものは「黒魔術（ブラック・マジック）」とも呼ばれる。こうしたモチーフが，現在も人々の想像力を刺激し，文学・マンガ・アニメ・ラノベ・映画・ゲームその他で繰り返し活用されていることは，周知のとおりである。バトルもののアニメやゲームでは，呪術や魔法が登場人物の特殊能力として攻撃に用いられることも多い。

　では，呪術の実情はどうなっているのだろうか。それは宗教とどのような関係にあるのだろうか。呪術は宗教の仲間なのか，それとも宗教のライバルなのか。そもそも両者を区別することは可能なのだろうか。本章では，そうした両者の入り組んだ関係性——以下，これを「呪術／宗教」と表記する——を考えてみることにしよう。

KEYWORDS　#異端　#魔術　#魔女狩り　#共感呪術　#マナ　#妖術

1 ｜ 歴史のなかの呪術／宗教

・

一神教の呪術観

　ユダヤ教〔☞諸宗教の解説〕の聖書には次のような言葉が出てくる。「呪術を行う女を生かしておいてはならない」(「出エジプト記」22章17節)。「あなたの中に，（中略）占い師，卜占する者，まじない師，呪術師，呪文を唱える者，口寄せ，霊媒（中略）などがいてはならない」(「申命記」18章10-11節)。

　ユダヤ教はキリスト教〔☞諸宗教の解説〕の原点ともいうべき宗教である。キリスト教は，ユダヤ教の聖書を『旧約聖書』と呼んで自らの正典とした。同じ唯一の神を信じるこれらの宗教が西洋文化に与えた影響は測り知れないが，その根底には呪術への敵意が潜む。一神教〔☞用語集〕の伝統は呪術行為を，ある時は「異邦」・「異教」の悪しき慣習として，またある時は教義から外れた「**異端**」〔☞用語集〕のふるまいとして断罪してきた。「主なる神」の言葉である聖書が，呪術を罪と定めたからである。

　ところが，その聖書には，呪術としか思えない出来事が神の力によって引き起こされる場面もある。神ヤハウェの命を受けたモーセとアロンは，ナイル河の水をすべて血に変えてしまう。続いて，蛙・ブヨ・アブ・バッタを大量発生させ，疫病を流行らせ，ひょうを降らせ，全土を闇で覆い，エジプトの初子に死をもたらす(「出エジプト記」7-12章)。これは黒魔術ではないのか。また，キリスト教に固有の正典である『新約聖書』では，神の子イエスが多くの病人を癒し，心身の障がいを取り除き，突風を静め，5つのパンと2匹の魚で5000人を満腹にする(「マルコによる福音書」1-6章など)。これは呪医が施す白魔術ではないだろうか。だが，こうした行為は呪術や魔術から区別されており，すべて「奇跡」と呼ばれる(「使徒言行録」2章22節，7章36節)。両者の違いがどこにあるのかを考えてみてほしい。この違いは，後になって宗教と呪術との間に引かれた境界線にも関わってくる。

・

ヨーロッパの事例── 魔術の発明

　古代ローマ帝国下で迫害を受けた初期のキリスト教徒たちは，祭儀中に幼児

殺し・人喰い・乱交をしているのではないか，という疑いをかけられた（コーン 1999）。中世ヨーロッパのキリスト教社会でも，似たような疑いが，今度はユダヤ教徒に，あるいはカタリ派・ワルド派などの異端に向けられる。この種のデマは，少数者への迫害を正当化するのに好都合なものだった。

　中世で新しいのは，そのデマに「悪魔」のイメージが付加された点だろう。これ以降，キリスト教の枠に収まらない呪術（異教・民間信仰の残滓を含む）は，悪魔との契約に基づく「魔術」とされ，呪術師は魔王（サタン）に仕える魔女（ウィッチ）と見なされる。ローマ・カトリック教会内で13世紀に確立された「異端審問」という宗教裁判制度，それに続く悪魔論の発展は，のちに荒れ狂う魔女迫害を準備するものだった。この悪魔論を代表する書物として版を重ねたのが，ドミニコ会の異端審問官が執筆した『魔女の槌（つち）』（1486）である。同書は，「魔女たちの悪魔崇拝や狂宴を細部にわたって生き生きと描き」（ラッセル 2002：146），人々に悪魔的陰謀の存在を信じ込ませるのに一役買ったという。

　カトリックとプロテスタントの宗教間対立が激しくなる16〜17世紀には，魔女として処刑される者がヨーロッパ各地で急増する。いわゆる魔女狩りの時代だ。魔女裁判の過程では，被疑者に架空の罪を「自白」させるため，凄惨で残忍な拷問が神の名のもとに行われた（森島 1970）。他方，この時期に先立って，同じヨーロッパの地でルネサンス文化が花開き，魔術・錬金術・占星術を学問的に探究する知識人が活躍している。フィチーノ（1433-1499），トリテミウス（1462-1516）と弟子アグリッパ（1486-1535）のほか，錬金術師パラケルスス（1493-1541），異端として火刑に処されたブルーノ（1548-1600）らが代表的である。こうした学者たちの洗練された魔術体系は，総じて「高等魔術」と呼ばれ，無学な民衆による「下等魔術」から区別されていた。

・

日本の事例──呪いの役割

　「呪い（のろい／まじない）」という日本語は，神や天皇の意向表明を意味する「宣る（のる）」に由来する。呪いは，神仏の力を用いて害をなす呪詛行為というだけでなく，福をもたらす意味でも使用されてきた。宗教との関係でいえば，『日本書紀』の第24巻にある皇極天皇の逸話が興味深い（井上監訳 2003：69-70）。神官に従って雨乞いの祈りを捧げても効果がないことを聞いた，時の

権力者・蘇我蝦夷は，仏像の前で僧侶たちに大乗経典を読ませることで，小雨を降らせることに成功する。ところが，その後，皇極天皇が天を仰いで神に祈願すると，大雨が降った，という話である。ここに表れている神仏の対立には当時の権力抗争も透けて見えるが，とにかく古代日本の政治と宗教は，呪術と切っても切れない関係にあったといえよう。

　国が仏教〔☞諸宗教の解説〕の僧尼を統制する目的で定めた701年の僧尼令では，吉凶卜相や巫術などの非仏教的な呪術が禁じられている。しかし，仏法による呪術的な治療行為が禁じられたわけではない。奈良時代の朝廷では，仏教によって国家安泰を図るという鎮護国家思想，さらには当時の相次ぐ政変や社会不安を背景に，むしろ仏教のもつ呪力への期待が高まっていた。なかでも山林修行によって力を獲得した者は畏敬の的となる（速水 1987：34）。天台宗・真言宗という平安仏教の開祖である最澄と空海も，もとはそうした山林修行者だったのだ。

　仏教の受容と並行して，古代の貴族社会では陰陽道が発達する。国の行政機関として設置された陰陽寮では，官僚の職務のひとつとして占術が行われていた。その職務に，（災厄を取り除く）呪術と祭祀を加えて宗教化したものが，平安時代に成立した「陰陽道」である（山下 1996）。名声を博した陰陽師・安倍晴明は，のちに神社に祀られ，今日でもマンガや映画のなかで語り継がれる存在だが（第10章参照），れっきとした宮仕えの役人だった。これに対し，官人身分をもたない僧形の陰陽師（法師陰陽師）がおり，そのなかには，法律で厳しく禁じられていた「呪詛」を貴族から依頼されて行う者たちもいた（繁田 2006）。

2｜呪術／宗教の学問的探究

2種類の呪術

　2022年にロシアのウクライナ侵攻が始まって3カ月を過ぎた頃，日本のある神社では，侵攻の首謀者ともいうべきプーチン大統領の写真を貼ったワラ人形が五寸釘で神木に打ち付けられるという事件が起こった。この手法（丑の刻参り）は，数ある呪詛のなかでもメジャーなものであり，古くは「厭魅」と呼ば

れた伝統的邪術の一種である。このように敵の像を傷つけ壊すことで，本人を苦しめ殺そうとする呪術は，昔から世界各地に見られる。また，ヨーロッパの一部には，作物の茎が高く伸びることを願って，種を蒔く人が高く跳びあがって踊るという慣習がある。どちらの行為も，2つのものの「類似」をもとに，実際に意図された効果（敵の死傷や穀物の成長）を「模倣」しているのだ。

イギリスの人類学者ジェームズ・フレイザー（1854-1941）は，比較研究の古典『金枝篇』（1890-1936）のなかで，こうしたタイプの呪術を「類感呪術（模倣呪術）」と名づけた（フレイザー 2004）。もうひとつ別のタイプに，「感染呪術」と呼ばれるものがある。メラネシアのある島では，人の衣類を一定の作法にしたがって燃やすと，それを身につけていた本人が病死するという呪術的信念があった。ここでは，汗に触れた衣服への作用が，その汗を流した人体にまで影響（「感染」）すると信じられているわけだ。フレイザーは，人間の歯・髪・へその緒などの取り扱いに関する各地の事例から，この種の信念が珍しいものではないことを示す。以上に挙げた2種類の呪術は，まとめて「**共感呪術**」と呼ばれ，誤った連想による思考の結果であるとされる。

このような呪術は，宗教とどこが違うのか。『金枝篇』では，宗教が「人知を超えた力を宥和し慰撫すること」（フレイザー 2004：160）と定義された。宗教の信者は，世界を支配しているのが神のような人格の力であると信じ，その神を喜ばせようと試みる。これに対し，呪術師はその力を，非人格的なものと見なし，「強要し威圧する」ことで操ろうとする。しかし，この種の呪術が無力だと気づいた人々は，やがて神の意志への服従を示すようになる。こうして呪術から宗教への転換が起こった，というのがフレイザーの主張である。

呪術の宗教学——「力」に着目して

イギリス人宣教師コドリントンは，メラネシアでの調査を通じて，当地に「**マナ**」という特殊な観念があることを19世紀末に報告している。この語は現地での用法を超えて，20世紀初頭の学界で広く用いられるようになる。「マナ」とは，超自然的で神秘的な呪力，感染性を帯びた「非人格的な力」であると考えられた。このアイデアをもとに呪術／宗教を考察した1人が，ロバート・マレット（1866-1943）だ。アニミズム説〔☞用語集〕の主唱者エドワード・タ

イラーの弟子だったマレットは，プレアニミズム（アニマティズム）説を唱えたことで知られる。それによると，マナは「霊魂」という観念にも先立つ積極的原理である。そして，このマナという超自然的な力への接近や接触を禁じる消極面が，「タブー（禁忌）」なのだとされる。なお，タブーという語は，もともと「タプ（はっきり印をつけられた）」というポリネシア語に由来し，宗教学では一般に，聖なるもの〔☞用語集〕への侵犯を禁じる慣習を意味する。

　いわゆる「未開宗教」（この表現については本書の終章を参照してほしい）をその思考のプロセスから分析したタイラーやフレイザーと異なり，マレットは感情の役割を重視した。マナの力に対する畏怖や畏敬，感嘆，驚異といった情緒こそが，宗教の発生に関わっているのだ（マレット 1964：20-22）。そうした宗教の原始的形態は呪術と区別しにくいだろう。呪術と宗教は，超自然的な力への情緒反応を共通の土台とする点で重なり合うところがある。マレットが，マナとタブーの両面を包括する超自然の領域を「呪術–宗教的」というあいまいな言葉で表したのも，そのような理由からであった。

　同時期にマナに注目して呪術を論じたアンリ・ユベール（1872-1927）とマルセル・モース（1872-1950）も，やはり感情の役割を強調している（モース 1973）。呪術には，必ずと言っていいほど，「期待」や「願望」が含まれる。公的で規則的な性格をもつ宗教儀礼と異なり，呪術儀礼は，こっそりと行われるプライベートなものであり，個人の感情から切り離せない。だが，ここでのポイントは，その背景にあって呪術の「個人的」性格を支えている社会集団の存在である。呪術は，たとえ呪術師個人の営みに見えたとしても，そのなかに社会全体の不安や興奮，希望や願望を色濃く映し出しているのだ。

　これ以上に明確な定義を打ち出したのが，ユベールとモースの師エミール・デュルケーム（1858-1917）である。その主著『宗教生活の基本形態』（1912）によると，共通の信仰で信者を結びつける教団（「教会」）の有無が，宗教と呪術を分かつ目印となる（デュルケーム 2014）。呪術には，教団のような緊密な組織がなく，教団が命じるような義務も見出せない。それでも呪術は，マナのような「宗教的力」を利用している。この力は，社会集団の感情的な興奮状態（第8章参照）から出てきた「集合的力」でもある。デュルケームは，フレイザーのように「呪術の後で宗教が発生した」とは考えない。むしろ逆に，呪術

のさまざまな特徴が宗教に由来する考え方から引き出されている以上，呪術は「宗教から生まれた」（デュルケーム 2014：下272）と言うべきだろう。

人類学の洞察——書斎の外へ

これまで呪術/宗教を論じた学者の多くが，「未開社会」に関する情報を書物から得ていたのに対し，次世代の人類学では，現地調査を踏まえた研究がスタンダードになる。その発端となったブロニスワフ・マリノフスキー（1884-1942）はトロブリアンド諸島で，アルフレッド・ラドクリフ゠ブラウン（1881-1955）はアンダマン諸島でフィールドワークを行い，新たな知見をもたらした。

ここでもう一度，プーチン大統領を模した人形に釘を打ちこんだ，あの日本人の行為について考えてみよう。これは何を意味するのか。マリノフスキーであれば，そこに怒りや憎しみといった感情の表現を見出すだろう。この世には，合理的な知識や行動では乗り越えられない障害がたくさんある。戦争もそのひとつだ。運命という圧倒的に無力な状況に対して，人は強い感情——怒り・不安・恐れ・欲望など——を抱く。それは体に激しい緊張を引き起こし，まったく別の行為となって表れ出る。この拡張された感情表現としての行為が「呪術」であり，その言葉が「呪文」なのだ。これによって人々は，危機に面した緊張を解きほぐし，精神を安定させてきたのである（マリノフスキー 1997）。しかし，そうした議論には反論もある。呪術儀礼がかえって不安や危機感を生み出すこともあるのではないか（ラドクリフ゠ブラウン 2002）。たしかに，誰もが邪術（黒魔術）の標的となりうる社会では，そうした儀礼が最初から存在しなかったほうが，心穏やかに過ごせたかもしれない。

いずれにせよ，マリノフスキーの考える「呪術」とは，ある特定の目的に対する手段でしかない行為からなる「実用的技術」である。この定義は，広くファンタジーの世界にも適用できそうだ。宮崎駿の作品『天空の城ラピュタ』（1986）に出てくる「バルス」という滅びの言葉（呪文）は，単にラピュタ城を崩壊させるための道具的な言葉であり，神々への帰依や信心を示すものではない。これに対して宗教は，「それ自体が目的の充足であるような自己完結的な行為の集まり」（マリノフスキー 1997：117）である。キリスト教の日曜礼拝は，特定の具体的な効果を引き起こすための活動ではなく，神への賛美を表現

しており，それ自体で信仰上の意義を帯びている。

3 ｜ 呪術／宗教と現代社会

…

呪術, この異様なもの

　以上に見てきたような呪術／宗教の問題は，現代の大衆文化にまで影を落としている。魔法使いの少年の成長を描いた『ハリー・ポッター』シリーズは，前世紀末に最初の巻が刊行されて以来，世界中でベストセラーとなり，その映画化作品も含め，多くのファンを魅了してきた。しかし，この作品が刊行当初より，アメリカの原理主義的なキリスト教徒たち（プロテスタントの福音派）から目の敵にされて有害図書指定を受けたり，ローマ教皇庁の内部（カトリック）でも批判が起きたりしていたということ（板倉 2012：2-4）は，日本であまり知られていない。キリスト教の神に由来しない魔法・魔術の世界観が「迷信的」で「邪悪」なものであるという偏見は，今も根強く残っている。

　実際，宗教を呪術・魔術と対比する見方は，西欧キリスト教の社会に著しい。キリスト教の立場から定義された「宗教」にうまく収まらないものが，「呪術」という箱のなかに投げ込まれてきた感もある（タンバイア 1996）。近代初期に登場したプロテスタントは，中世から続くカトリックの祭儀を「呪術」として批判した。その後，このような「呪術」は，プロテスタントを主な地盤としたイギリスで人類学が勃興するなか，いわば「宗教未満」の現象として位置づけられる。こうして，国内にいる迷信的な大衆，異教を信奉する古代人，未開社会に生きる原住民の営みに，呪術のラベルが割り当てられた。その領域は，文化の中心にいる「私たち」とは違う，異様な「彼ら」のイメージと重なり合う。人類学や宗教学が主な研究対象としてきた海外の土地は，インドであれ，メラネシアであれ，アフリカであれ，かつては西洋諸国の植民地だった。被支配者に対する支配者のまなざしで異文化を見ていないかどうか，「私たち」はそのつど自分を省みる必要があるだろう。この点に十分注意したうえで，今度はアフリカ研究の事例に目を向けてみよう。

···
多様な文脈を考える

　アフリカの南スーダンに住むアザンデ人は，不作や病気など，何か不運に見舞われたとき，それを「妖術(マング)」のせいにするという（エヴァンズ゠プリチャード2001）。ここでの妖術とは，体内に特定の物質（妖物）をもった人物（妖術師）から発散される心の力である。もちろん，彼らも自然の因果関係を知らないわけではない。小屋が倒壊してＡさんが大ケガをしたとする。倒壊の原因は，シロアリや腐食によって支柱が劣化したためである。また，小屋にＡさんがいたのは，日中の炎暑を避けるためである。これらはアザンデにとっても明白だ。だが，どうして他の時間でなく，まさにこの瞬間に，他の人ではなくＡさんが小屋にいたのか。その理由は誰にも説明できない。「たまたま」そこにいたからだ，と私たちなら言うだろう。この不幸な「たまたま」の謎を埋めるアザンデの説明図式が，「妖術」なのだ（近藤2007）。

　そもそもアザンデには，妖術師が嫉妬や憎悪から人々を襲うという一般的信念があった。こうした信念は，密な人間関係の緊張状態を象徴的に表現している。また，隣人への過剰な悪意を抑える効果もある。誰かを強く憎んでいることが周囲に発覚した場合，「あいつは妖術師だ」と非難されてしまう。そうした誤解を避けたい人は，最初から余計な悪意を抱かないようにするだろう。

　別の例も見てみよう（メア1970：44-45）。タンザニアに住むニャキュサ族では，妖術師が人の内臓を食べる，牛の乳を吸い尽くすなど，食に貪欲な存在と見なされる。他方，南アフリカのポンド族では，女妖術師が使い魔と性交していると考えられた。このイメージの違いはどこから来るのだろうか。ニャキュサ族の社会では，性関係は安定しているが，経済格差があり，富への羨望が生じやすい。逆にポンド族では，財産を共有しているため富への羨望が生じないものの，性関係が厳しく統制されている。どちらも構造的な欠乏が妖術師のありかたに反映されているのだ。これらの事実は，呪術の内実がいかに経済的・文化的な条件に依存しているかを教えてくれる。最後に，そうした条件の問題をめぐって，別の角度からも確認しておきたい。

・・・
終わりなき呪術／宗教

　ドイツ社会学を樹立したマックス・ヴェーバー（1864-1920）は，古代ユダヤ教に発して近代プロテスタンティズムに極まる，呪術への否定的姿勢を「脱呪術化」（呪術からの解放）と呼んだ（ヴェーバー 1989：157）。この考え（第9章参照）に従えば，呪術はさらなる近代合理化の進展とともに衰弱していくことが予想される。ところが，現代人類学のアフリカ研究は，資本主義経済のグローバル化に伴う激しい社会変動と格差拡大が，逆説的にも呪術を活性化しているという状況にスポットを当ててきた（近藤 2007）。呪術の現象は，近代化の波に揉まれて消滅するどころか，かえってあちこちで氾濫しているようにも見える。

　今日，先進各国では伝統的な宗教的価値観が衰退しているといわれる（イングルハート 2021）。この現状にあって，既成の宗教の枠に収まらない呪術的世界は，特定の慣習や流行といった仮装をまとって温存されうるし，その意味で「スピリチュアリティ」の領域とも近しいものだ（第10章，第11章などを参照）。呪い代行や呪物販売といった，インターネットを介した呪術市場も活発になっている。日本では，そういった信念を迷信・俗信などとして退ける宗教的態度も見られるが，それでも呪術的なものが宗教と共存しながら生き残ってきた。現代における呪術的なものは，「宗教」という枠の内外を揺れ動きながら，各地の文化に深く浸透しているのである。

───────────────

参考文献
—

板倉厳一郎　2012『大学で読むハリー・ポッター』松柏社。

井上光貞監訳　2003『日本書紀Ⅲ』笹山晴生訳，中央公論新社。

イングルハート，R　2021『宗教の凋落？——100か国・40年間の世界価値観調査から』山﨑聖子訳，勁草書房。

ヴェーバー，M　1989『プロテスタンティズムの倫理と資本主義の精神』大塚久雄訳，岩波文庫。

エヴァンズ＝プリチャード，E・E　2001『アザンデ人の世界——妖術・託宣・呪術』向

井元子訳，みすず書房。

コーン，N 1999『魔女狩りの社会史──ヨーロッパの内なる悪霊』山本通訳，岩波書店。

近藤英俊 2007「瞬間を生きる個の謎，謎めくアフリカ現代」阿部年晴・小田亮・近藤
　　英俊編『呪術化するモダニティ──現代アフリカの宗教的実践から』風響社，17-
　　110頁。

繁田信一 2006『呪いの都平安京──呪詛・呪術・陰陽師』吉川弘文館。

タンバイア，S・J 1996『呪術・科学・宗教──人類学における「普遍」と「相対」』思
　　文閣出版。

デュルケーム，E 2014『宗教生活の基本形態──オーストラリアにおけるトーテム体系
　　上・下』山崎亮訳，ちくま学芸文庫。

日本聖書協会 2018『聖書　聖書協会共同訳』日本聖書協会。

速水侑 1987『呪術宗教の世界──密教修法の歴史』はなわ新書。

フレイザー，J・G 2004『金枝篇──呪術と宗教の研究1　呪術と王の起源　上』神成
　　利男訳，国書刊行会。

マリノフスキー，B 1997『呪術・科学・宗教・神話』宮武公夫・高橋巌根訳，人文書院。

マレット，R・R 1964『宗教と呪術──比較宗教学入門』竹中信常訳，誠信書房。

メア，L 1970『妖術──紛争・疑惑・呪詛の世界』馬淵東一・喜多村正訳，平凡社。

モース，M 1973『社会学と人類学1』有地亨・伊藤昌司・山口俊夫訳，弘文堂。

森島恒雄 1970『魔女狩り』岩波新書。

山下克明 1996『平安時代の宗教文化と陰陽道』岩田書院。

ラッセル，J・B 2002「妖術」奥山倫明訳，M・エリアーデ主編，L・E・サリヴァン編
　　『エリアーデ・オカルト事典』法藏館，135-157頁。

ラドクリフ＝ブラウン，A・R 2002『未開社会における構造と機能　新版』青柳まちこ
　　訳，新泉社。

ブックガイド

『日本の呪術』繁田信一，MdN 新書，2021年

　　平安期の陰陽師研究を踏まえた歴史学者による本。「日本の呪術」全体の歴史や類型を網羅するものではないが，新書なので初学者には近づきやすい。

『図説　魔女狩り』黒川正剛，河出書房新社，2011年

　　西洋における魔女イメージの変遷と魔女狩りの実像が，鮮やかな図版入りでわかりやすく解説されている。詳しい歴史を学びたい人におすすめの本。

『「呪術」の呪縛　上・下』江川純一・久保田浩編，リトン，2015-2017年

　　宗教学の立場から「呪術」を考察した論文集。呪術概念への批判的検討に加え，事例研究も豊かである。呪術／宗教を真面目に考えたい人には欠かせない書。

Case Study | ケーススタディ5

21世紀の魔女狩り
「妖術・人権情報ネットワーク」の報告から

2019年5月の事件である。南アフリカ共和国の某村に住む78歳の老女が孫たちの前で惨殺された（South Coast Herald 2019）。斧で切り殺された後，家まで放火されたため，残された家族も結局は村から逃げ出す羽目になる。なぜ老女は殺されねばならなかったのか。それは，彼女が「妖術師（魔女）」だという嫌疑をかけられたからである。不運を妖術のせいにする信念の存在については，すでに概説で述べた。妖術を理由とした非難・迫害は，以前から報告されているが，今世紀に入って増加傾向にあり，人権上の大きな懸念を引き起こしている。近代初頭にヨーロッパで荒れ狂った「魔女狩り」が，今日再び，サハラ以南のアフリカ諸国，インド，ネパールをはじめとする各地で頻発しているのだ。この新たな人権侵害に抗する啓蒙活動を行い，オンライン上で関連情報を提供している組織に，「妖術・人権情報ネットワーク（The Witchcraft and Human Rights Information Network, 略称 WHRIN）」がある。そのウェブサイト（http://www.whrin.org/）によれば，妖術に関係する有害な慣習によって，現在も暴力的な虐待と殺人がたびたび発生しており，特に女性・子ども・高齢者・障がい者がターゲットにされやすいという。

ある人が「妖術師である」という判断の根拠は，たいていあやふやなものだ。この場合に疑われるリスクが高いのは，何か別の理由で嫉妬や憎悪を向けられた社会的弱者，あるいは，心身上に個性的特徴をもつ少数者だろう。そこでは，かつての魔女狩りにも見られたスケープゴーティング（無実の者への責任転嫁）が生じやすい（第7章で説明されるジラールの議論を参照）。そもそも，仮にある人が本当に有害な「妖術師」だったとしても，そのことを理由にしたリンチや迫害が許されるわけではない。

呪術にまつわる暴力の例として，メディアでよく取り上げられるのが，先天的に皮膚が白い「アルビノ」への残虐な犯罪行為である。アフリカの一部で

は，アルビノの身体が幸運をもたらす護符や呪薬の素材になると信じられており，その各部位を不法に切断し，闇市場で売りさばく事件が多発している。

　すべては一部の「未開社会」で起こっている特殊な出来事だと考える人がいるかもしれない。でも，その認識は間違っている。上記の事例は，急速な都市化と経済発展を経た後のアフリカで起こったものだし，たとえ日本やアメリカであっても，よく似た構造の迫害をメディア上に見出すことは可能だ。

　妖術や呪術の信念には，一方で，不条理な運命に意味を与えつつ，そこに生きる人々の心を強め，豊かにする機能がある。しかし，その反面，人々を不条理に苦しめ，抑圧してしまう逆機能も見られる。同じことは，おそらく一般的な意味での「宗教」についても言えるだろう。私たちが呪術／宗教の領域に触れるとき，それらがもつ功罪の両面に気を配っておく必要がある。

参考文献

Foxcroft, G. 2017. Witchcraft Accusations and Persecution; Muti Murders and Human Sacrifice: Harmful Beliefs and Practices Behind a Global Crisis in Human Rights. http://www.whrin.org/wp-content/uploads/2017/10/2017-UNREPORT-final.pdf（最終閲覧2023年2月15日）

South Coast Herald 2019. Suspected witch（78）hacked to death in front of grandchildren. June 21. https://southcoastherald.co.za/361806/homes-torched-in-witch-hunt/（最終閲覧2023年2月15日）

Active Learning | アクティブラーニング 5

Q.1

フレイザーによる呪術の定義を読んでみよう。

マコーマックが編集した『図説　金枝篇』（吉岡晶子訳，講談社学術文庫，2011年）にある第1部第3章「共感呪術」の箇所を読んでみて，疑問に思ったことや，この定義に当てはまらない呪術の例を書き出してみよう。

Q.2

身近にある呪術を探してみよう。

自分をさほど宗教的でないと思っている人でも，意外と呪術的・魔術的なふるまいや考えかたをしているかもしれない。現代社会のなかで観察できる呪術・魔術の例を探し出し，そこに宗教との関わりがあるかどうかを調べよう。

Q.3

メディア上の呪術について調べてみよう。

今日におけるウェブ上の言説，新聞記事，テレビ番組，創作物などを素材にして，呪術・魔術がどう扱われているかを調査してみよう。そこからどんな傾向が見えてくるだろうか。宗教との関係はどうなっているだろうか。

Q.4

黒魔術への賛否をグループで議論しよう。

今も残る「黒魔術」の実践（呪詛行為）をウェブ検索で探し，その意味を社会全体の視点に立って考えてみよう。それは人々にどのような効果をもたらしているのか。そうした実践の存続に賛成か，反対か。皆で話し合ってみよう。

第6章

祈りと宗教体験
宗教の本質を求めて

———

古荘匡義

　祈りや宗教体験は深い信仰に根ざしたもので，信仰をもたない自分には無縁だと感じる人もいるだろう。ただ，神や仏を信じていなくても，初詣で真剣に祈ったり，黙祷に参加した経験はあるのではないか。では，信仰をもたない者が祈る営みはどのように理解すべきだろうか。また，宗教に懐疑的だった広瀬健一が宗教体験を得たことをきっかけにオウム真理教に入信した例を考えると，信仰をもたない者も決して宗教体験と無縁ではない。

　19世紀に成立した近代的な宗教学は，諸宗教に普遍的に含まれるものとして祈りと宗教体験を深く研究した。近代化や世俗化が進み，特定の宗教が人々の生活を強く意味づけなくなった時代に，近代的な宗教学は，祈りや宗教体験の研究を通して宗教のもつ根本的な性質（宗教の本質）を解明することで，宗教一般の必要性や重要性を主張しようとした。宗教の本質の解明は，一方で「この宗教の本質を純粋にもつのが○○教だ」という形で自分の信じる「○○教」の価値の証明に活用されたが，他方で，権威的な教会や固定的な教義など，既存の宗教のあり方を問い直す起点にもなった。本章では近代的な宗教学の祈りや宗教体験の研究を概観して，現代における祈りや宗教体験の意義を考えていきたい。

| KEYWORDS | #信仰なき祈り | #法外な願い | #いのり | #宗教体験 | #神秘主義 | #宗教間対話 |

1 ｜ 祈りと願い

・

信仰なき祈り

　日本では，特定の信仰をもたなくても，多くの人が神社や寺院で家内安全などを祈ったり，祈願してもらったり，合格祈願などのお守りを買ったりするなかで祈りに関わっている。NHK放送文化研究所の2008年の調査によれば，「お守りやおふだなど，魔よけや縁起ものを自分の身のまわりにおいている」という人は35％だった。しかも，お守りやおふだなどを身のまわりにおくと答えた人のなかでお守りやおふだの力を信じている人は34％しかいなかった（NHK放送文化研究所 2010：132-137）。つまり，お守りやおふだをもつ人の3分の2が，願いを叶えてくれる何らかの超自然的な力を信じているわけではないのにお守りやおふだを買っているのである。このような行動は，祈りには超自然的なものへの信仰が必須だと考えてしまうと，不可解である。

　しかし，神を信じていなくても，初詣などで一年の平穏などを願って真剣に祈る人は多い。このような「信仰なき祈り」は信仰とは無縁の場面でも現れる。たとえば高校野球の中継で，次のバッターが打たなければ試合に負けるというときに，まさに祈りながら試合を見つめる応援者の姿が映し出される。その姿をみると，祈りの本質は，願いを叶えることや願いを叶えてくれる存在への信仰のうちにあるというよりも，全身全霊を傾けることや自分の実存を賭けることのうちにあるように思える。

・

宗教的な願いの法外さ

　では，宗教的な祈りとはどのようなものか。信仰に根ざした祈りとそうでない祈りには違いがあるのか。あえて「願い」という観点から考えてみよう。

　宗教的な祈りでは何が願われているのか。手がかりとして，キリスト教〔☞諸宗教の解説〕各宗派で広く受けいれられている「主の祈り」を見てみよう。

　　天におられる私たちの父よ/御名が聖とされますように。/御国が来ますように。/御心が行われますように/天におけるように地の上にも。/私たちに日ごとの

糧を今日お与えください。／私たちの負い目をお赦しください／私たちも自分に

負い目のある人を／赦しましたように。／私たちを試みに遭わせず／悪からお救

いください。

（「マタイによる福音書」6章9〜13節，「／」は原文改行）

　この祈りは「私たち」の状況の改善を願うことを超えて，「神」の御心が実

現することを願っている。神が私たちに日ごとの糧を与え，私たちの負い目を

赦す（宗教的な罪を許すことは「赦す」という漢字で表現することが多い）などの

恵みを神に求めるだけでなく，神の名が聖なるもの〔☞用語集〕として人々に

崇められ，神によって秩序づけられた「神の国」が到来することを願ってい

る。この願いは，人間には願いきれないような世界の変革を，神自身が自らの

「御心」によって実現することを待ち望むという法外さを含んでいる。

　法外な願いとして，浄土教における法蔵菩薩の「本願」も紹介しておこう。

浄土教は大乗仏教〔☞諸宗教の解説〕の一派で主に阿弥陀如来の住む浄土（仏

の住む穢れ〔☞用語集〕のない場所）に行って修行し，仏になることを目指す教

えである。法蔵菩薩（菩薩とは悟りを得て仏になるために修行する人）は48の願

いを立て，これらの願いが叶わなければ悟りを開かないと誓って修行し，悟り

を開いて阿弥陀如来（如来とは悟りを得て仏となった存在）となったとされる。

よって，浄土教の世界観では法蔵菩薩の48の願いはすべて実現している。48

の願いのなかでも特に重視されている第十八願の漢訳書き下し文は次のとおり

である。

　　たとい，われ仏となるをえんとき，十方の衆生，至心に信楽して，わが国に生

　　れんと欲して，乃至十念せん。もし，生れずんば，正覚を取らじ。……

（中村ほか 1990：157）

　法蔵菩薩は，もし自分が仏になったとき，人々が自分を心から信じ，自分の

住む浄土に生まれたいと願って，南無阿弥陀仏と10回念仏したとしても自分

の浄土に生まれられないのなら，私は決して悟りを開かないと願って修行し，

悟りを開いた。したがって，浄土教の世界観では，阿弥陀如来を心から信じる

ならば，浄土に生まれることを願って10回でも念仏すれば浄土に生まれられることになっている。もちろん，「わたしの国に生まれたいと願う」（欲生我国）の前にある「心から信じて」（至心信楽）が重要であり，念仏とは単に浄土に行く願いを叶えてもらうことではない。浄土教における第十八願の解釈はここで論じられないが，いま確認しておきたいのは，悟りを得ようとする修行者としての法蔵菩薩と悟りを得た如来との間には無限の隔たりがあるため，法蔵菩薩が如来となった自分の姿をあらかじめ願い，その願いを実現したという浄土教の世界観には一種の法外さが含まれていることである。そして我々も，阿弥陀如来の法外な世界観を「心から信じて」念仏するとき，浄土に生まれるという法外な願いが実現すると考えられているのである。

・

フィクション世界の法外な願い

　これらの宗教の世界観を心から信じて祈ることも，宗教的な願いの法外さを受けとめることも信仰のない者には難しい。しかし，このような法外な願いは映画や小説，アニメなどのフィクションに深いリアリティを与えている。

　たとえば，新房昭之監督の大ヒットアニメ，『魔法少女まどか☆マギカ』（新房 2011）は宗教的な要素を多く含み，とりわけ「願い」が重要なテーマとなっている作品である。本作品の登場人物は，キュゥべえなる地球外生命体と契約を結ぶとどんな願いでも1つ叶えられるが，それと引き換えに魔法少女となって魔女と戦う使命を負う。主人公，鹿目まどかは魔法少女としての極めて高い資質をもっているとされ，キュゥべえから魔法少女となるように再三促されるが，なかなか契約を結ばない。作品が進むにつれ，実は魔法少女は過酷な運命に定められていることが明らかになり，まどかは作品の最終盤で，この運命を変えるべく，法外な願いを立ててキュゥべえと契約する。まどかの願いは作品世界の構造そのものを変革し，作品にある種の救済をもたらす（まどかの願いについては作品を参照）。

　まどかの願いも，法蔵菩薩の願いと同じく，一個人の願いをはるかに超えて，世界の構造そのものを変革し他者を救済する法外な願いである。さまざまなフィクションに含まれる法外な願いに感動することは，信仰のない者が宗教的な願いのリアリティに触れる通路となるように思われる。

2│祈りの宗教学

··
ハイラーの祈り論

　それでは，祈りは宗教学ではどのように捉えられてきたのだろうか。さまざまな宗教は，宗教学の成立以前から自らのもつ教えに則って祈りを営みながら，祈りについて深く考察してきた。19世紀以降の近代的な宗教学は，諸宗教に広く含まれている宗教の本質的な要素として祈りを捉え，諸宗教の比較から祈りを分析する。とはいえ宗教学の祈りの捉え方は必ずしも中立的ではなく，ときに西洋近代の諸思想やキリスト教に由来する前提を含む。

　古典的な祈り研究であるフリードリヒ・ハイラー（1892-1967）の『祈り』（初版1918年）によれば，祈りは「宗教の核心にして中心部に位置する」もので「宗教的な生の基本的で必要不可欠な表出」である。教義や制度，儀式，倫理的な理念ではなく，祈りにおいてこそ本来的な宗教的生が捉えられる（ハイラー 2018：23-24）。ただ，あらゆる祈りのなかに純粋な形で宗教的生が現れているのではない。ハイラーは多様な祈りを類型化し，「未開人」の素朴で内発的な懇願の祈りと「宗教的天才の体験の絶頂で生じるような」祈りの2つの類型を，力強さや生命性にあふれた純粋で自由な祈りと捉える。このような個人の祈りが儀礼・教会制度・法・合理的思想などに基づくことで，あるいは集団で営まれる儀礼的な祈りとなることで生命を失い，形骸化していくという。

　さらに，宗教的天才の祈りは神秘主義的な祈りと預言者的な祈りに分けられる。これら2つがハイラーの考える最高到達段階の祈りの類型である。神秘主義的な祈りは，世界や自己へと向かう情熱から解放され，神のみに自らを差し向けることであり，さらには最高善の観想や忘我，神への没入に至る。預言者的な祈りは，苦しむ自分自身や同胞のために恩寵や救済を神に懇願することであり，さらには神への信頼の表明や「人間の意志を神の意志へと完全に捧げることへと進展してゆく」（ハイラー 2018：518）。ハイラーが集団的制度的宗教よりも個人的内面的信仰を重視するプロテスタントのキリスト教を基盤にして諸宗教の祈りを理解していることは明白である。

　祈りの諸類型の検討を経て，ハイラーは祈りの本質を「生き生きとしていて

人格的な神への信仰，その神の実在的で直接的な現前への信仰，そして人間が
この現前するものとして体験された神との間にもつ劇的な交流」（ハイラー
2018：522）と捉える。祈りは，自分から隔絶した神に何かを求めることでは
なく，祈る者のそばに生き生きと現れていて，自分の心情を訴えかけられる人
格的な神的存在との直接的な交流だとされる。

‥神に祈る，神を祈る

　ハイラーは，人格神との交流を前提しない「瞑想」〔☞用語集〕を祈りと区
別し，祈りよりも低くみているが，この理解の背景にはキリスト教に根ざした
西洋の発想が前提されている。西洋語の祈りの語源を考えると，たとえば英語
の prayer の語源であるラテン語の precārius の語義は「懇願して得た，恩恵と
して与えられた」（水谷智洋編 2009『羅和辞典　改訂版』研究社）である。この
語は，人間の願いを受け容れ，恵みを与える神的な存在を前提している。

　それに対し棚次正和は，「瞑想」も包括する「広義の祈り」概念を考えるべ
く，祈りの3つの境位を考える。第一に自我意識を否定しつつも自己が人格的
な神的存在に向き合い交流する（キリスト教などの）「有の祈り」，第二に自我
意識を消滅させる方向に導く（瞑想や禅の悟りなどの）「無の祈り」，第三にこ
れら2つの祈りの対立を超えて端的に生命の躍動として現れる「**いのり**」であ
る。棚次は日本語の「いのり」の語源の諸説を検討し，「いのり」を「生」と
「宣り」に分解して捉える。「い」は「神聖（斎・忌）」の意味が生じる手前の
「生命（霊）力」「生命現象が有する超自然的霊威」であり，「のり」は命令的・
強制的な宣告の意味が生じる手前の「「生命（霊）力」の籠もった神言や呪言
を宣ること」である（棚次 1998：18）。棚次は『日本国語大辞典』の「いのる」
の項の記述を踏まえて，古代の日本では「神をいのる」という言い方があった
と指摘する。神とは生命現象のもつ超自然的で精神（霊）的〔☞用語集〕な力
そのものであり，この力が神の名を宣告する言葉に宿る。このような「言霊信
仰」に基づいて「神をいのる」ことで，人々は幸福を求めていたと推測され
る。神は祈りを差し向ける対象ではなく，まさに祈りの内容であった。

　このように棚次は，端的に生命の躍動として現れる「いのり」を考えること
で，人格神を前提しない瞑想や悟りも含んだ祈り一般を捉えた。全身全霊を傾

ける「信仰なき祈り」は，この「いのり」の現れとして理解できよう。

⁑ 祈りは行為や実践をひらく

　祈りが個人の生を超えた「生命（霊）力」の躍動という側面をもつとき，祈りは個人の内面的な実践に留まらず，苦しむ他者や世界に向けての祈りとなり，共同体のなかでの実践として他者とともに実現するものとなりうる。

　マザー・テレサ（1910-1997）がインドのカルカッタで貧しい人々のために行った献身的な活動は全世界に広がっている。マザー・テレサは祈りについて次のように述べている。「世界各地のスラムの貧しい人びとは苦悩するキリストです。（中略）彼らを通して，神は，そのほんとうの姿をわたしに示されます。わたしにとって祈りとは，イエスの思いと1日24時間，共にあることです」（マザー・テレサ／ブラザー・ロジェ 1994：152）。マザー・テレサにとって，祈りは24時間イエスの思いと共に生きることであり，それは「苦悩するキリスト」である貧しい人々への献身的な奉仕の活動とひとつのことであった。

　また，祈りは異なる信仰をもつ宗教者同士の連帯を生み出す。世界宗教者平和会議など，諸宗教が対話を推進し，グローバルな諸課題の解決のための協働を模索する集会ではしばしば「諸宗教の祈り」が実施される。参加者は平和の実現などを願って各自の宗教伝統のやり方で祈る。各宗教の祈りが，やり方は異なっていても，宗教にとって本質的な営みであるという理解が共有されているからこそ，祈りの時間の共有が諸宗教の連帯の基盤になる。

　さらに，祈りは特定の宗教とは切り離された形で多くの人に共有され，運動を生み出すこともある。「世界人類が平和でありますように」と書かれた白い柱（ピースポール）を見たことがあるだろうか。この言葉は，白光真宏会を開いた五井昌久（1916-1980）の宗教思想に基づく「世界平和の祈り」の最初の部分である。五井はこのピースポールを世界各地に立てる平和活動を推進した。ただ，この活動は組織としては白光真宏会から切り離された平和活動団体（May Peace Prevail On Earth International）に引き継がれて世界中に広がり，白光真宏会の信仰の有無にかかわらず，賛同する人々が活動に参加している（吉田2019）。このような活動の展開が可能であるのは，生命の躍動として現れる「いのり」が信仰の有無にかかわらず参加できる営みだからである。

3｜宗教体験概念の限界と可能性

...

宗教体験の諸相

　宗教体験というと，広い意味では社寺の観光や一日座禅体験なども含められるが，本節で考える宗教体験は19世紀以降の近代的な宗教学で重視されてきた体験である。このような宗教体験は祈りと共通する点が多い。ただ，祈りがそれぞれの宗教・宗派のもつ一定の形式で習慣的に営まれる傾向にあるのに対し，宗教体験は特定の宗教で主流となっている教義や儀礼に囚われない仕方で一時的に体験されることが多く，ときに一度の体験で信仰への覚醒や回心〔☞用語集〕，忘我，恍惚の状態に至り，主体のあり方が劇的に変容する。

　宗教体験は個人の内面において生じることも，集団的な儀礼のなかで生じることもある。厳しい修行や瞑想，禁欲的生活を続けるなかで，個人が神的存在に直面し，究極的な真理や思想を体得することもあれば，祭りなどの集団的儀礼において一種のトランス状態になり，世界や宇宙との一体感，恍惚感，忘我状態を集団的に体験することもある。いずれにしても，宗教体験は個人の内面における体験であるだけでなく，外部に現れる実践とも深く関係している。

　また，宗教体験は特定の宗教の信仰をもつ人々だけが得られると考える必要もない。スピリチュアリティを重視する人々は，特定の宗教伝統に基づく信仰や宗教への帰属を必ずしも前提せずに，瞑想などを通して超越的存在や大自然などとのつながりを体験することがある（第11章参照）。信仰をもたない者が巡礼路を歩き，他の巡礼者と交流するプロセスで得られる体験（第10章参照）も広い意味での宗教体験と捉えることができる。宗教心理学において，宗教体験は通常とは異なる意識状態（変性意識状態）と捉えられることがある。この状態は宗教的な儀礼や瞑想だけでなく，アルコールや薬物で得られる意識状態や，「ゾーン」あるいは「フロー」と呼ばれる高度に集中した状態とも近づけて捉えうる。このように考えると，信仰をもたない者にも宗教体験で得られる意識状態をある程度推測できるかもしれない。

...

神秘主義概念の系譜

　そうすると，宗教体験はあらゆる宗教に（さらにはスピリチュアリティなどにも）普遍的に存在する，宗教の本質的な要素だと考えてよいのだろうか。注意したいのは，宗教体験に宗教の本質を認める考え方は中世末期から近代にかけて構築されてきたものだということである。この点を考えるために，「**神秘主義**（mysticism）」概念の形成過程をみておきたい。

　近代的な宗教学において，神秘主義は超越的な存在を人間の内面において体験し，その存在に合一したり，その存在を直接的な仕方で知ろうとする立場で，諸宗教に普遍的にみられるものとされる。渡辺優のまとめによれば，古代ギリシアにおける「神秘的（mystikós）」は，特別な共同体に加入している者のみに公開されている宗教儀式が未加入者に「隠されている」ことを表していた。この語が初期キリスト教に移入され，「言葉の字義的意味や目に見える儀式から区別される，隠された霊的意味・内実」（渡辺 2016：26）を意味するようになった。初期キリスト教でも神の直接的な体験が語られることはあるが，それは聖書の「隠された」霊的意味に触れるための体験であり，信仰から切り離された個人の内面的心理的体験ではなかった。

　中世末期から近世にかけて，エックハルト（1260-1328）などのドイツ神秘主義，アビラのテレサ（1515-1582）や十字架のヨハネ（1542-1591）などの16世紀スペイン神秘主義，ジャン゠ジョゼフ・スュラン（1600-1665）などの17世紀フランス神秘主義が花開く。特に17世紀には，観察や実験によって経験的に真理を探究する近代科学が発展するなかで，神秘主義における神秘家個人の神との直面や一体化の体験も，神の明瞭な認識を根拠づけるものとして捉えられるようになる。もちろん，神秘家たちは必ずしも自分の体験のみで自らの信仰やキリスト教理解を正当化していたわけではないし，体験では根拠づけられない純粋で赤裸な信仰を重視してもいた。とはいえキリスト教の主流派は，正統的な教義や実践に基づくべきキリスト教信仰を個人の体験で正当化しようとする異端的〔☞用語集〕な動きとして神秘主義を批判的に捉えた。そして，人間が理性を普遍的にもつと考え，理性に基づいて人間や社会の改善を目指す啓蒙思想が盛んになる18世紀以降，神秘主義は下火になる（渡辺 2016）。

　ただ，神秘主義は主流派から見た異端にとどまるものではない。たしかに神秘主義は神秘体験を基盤にして，主流派がもつ固定化された教義や儀礼から逸脱するが，この逸脱は主流派とは別の教義を立てて独立することではなく，神秘体験を通してその宗教の根源や本質に主流派よりもさらに深く迫ろうとする「根源への逸脱」である。神秘主義は宗教の根源にいたろうとするエネルギーによって宗教をいわば内側から変革してきたのである（鶴岡 2010：301）。

・・・

近代的な宗教体験理解からひらかれていく対話

　啓蒙思想が盛んになる18世紀以降の西洋では，宗教の本質を理性ではなく，感情や体験に認めるフリードリヒ・シュライアマハー（シュライエルマッハー，1768-1834）の思想も同時に現れた（終章参照）。このような思想を経て形成された近代的な宗教学には，諸宗教の客観的で科学的な比較による分析と，個人の内面における心理や直接的体験のうちに宗教の本質を見出す発想が両立していた。たとえば，ウィリアム・ジェイムズ（1842-1910）は『宗教的経験の諸相』（1902）において，神秘家などの宗教的天才が遺した神秘体験や回心の語りを比較・分析し，個人の内面的意識に直接的に与えられる宗教体験が諸宗教に普遍的に含まれると考え，宗教体験の語りから特定の教義に囚われない宗教一般の本質を見出そうとした。ジェイムズが挙げた神秘主義の4つの特色，言い表しようがないということ，認識的性質，暫時性，受動性は，現代の宗教体験理解の枠組みとなっている。神秘家にとって宗教体験は言葉で表し尽くせないものだが，言葉や知覚を介さずに直接的に明確に知られるものでもある。体験は永続的ではなく，非日常的で一時的である。神秘家は体験を得ようと能動的に苦行や禁欲〔☞用語集〕を実践することもあるが，いざ体験を得るとその体験に受動的に身を委ねざるをえなくなる（ジェイムズ 1969）。

　以上のように，諸宗教に共通する宗教の本質的要素として宗教体験を考える発想は歴史的に形成されてきたもので，この発想は現在の宗教学では批判的に捉えられることがある。ただ，**宗教間対話**といった実践的課題に取り組む場面では，この発想は対話を促す宗教多元主義的〔☞用語集〕な仮説を肯定する。つまり，宗教体験で体得されるような宗教の本質的な真理は実はひとつであり，ひとつの山に複数の登山道があるように，どの宗教も（各宗教に固有の教

義・儀礼などによって）その真理に至りうる正当な宗教であると仮定することで，各宗教は自分の宗教の真理が絶対的なものではない可能性を意識し，相互を深く理解し学び合える。山梨有希子は宗教間対話を3つに分類する。互いの信仰内容を知的に理解し合う狭義の「対話」，平和や被災地支援など特定の課題解決に向けて協働する「宗教協力」，体験を分かち合うことで相互理解を深める「霊性交流」である（山梨 2005：48-51）。諸宗教の深い学び合いは，特に体験を分かち合う「霊性交流」で生じやすいと思われる。たとえば1979年から始まった日本の禅宗とカトリック修道院との交流，「東西霊性交流」では，禅僧とキリスト教修道士が修道院や禅寺を訪れ合い，互いの生活を体験しながら祈りや瞑想を同じ場所で営むなかで，深く相互を理解し，各自の宗教について再考する。近代以降の宗教体験理解は諸宗教の深い対話を実現しうる。

　近代的な宗教体験理解は宗教間対話という実践のレベルで有用だ，という主張には異論もあろう。オウム真理教元信徒の広瀬健一は，宗教には懐疑的だったが，麻原彰晃の本を読んだ1カ月後に本に書かれていた宗教体験を得たことで，麻原を師として悟りを目指すことが自分の「生きる意味」（第1章参照）だと確信した（広瀬 2019：29-31）。しかし，森岡正博は特定の信仰をもつことなく「神秘体験」を得た自らの体験をもとに，「神秘体験」を得ることと特定の教義への信仰や教祖への盲信との間に必然的関係はないと論じる（森岡 2019）。まさに実践のレベルでの宗教体験の危険性を踏まえてなお，近代的な宗教体験理解は有用だと言えるだろうか。ただ，森岡の言う「神秘体験」が，近代的な宗教体験理解を超えて，スピリチュアリティも含む「宗教的なもの」に惹かれる者を人間性の「根源への逸脱」へと導くものだとするなら，この「神秘体験」は信仰の有無にかかわらず自らの「宗教的な」ありようを学び直させるものとなるのかもしれない。

参考文献
—

NHK放送文化研究所編　2010『現代日本人の意識構造　第7版』NHKブックス。

ジェイムズ，W　1969『宗教的経験の諸相』桝田啓三郎訳，岩波文庫。

新房昭之監督　2011『魔法少女まどか☆マギカ』（DVD），アニプレックス。

棚次正和　1998『宗教の根源——祈りの人間学序説』世界思想社。

鶴岡賀雄　2010「神秘主義」星野英紀ほか編『宗教学事典』丸善，298-301頁。

中村元ほか訳注　1990『浄土三部経　上　無量寿経』岩波文庫。

日本聖書協会　2018『聖書　聖書協会共同訳』日本聖書協会。

ハイラー，F　2018『祈り　宗教学名著選4』深澤英隆監修，丸山空大・宮嶋俊一訳，国
　　書刊行会。

広瀬健一　2019『悔悟　オウム真理教元信徒・広瀬健一の手記』朝日新聞出版。

マザー・テレサ／ブラザー・ロジェ　1994『祈り——信仰の源へ』植松功訳，サンパウロ。

森岡正博　2019『完全版 宗教なき時代を生きるために——オウム事件と「生きる意味」』
　　法藏館。

山梨有希子　2005「転機にある宗教間対話」星川啓慈ほか『現代世界と宗教の課題』蒼
　　天社出版，37-67頁。

吉田尚文　2019『五井昌久の思想と生涯——「世界人類が平和でありますように」の創
　　始者』興山舎。

渡辺優　2016『ジャン＝ジョゼフ・スュラン—— 一七世紀フランス神秘主義の光芒』慶
　　應義塾大学出版会。

ブックガイド

『祈り［改訂版］』奥村一郎，女子パウロ会（パウロ文庫），2018年

　禅仏教からカトリックに改宗し，修道生活で信仰を深めた著者が，禅仏教の思想も交えつつ，キリスト教の祈りについて平易に説いた書。

『宗教の根源——祈りの人間学序説』棚次正和，世界思想社，1998年

　宗教学・宗教哲学の祈り論を広く研究し，祈り一般の構造や祈りの言語の特質を解明。特定の宗教的立場に囚われずに祈りを考えるうえで必読。

『十字架のヨハネ研究』鶴岡賀雄，創文社，2000年

　16世紀スペインの神秘家，十字架のヨハネの言葉に肉薄し，思想の構造を丹念に分析。渡辺（2016）とともに，神秘主義について考えるうえで必読。

Case Study | ケーススタディ6

なぜ今も黙祷が行われているのか
国家主義を支える祈りの記憶

　原子爆弾投下や震災発生の時刻に合わせて，犠牲者の死を悼む黙祷がしばしば行われる。必ずしも特定の宗教の信仰対象や言葉を持ち出さなくても行える沈黙の祈りは，国民や地域住民，生徒などに参加を呼びかける宗教性を排した追悼儀式で用いやすい。近年では安倍元首相の国葬儀でも実施された。

　黙祷はどのようにして生まれたのだろうか。粟津（2022）によれば，現在の形式の黙祷はイギリスを起源とする。第一次世界大戦終戦の翌年，1919年に，当時の内閣は，南アフリカやアメリカでの先例も参照し，自由と権利の獲得とその犠牲となった兵士を記念するための簡潔で全国民が参加できる儀礼として，休戦協定締結日である11月11日に2分間の黙祷を導入した。11月7日に全新聞で国王からの要請としてこの儀礼が発表され，実施された。

　日本の当時の皇太子裕仁（後の昭和天皇）は，1921年にイギリス王室を表敬訪問し，イギリスの無名戦士の墓や戦没者記念碑を訪問した。この経験がもとになり，1924年，黙祷は関東大震災の一周忌の追悼式で日本に導入された。この追悼式では，午前9時から東京府知事らが弔辞を読み上げる無宗教式の式典が行われ，10時から神式一年祭が，午後2時から仏教各宗派合同の仏式法要が行われた。これらの神式と仏式の儀礼の間の午前11時58分から「市民黙祷」が実施された。この追悼式には多くの人々が押し寄せ，会場は騒然となっていたが，黙祷の合図で群衆は一斉に静まり，脱帽して黙祷したという。天皇皇后は犠牲者に対する花輪を捧げ，皇太子は東宮御所で皇室の儀礼としてイギリス式の2分間の黙祷を行った。黙祷は皇室との深いつながりのなかで，宗教的でない，新しい追悼儀礼として日本に持ち込まれた。

　黙祷は明治時代から行われていた「遥拝」と結びつくことで国家主義的儀礼となっていく。遥拝とは，はるか遠くから拝むことである。特に皇族の葬儀などにあたり，神宮や山陵（天皇・皇后などの墓所）を遠方から拝むために各地に

遥拝所が設けられ，遥拝式が実施された。黙祷は，この天皇崇拝に根ざした遥拝と融合していく。昭和期になると靖国神社の春秋の例大祭（れいたいさい），陸海軍記念日などでも実施されるようになり，市民や児童に広く参加が呼びかけられた。

　黙祷が定着するなかで，黙祷の意味づけも変化していく。1934年に昭和天皇が群馬県桐生市を訪れた際に，訪問場所の順番を間違えて天皇を案内してしまった。先導していた警部は自殺を図り，県知事は辞表を出すという大事件となったが，この事件の6日後，天皇が桐生駅に到着した時刻に合わせて全市民で天皇へのお詫びのために1分間の黙祷をしたという。戦争へと突入していくなかで黙祷は天皇崇拝や国家主義を支える儀礼として日本に定着していった。まさに，ホブズボームの言う「伝統の創造」が生じたのである。

　第二次大戦後，宗教が国家主義を下支えしたことへの反省から，国家と宗教との分離が求められ，公的機関が主催・援助した戦没者の慰霊祭も禁じられたが，公的機関も関わる平和祭などで，宗教的でない追悼の祈りとして黙祷が各地で実施された。1952年に戦後最初の全国戦没者追悼式を実施するにあたって，この追悼式には宗教的儀礼を伴わないこと，一定の時刻に一斉に黙祷するよう全国民に勧めることなどが閣議決定されている。現代では黙祷は犠牲者の哀しみに寄り添う宗教的に中立な営みで，政治的意図に囚われない連帯をもたらすとも考えられるが，無言の祈りが信仰の有無にかかわらず参加できる儀礼であるからこそ国民統合に活用されてきた過去を記憶しておきたい。

参考文献

栗津賢太　2022「なぜ私たちは黙禱するのか？——近代日本における黙禱儀礼の成立と変容」蘭信三ほか編『シリーズ戦争と社会5　変容する記憶と追悼』岩波書店，215-236頁。

Active Learning │ アクティブラーニング 6

Q.1

身のまわりにある宗教的な祈りやメッセージを集めてみよう。

意識して探すと，前述のピースポールや宗教施設の掲示（「お寺の掲示板」で検索してもよい）など，祈りや宗教的メッセージはさまざまな場所で見つかる。その言葉を写真に撮るなどして集め，言葉の意味を調べてみよう。

Q.2

文献を読んで宗教体験の危うさについて考えてみよう。

宗教体験の獲得を契機にオウム真理教に入信した広瀬健一（広瀬 2019）と，体験を得た後も特定の教義の盲信には至らなかった森岡正博（森岡 2019）の語りを比較し，宗教体験がどのような場合に盲信を引き起こすか，考えてみよう。

Q.3

宗教体験の本質とは何かを議論してみよう。

概説では，大自然との一体感や「ゾーンに入る」体験を宗教体験に近づけて論じたが，当然これらの体験は多くの点で異なる。これらの体験の共通点と差異を整理して，宗教体験になくてはならないものは何かを議論してみよう。

Q.4

祈りがもつ宗教的文脈を調べて，祈りの言葉の意味をレポートにまとめよう。

本章では祈り一般の意味の考察に重点を置いたが，各宗教の祈りはその宗教の信仰に基づいて理解すべきでもある。宗教的な祈りをひとつ取り上げ，祈りの背景にある信仰内容をまとめて，祈りの言葉の意味を説明してみよう。

第7章

神話の問題
現代人にとっての神話とは

————

後藤正英

　みなさんは，どこかで，日本神話や古代ギリシアの神話について見聞きしたことがあるだろう。神話とは，ある社会において，この世界や人間の成り立ちについて，口伝を中心とした伝承の形で伝えられてきた物語である。太古の時代には，神話は，虚構ではなく文字通りの事実として神聖視されていたが，近代以降は，科学以前の原始的な思考形態と見なすか，あるいは，何か大事な事柄を比喩や物語によって伝えようとするものであるという解釈が強まることになった。

　神話は，かつては，地域社会の伝承や儀礼を通して生活のなかに存在していた。しかし，現代人の場合，神話との出会いの場所は，地域のお祭りや古老が語る言い伝えではなくて，ポピュラーカルチャーやネットゲームに見られる神話表現へと移行しつつある。よく知られているように，『スター・ウォーズ』はジョーゼフ・キャンベルの英雄神話論の影響を受けており，『進撃の巨人』の設定には北欧神話の巨人伝説が活かされている。さらに，神話は常に政治と密接な関係にあった。ナショナリズムの時代には，国民の一体感を高めるために，民族の神話が強調され，政治的に利用されたことも忘れてはならないだろう。

　人間はなぜ神話の物語に心惹かれるのか。現代の人間にとって神話はどのような意味があるのか。20世紀において個性的な神話論を展開した3人の学者の議論から，この問題について考えてみよう。

KEYWORDS 　#歴史 　#起源神話 　#スケープゴート 　#模倣(ミメーシス) 　#英雄神話

　最初に，神話と宗教の関係について触れておきたい。キリスト教，イスラーム教，仏教〔☞諸宗教の解説〕のような大宗教については，それ以前の神話を中心とした部族宗教や原始宗教を批判して，当時において先進的な文明を打ち立てた，という見方も存在する。この場合，神話と宗教は対立的に捉えられることになる。しかし，そもそも，その大宗教自体が数多くの神話的エピソードを抱え込んでいる（中村 2021：3）。宗教には神話が内在しており，神話的思考は広義の宗教において重要な役割を果たしているのである。

　さて，本章で取り上げる3人の神話研究者たちは，神話を過去の遺物としてではなく，いつの時代にあっても人間が人間であることに必然的に付随する問題として捉えた人物たちである。彼らは，神話に関して大きな見取り図を描いて，広く一般市民にも知られる仕事を行ったが，反面，歴史研究者たちからは，過度の単純化をしているとの批判を受けてきた。ここでは，そうした批判を踏まえつつも，彼らの議論のうちに，現代の私たちが神話について考える際のヒントを探ってみたい。

1｜エリアーデの神話論
——現代人の苦しみを救う永遠回帰の神話——

・

エリアーデ神話論の出発点

　ミルチャ・エリアーデ（1907-1986）は，ルーマニアで生まれ育ち，第二次大戦の混乱のなかでヨーロッパ諸国を遍歴し，大戦後はアメリカのシカゴ大学で世界の宗教研究を牽引する存在として活躍した人物である。

　彼の神話論の特徴は，原始宗教や古代宗教の神話に立ち返ることで，**歴史**に翻弄される現代人の危機を救おうとする点にある。彼の議論の背景には，第二次大戦の激動期を生き抜いた亡命知識人としての経験がある。1945年のポルトガル滞在時に執筆された日記のなかで，エリアーデは，現代人の絶望を救うのは，永遠回帰の神話であり，この神話に命を吹き込まねばならない，と述べている。永遠回帰の神話とは，「この宇宙で繰り返される交替の仕組み，何が起ころうとも夜のあとに必ず訪れる昼，冬のあとに必ずやって来る春」のこと

である。これは，自然の循環のなかに再生への希望を見出す発想のことを指している。書簡のなかで，エリアーデは，現代人が，「歴史が原因となって起こる苦悩，失望，不正」を耐え忍ばねばならないのは，これらの苦しみを正当化し，説明し，償いを与える神話が欠けているからであると主張する（エリアーデ 2014 : 361-362）。エリアーデは，これらの苦しみを「歴史の恐怖」と表現し，それに対して，原始宗教や古代宗教の中心をなしていた永遠回帰の神話を対置するのである。

・

祖型と反復

エリアーデの基本的な神話理解を確認しておこう。エリアーデは，後年の著作『神話と現実』において，自分が注目する神話は，神話が作り話と見なされるようになった時代のものではなく，神話の物語が人間の生きる指針とされていた太古の時代のものである，と述べる（エリアーデ 1974 : 14）。神話はさまざまなものの成立の事情を物語っており，それゆえに人間の行為の模範となる。この意味で，エリアーデは，数ある神話類型のなかでも，**起源神話**に注目している。

神話を知ることは，抽象的知識として知ることではなくて，神話に基づく儀礼を行うことで，神話を実体験することである。このような事態を，エリアーデは「祖型」に基づく反復と表現する。祖型は，人間社会の起源にあるモデルを指し示している。儀礼を通じて，神々や文化的英雄にまつわる物語を再演することで，共同体は更新され，人間は苦境から再生する。たとえば，ユダヤ教〔☞諸宗教の解説〕の過越祭は，イスラエルの民がモーセに率いられてエジプトを脱出した際の物語を，毎年，儀礼として再演し続けることで，共同体を更新し続けているのである。

さらに，伊勢神宮には，20年ごとに神殿を建て替えて，神様のお引越しを行う式年遷宮と呼ばれる行事が存在するが，これは，神と建物を定期的に生まれ変わらせることで永遠の命を持続させようとするものであり，祖型に基づく反復行為の一例と見なすことができる。

祖型に基づく反復は，人間の自然体験のレベルでは，季節の循環を通して，年ごとに世界が再生することへの希望を表している。エリアーデは，世界のさ

まざまな対象が聖なるもの〔☞用語集〕の現れとなると考えているが，特に月や植物は再生と循環の象徴となる。月の満ち欠けや植物の再生力は，周期的再生において生命の更新が行われる象徴なのである。

・
歴史と神話

　すでに述べたように，エリアーデは原始・古代社会の永遠回帰の神話を称揚する際に，歴史と神話の対立関係を強調した。『永遠回帰の神話』では，エリアーデは，祖国ルーマニアが置かれた困難な地政学的状況を念頭に置きつつ，人々が数々の苦難に見舞われた場合，それを単なる個々の歴史的事実と見なすだけでは人々は救済されないことを憤慨しつつ語っている（エリアーデ 1963：194-195）。

　エリアーデの語る「歴史の恐怖」とは，個々の人間が歴史的状況のゆえに被る理不尽な苦しみのことであり，この苦しみをどのようにして耐えてゆけばよいかが課題となる。エリアーデは，祖型と反復に基づく永遠回帰の神話こそが，こうした人間の悲痛な問いに回答してきたのだと考えている。原始から古代にかけて，人々は，歴史を拒否してきた。永遠回帰の信奉者たちは，歴史的事件を一回限りの逆転しえないものとする見方に対抗し，原初の理想状態に周期的に帰ろうとすることで，今現在の理不尽や無意味さに抗おうとしたのである。

2｜ジラールの神話論
──人間社会の始まりにある暴力を伝える神話──

・・
スケープゴートを排除するメカニズムとしての神話

　続いて，神話の物語のうちに人間社会の抱える闇を指摘したルネ・ジラール（1923-2015）の神話論を紹介したい。ジラールによれば，多くの神話は，人間社会が**スケープゴート**（生贄）を暴力的に排除するメカニズムの上に成立していることを教えている。そのメカニズムは以下のような構造をもっている。ジラールは，**模倣**（ミメーシス）を軸として人間社会を考える。人間の欲望は，他者の欲望を模倣するという構造をもつ。人間の欲望は，純粋に内発的なものではない。私たちは，他者の欲しがるものを欲しくなるのであり，ひとつの対

象物をめぐってライバル同士で奪い合いの状態が発生する。現代の日常生活から例を挙げるなら，話題のものや人気のある対象物が欲しくなるのは，他者の欲望の模倣に基づいており，他者に先んじて手に入れようとすることで果てしない争いに入りこむことになる。この場合，実際に重要なのは対象物そのものではなく，お互いに他者の欲望を模倣しあう構造そのものである。その結果，闘争が激化する中で，お互いがお互いの分身となり，争うライバルの間には差異が無くなり，共同体の緊張は極限に到達する。いわば集団ヒステリーのような状態である。ここにきて，共同体における暴力の応酬を終らせるべく，1人の罪なき人物が混乱の唯一の原因と見なされ，スケープゴートに選ばれることになる。共同体内のすべての憎しみが1人の人間に集中することで，共同体のメンバーたちは和解を達成する。スケープゴートに選ばれる人物の条件としては，共同体に対する外部性や身体の不具合など，いくつかの特徴があるものの，偶然に決定される部分が多いとされる。しかし，一旦，スケープゴートに選ばれると，その選択は必然的であるように見えてしまうのである。

　ところで，スケープゴートは，忌むべき存在では終らず，後に神格化され英雄視されることになる。1人の人物がスケープゴートとなることで，共同体に安定がもたらされることになるが，共同体をゆるがす力も，安定をもたらす力も，ともにスケープゴートがもつ神秘的な力に由来するものとされるからである。神話の世界では善と悪は混交しているのである。

2つのオイディプス劇

　ジラールは，『暴力と聖なるもの』において，神話がもつスケープゴートの構造について，『オイディプス王』と『コロノスのオイディプス』を対比しながら論じている（ジラール 2012：110-143）。

　紀元前5世紀の悲劇詩人ソポクレスは，ギリシア神話に材を取った戯曲を書き残した。ソポクレスの『オイディプス王』のストーリーは次のとおりである。テーバイの王ライオスは，アポロンの神託によって，やがて自分の息子によって殺されるであろうというお告げを受けていたにもかかわらず，妃のイオカステとの間で子どもをもうけてしまう。この子どもがオイディプスである。オイディプスは，隣国コリントスとの国境近くで捨てられるが，羊飼いに助け

られ，コリントス王の養子となる。成長し，自分が王の実子ではないと言われたことから，それを確かめるためにデルポイの神託を受けにいくと，父を殺し，母と交わることになるから，決して故郷に帰ってはならない，とのお告げを受ける。その後，山道を歩いているときに，老人と口論になり，その老人を殺してしまうが，実は，その老人は彼の父親のライオスなのである。

　その頃，テーバイの町は怪物スピンクス（スフィンクス）に悩まされていた。テーバイの人々は，怪物を倒したものを王とすることを決める。オイディプスは，みごと，スピンクスの謎を解いて，テーバイの王となる。王となったオイディプスは，自分の母とは知らずして，イオカステを妃とし，子をなしてしまう。しばらくして，テーバイでは疫病が蔓延し，人々は悲嘆のうちにあった。オイディプスは，イオカステの兄クレオンから，疫病による国の混乱の原因が先王の殺害にあるという神のお告げの報告を受ける。クレオン，予言者テイレシアス，オイディプスは，共同体の危機の原因を互いに押しつけ合う。自分を過信する傾向のあるオイディプスは，率先して犯人捜しを行おうとする。やがて，オイディプスは，自分の出生の秘密を知ることになり，絶望のあまりに自ら両目をついた後，テーバイを追放されるに至る。

　ジラールは，この神話をスケープゴートの現象として解釈する。疫病は，社会に広まった暴力のメタファーである。共同体全体の危機的状況を打開するために，1人のスケープゴートが必要となる。このとき，オイディプスは，王であるにもかかわらず，スケープゴートに選ばれることになる。ジラールによると，オイディプスの死後に作られた神話は，オイディプスに罪を着せることで，共同体を無罪放免しようとした。共同体の危機は，オイディプスが近親相姦と父殺しをしたためとされた。本当は，疫病に象徴される共同体の危機は成員全員に責任があったわけだが，1人の人物に集中させることで，共同体の危機を乗り越えようとしたのである。

　しかし，これで話は終了しない。この神話が繰り返し上演されていくうちに，オイディプスは，徐々に英雄へと変化していく。ジラールによれば，それが描かれるのが，ソポクレスの最晩年の作品『コロノスのオイディプス』である。ジラールは，2つの戯曲の関係を，罪人から英雄への転換と見なしている。『コロノスのオイディプス』は，2人の娘と放浪生活をしていたオイディプス

がアテナイ近郊のコロノスにやってくる話である。町の人々は，過去の所業の
ゆえにオイディプスを忌み嫌うが，アテネの王テセウスはオイディプスを丁重
に受け入れようとする。途中，テーバイのクレオンが，オイディプスにテーバ
イへ戻るように促し，オイディプスの娘アンティゴネーを連れ去ろうとする
が，テセウスが助力をすることで娘を奪還することに成功する。オイディプス
はテセウスに感謝し，アテネに祝福を与えることを約束しつつ，神々の世界へ
と去っていく。この劇では，テーバイのクレオンとコロノスのテセウスがオイ
ディプスを奪いあう状況が描かれており，オイディプスは，排除されるところ
か，御利益をもたらす存在となっている。オイディプスは，都市に害悪をもた
らすのみならず，それを終わらせる力をもつことで，神のような存在とみなさ
れることになったのである。

人間社会の暴力を告発する神話

　ジラールは，神話は単なるおとぎ話ではなく，何らかの形で実際に起こった
ことに基づいていると考えている。神話とはスケープゴートの殺害の後に，そ
の正当化のために形成される物語なのである。ジラールは，オイディプスの神
話には，なにがしかの暴力の痕跡があると考えている。神話の世界では，自分
たちがもつ排除の構造を当事者たちが自覚しておらず，犠牲者が真犯人である
かどうかは，たいした問題となっていない。もちろん，犠牲者にとっては，こ
の暴力は極めて理不尽なものである。ジラールは，このスケープゴートのメカ
ニズムを脱神話化することで白日の下にさらし，犠牲者が無実であることを明
らかにしたのは，キリスト教〔☞諸宗教の解説〕であると考えている。イエス
は，十字架上で身をもって示すことで，スケープゴートによる解決が間違いで
あることを告発した。神話は，共同体側の視点に基づいているが，キリスト教
は，犠牲者側の視点から語られているのである。

　ジラールによるキリスト教解釈の当否はさておき，ジラールの述べることを
身近な事例で考えるなら，学校空間におけるイジメの構造を一例として挙げる
ことができるだろう。閉鎖的な集団において，悪ノリの連鎖が発生し（まさし
くジラールの指摘する模倣である），誰かが生贄としていじめの対象となる。し
かも，いじめる側は，いじめられる側にはそれだけの理由があるのだと主張す

るのである（内藤 2009：27-48）。

3 │ キャンベルの神話論
──現代メディアにおける英雄神話の展開──
...
キャンベルの英雄神話論

　ジョーゼフ・キャンベル（1904-1987）は、『千の顔をもつ英雄』などで知られる比較神話学者であり、体験主義的な神話理解を強調することで、神話を一般読者に身近なものとするのに大きな影響力のあった人物である。

　キャンベルの議論はユングの神話論から大きな影響を受けている。20世紀には多くの著名な精神科医たちが神話に注目した。彼らは、神話を無意識の産物と考えたため、ここにきて、神話は過去の遺物ではなくて、時代に限定されない、人間の心に存在する普遍的なパターンとして理解されることになった。精神分析の創始者フロイト（1856-1939）は、神経症の原因を探る際に、古代ギリシアのオイディプス（エディプス）にまつわる神話に注目した。フロイトから大きな影響を受けた心理学者ユング（1875-1961）は、フロイトの考える無意識の次元を個人的無意識と呼び、それより深い次元に全人類に共通する普遍的（集合的）無意識が存在することを主張した。ユングは、私たちが睡眠時に見る夢や精神病患者が抱く幻覚が古今東西の宗教書の記述に類似していることなどから、このような発想を抱くに至った。神話に登場するパターン化した人物たち（王子様、お姫様、老父婦など）も普遍的無意識の反映として理解されることになった。

　キャンベルは、世界各地の**英雄神話**を収集して、そこに繰り返し現れる共通の構造を次のような形で定式化した。

　　英雄はごく日常の世界から、自然を超越した不思議の領域（中略）へ冒険に出る。そこでは途方もない力に出会い、決定的な勝利を手にする（中略）。そして仲間（中略）に恵みをもたらす力を手に、この不可思議な冒険から戻ってくる。

（キャンベル 2015：上54）

　キャンベルによると，英雄神話は，人間が，成長の過程でさまざまな困難を乗り越えようとするときのプロセスを教えるものである。神話のなかでは，人間が共通に抱く無意識の欲求や恐れなどが象徴的な仕方で語られている。彼は『神話の力』のなかで次のように述べている。

　　人が根本的な自己存在を探して内面へと向かう旅こそ，私が40年前に書いたさ
　　さやかな本，『千の顔を持つ英雄』で考察を試みたものです。神話が宇宙論や社
　　会学と関わるには，人が自分の住む新しい世界になじむまで待たなくてはなり
　　ません。現在の世界は50年前の世界とは違います。しかし，人間の内面生活は
　　全く同じです。そこで，世界の起源の神話はしばらく置いて——それは，どう
　　せ科学者が説明してくれるでしょう——人間の探求の神話がどんなものか，そ
　　の覚知はどの段階に達しているのか，子供からおとなへ移行する際の試練とは
　　なにか，成熟したおとなになるとはどういうことか，といったことに立ち返ろ
　　うとするなら，そういう物語がちゃんとある。すべての宗教のなかにある物語
　　です。
　　　　　　　　　　　　　　　　　　　　　（キャンベル／モイヤーズ 2010：294）

・・・
『スター・ウォーズ』と現代神話の増殖

　神話の語られる場所は人間のライフスタイルの変化と連動しており，多くの現代人にとって，神話との出会いの場所はメディアのうちにある。ここでは，『スター・ウォーズ』を例にとって考えてみたい。キャンベルの英雄神話論が現代のハリウッド映画にも大きな影響を与えたことがよく知られている。ジョージ・ルーカスは，『スター・ウォーズ』の第一作（エピソード4）を製作する際に，キャンベルの本に出会い，脚本を練り直したといわれる。

　実際，この作品のうちに英雄神話の構造を見て取ることは容易である。現在までに公開されている9つのエピソードのうち，最初に公開されたのは中間の3部作（エピソード4〜6）であった。映画は「遠い昔，遙か彼方の銀河系で・・・」という神話の常套句で始まる。このシリーズはスカイウォーカー家の物語を核とする。1977年に公開された第一作『新たなる希望』（エピソード4）では，辺境の星で退屈な日常を過ごしていた青年ルーク・スカイウォーカーが，自分の出生の秘密を知らされ，広大な宇宙を舞台にした闘いに身を投じて

いく様子が描かれる。ルークが，父代わりの存在となる師匠オビ＝ワン・ケ
ノービからフォース（宇宙に広がる精神的パワー）を使いこなすトレーニングを
受け，兄貴的存在となっていく密輸商人ハン・ソロと旅をするなかで，次第に
成長をし，帝国側の悪の先鋒ダース・ベイダーと対決しながら，共和国側の姫
レイアを救出し，敵の基地デス・スターを破壊するのに成功するまでが，この
第一作の物語である。ここに見られるのは，青年が，師と出会い，超自然的な
力を手に入れつつ，外部や内部の悪と対決し成長していく英雄物語である。成
長の過程では，師弟関係や親子関係の葛藤がテーマとなっているところも特徴
である。このテーマはシリーズ全体で繰り返されることになる。

　第二作『帝国の逆襲』（エピソード5）では，ダース・ベイダーの仕える悪の
皇帝パルパティーンが登場し，終盤では，ダース・ベイダーがルークの父親で
あったという衝撃的事実が明らかになる。続く第三作『ジェダイの復讐』（エ
ピソード6）では，レイア姫がルークの妹であることも判明し，ルークは，皇
帝を倒し，父であるダース・ベイダーことアナキン・スカイウォーカーを正道
に戻すことで，最初の三部作は終了する。その後，1990年代になって，エピ
ソードの1〜3が製作された。この作品群では，ルークの父アナキンが身を滅
ぼしダース・ベイダーとなっていく過程が描かれる。さらに，2010年代になっ
て製作されたエピソード7〜9は，ルークの後続世代の物語であり，女性の主
人公レイの成長物語が展開する。どちらの三部作でも，英雄神話にまつわる
テーマは一貫している。

　ここで指摘したいのは，キャンベルから大きな影響を受けたシナリオ・アナ
リストのボグラーが指摘するように，神話には柔軟性があり，魔力（魅力）を
犠牲にすることなく，果てしなく増殖し後世にまで続いていくという点である
（ボグラー／マッケナ 2022：112）。ルーカスは，第一作（エピソード4）の製作の
時点から何作にもわたるサーガを構想していたわけだが，とはいえ第一作は単
体としても完結した作品となっており，ヒットしなければ1作で終了している
可能性があった。大ヒットを受けて公開された第二作（エピソード5）は，第一
作の舞台があくまで局所的なものであり，表面上の物語の背後にある広大なコ
ンテクストが感じられる作品となっている点が印象的であった。その後の作品
の展開も，神話の増殖として理解することができる。映画公開された9つのエ

ピソードはルーカスの最初の構想どおりに展開したわけではない。特に最後の3部作はルーカスの手を完全に離れており，J・J・エイブラムスやライアン・ジョンソンといった人々の着想が反映された内容となっている。すなわち，複数の人物たちによって神話の物語が継承され続けているのであり，まるで古代ギリシアの神話が多数の人々によって物語られていたことを思わせるところがある。そして，この主要エピソードからは，多数のスピンオフ作品（『ローグワン』『マンダロリアン』など）も派生しており，最初の第一作を起点として，神話は無限に増殖を繰り返している。そして，単なる増殖ではなく，起源となる物語に回帰しつつ増殖している点が重要であるといえる。

　もちろん，系列作品が製作され続けているのは商業的理由によるわけだが，複数の作品を通して同じテーマが語られ続けているにもかかわらず，私たちが，たえず，そこに惹きつけられてしまうのは，キャンベルも言うように，人間にとっての成長の課題が変わることがないからであろう。

参考文献

エリアーデ，M　1963『永遠回帰の神話——祖型と反復』堀一郎訳，未來社。
　——　1974『エリアーデ著作集7　神話と現実』中村恭子訳，せりか書房。
　——　2014『ポルトガル日記　1941-1945』奥山倫明・木下登・宮下克子訳，作品社。
キャンベル，J　2015『千の顔をもつ英雄　上・下』倉田真木・齋藤静代・関根光宏訳，早川書房。
キャンベル，J／B・モイヤーズ　2010『神話の力』飛田茂雄訳，ハヤカワ・ノンフィクション文庫。
ジラール，R　2012(1982)『暴力と聖なるもの』吉田幸男訳，法政大学出版局。
ソポクレス　1986『ギリシア悲劇Ⅱ』ちくま文庫。
内藤朝雄　2009『いじめの構造——なぜ人が怪物になるのか』講談社現代新書。
中村圭志　2021『24の「神話」から読む宗教』日系ビジネス文庫。
ボグラー，C　2022『作家の旅　ライターズ・ジャーニー——神話の法則で読み解く物語の構造』布川由美恵訳，フィルムアート社。
ボグラー，C／D・マッケナ　2022『面白い物語の法則　上——強い物語とキャラを作れるハリウッド式創作術』府川由美恵訳，角川新書。

ブックガイド

『新・神話学入門』山田仁史，朝倉書店，2017年

全世界の神話について概説した貴重な入門書。ヨーロッパ人による神話学研究の歴史的経緯についての情報も豊富である。

『神話学入門』松村一男，講談社学術文庫，2019年

日本を代表する神話学者による入門書。6人の神話学者の事績を紹介しながら，19世紀から現代に至るまでの神話研究の見取り図を提示している。

『ファシズムと聖なるもの／古代的なもの』
　平藤喜久子編，北海道大学出版会，2020年

ファシズム期の事例を通して，神話研究と民族的ナショナリズムの関係について学ぶことができる専門書。入門書ではないが，頑張って挑戦してほしい。

Case Study | ケーススタディ7

リトアニアのネオペイガニズムと古代神話の体験

　20世紀末から，欧米ではキリスト教以前の土着の古代宗教を復興しようとする人々の動きが目立つようになってきた。伝統宗教の権威主義や近代文明による自然破壊への批判などが，その背景にある。彼らの活動は，ネオペイガニズム（新異教主義）やモダンペイガニズムという名前で呼ばれることが多い。ペイガン（異教）とは，キリスト教にとっての異教や偶像崇拝〔☞用語集〕を指す言葉である。長い歴史のなかでは蔑称のニュアンスがあったが，近年では，ペイガンという言葉をポジティブな意味で自称のために用いる場合も見られるようになっている。ペイガンよりもエスニックという言葉を好む人々もいる。

　ここでは，そうしたネオペイガニズムの代表的団体のひとつとして，リトアニアのロムヴァについて紹介したい。ロムヴァは古代バルトの宗教に基づく民族文化を復興しようとする宗教団体である。ロムヴァは，ソ連時代に，ソビエトへの文化的対抗運動の高まりのなかで活動を開始した。ソ連統治下では弾圧も受けたが，リトアニアの独立後，活動の自由を獲得し，1992年に宗教団体として登録された。民俗学者のヨナス・トリンクーナスがリーダーとして牽引してきたが，2014年にヨナスが死去した後は，その妻であるイニヤ・トリンクーニエネがその後継者となった。

　リトアニアは，ヨーロッパのなかでは，キリスト教が最も遅い段階で広まった場所である。中世のリトアニア大公国の時代にはキリスト教勢力に長く対抗した歴史がある。14世紀に入って，リトアニアとポーランドが同君連合となる際に，政治的戦略もあってカトリックを受け入れることになった。しかし，それ以前の土着の宗教がもつ習俗は民間伝承のなかで保存されてきた。現在，信者数においてリトアニアの最大宗教はカトリックであり，それに比べればロムヴァはまったくのマイノリティ宗教である。しかし，小さいながらも独特の存在感をもっており，ソ連からの独立後，リトアニアの伝統的な民俗文化の継

承者の地位をめぐって，カトリックとロムヴァは対抗しあう関係にある。

　ロムヴァは，多神教〔☞用語集〕を奉じ，先祖を敬い，自然を生命に充ちた神聖なものと捉えている。教義や聖典はもたず，民間伝承に基づいて，季節ごとの祭事や通過儀礼〔☞用語集〕を積極的に実践している。ロムヴァは，伝統復興の志向が強く見られる団体であるので，ニューエイジ的な折衷主義とは一線を画している。ロムヴァの儀礼はメンバー以外の人にも開かれており，森のなかで行う結婚式は一般の人々にも人気である。特にロムヴァの活動として目立つのは，民俗音楽の祭典の実行者としての活動である。ここで注目したいのは，儀礼の参加者たちは，自然豊かな聖地において，伝統衣装をまとって，神々への感謝を語り，民謡を歌い，捧げ物をすることで，古代宗教の神話世界の一部となることを体感しているであろうという点である。神話世界の演劇的体験といってもよいかもしれない。筆者は，2017年6月にリトアニアを訪問した際に，鎌倉の鶴岡八幡宮からの訪問団とロムヴァの人々の交流事業を見学する機会を得た。写真7-1はそのときの模様である。

写真7-1　ヴィリニュス郊外の聖地で行われたロムヴァの儀礼

Active Learning │ アクティブラーニング7

Q.1

あなたの考える英雄（ヒロインやヒーロー）とは？

――――――

なぜ，人は英雄を求めるのか？　政治家，俳優，スポーツ選手といった世間の注目を集めやすい人物だけが英雄なのだろうか。誰かを極端に英雄視し神格化することに危険性はないのか。あなたにとっての英雄について考えてみよう。

Q.2

世界各地の神話を比較してみよう。

――――――

世界各地には特色豊かな神話が存在する。世界の神話を調査して，それぞれの神話の間の共通点と相違点について考えてみよう。最初の入門書としては，平藤喜久子や沖田瑞穂の書物がオススメである。

Q.3

日本の古代神話と関係が深い地域を調べて，実際に訪問してみよう。

――――――

宮崎県の高千穂や奈良県の明日香村のように，日本各地には，古代神話と深い関係をもつ地域が多数存在する。こうした場所を実際に訪問して，神話の物語を構想した人々に思いをはせてみよう。さらに，それらの地域が神話の里とみなされ観光地となっていった歴史的経緯についても調べてみよう。

Q.4

自分の好きな映画やアニメを神話学の観点から分析してみよう。

――――――

『スター・ウォーズ』，マーベル映画，ディズニーのアニメなど，ハリウッド映画では，神話の物語のパターンがその作品製作に活かされている。ボグラーの『神話の法則』を参考にして，自分の好きな作品の分析をしてみよう。

第8章

儀礼と祭り
単調な日々に変化をもたらすもの

———

鶴　真一

　私たちは一年を通じて，また一生を通じて，さまざまな行事にかかわる。正月や盆のように季節ごとに必ず行われるものもあれば，入学式や結婚式のように節目ごとにそのつど行われるものもある。そして，そのような行事にかかわるたびに，私たちは季節の変わり目を感じたり，新たな場での自分の立ち位置を自覚したりする。日々の単調な生活のなかにも変化のあることを改めて意識させてくれるのである。

　こうした行事のように，時期や手順などが定型化された行動のことを「儀礼」という。儀礼には，何らかの信仰を背景にもっているものが多い。何か特別な力のはたらきによって，均質な時間と空間を日常的なものと非日常的なものに分けるのである。非日常性には，気の引き締まるような厳粛さを与えるものもあれば，羽目を外させるような高揚感をもたらすものもある。この非日常性に支配された時間と空間が「祭り」である。

　祭りは何らかの信仰に基づくものが多いが，「フェス」などのように，信仰に基づかないものも最近増えてきている。時代の変化によって祭りの姿も変わり，祭りに対する人々の意識も変わりつつあるのだ。

KEYWORDS　#儀礼　#年中行事　#通過儀礼　#祭り　#祭儀　#祝祭　#ハレとケ　#聖と俗

1 ｜ 儀礼とは

儀礼の特徴

　儀礼（rite/ritual）と聞いても，日常会話のなかにそうそう出てくる言葉ではないので，イメージが湧かない人も多いかもしれない。辞書によると，「慣習によってその形式が整えられている礼法，礼式」とか，「一定の形式にのっとって行われる宗教上の行為」とある（『デジタル大辞泉』）。つまりは，儀礼とは「一定の形式にしたがった行動」だということのようだ。

　「慣習によって形式が整えられている礼法，礼式」とは「礼儀作法」のことで，身近なところでいうと，「あいさつ」がある。人に会った際に，「おはよう」「こんにちは」「こんばんは」などと表現の使い分けがあるのは，会う時間帯によってどの表現を使うべきかあらかじめ決まっているからである。また，「あいさつ」をすることは，相手に対して敵意がないことを伝えたり，さほど親しくない人や目上の人に対しては丁寧な表現を使ったりすることで，人間関係を確認するといった意味合いもある。このように，「あいさつ」には「一定の形式」があり，その意味で，れっきとした「儀礼」なのである。ただ，「あいさつ」のような日常的に頻繁に行われる行動は，それぞれの社会のなかで受け継がれてきた行動様式であり，「慣習」と言ったほうがよいかもしれない。

　「一定の形式にしたがった行動」は数多くあるが，そのなかでも「儀礼」と呼ばれるものは，何がしかの信念や信仰に基づく行為である。「あいさつ」は人間関係の確認といった社会的性格を反映した行動様式であるのに対し，「礼拝」や「拝礼」は神や仏といった霊的な存在を前にして崇敬の念を表す行動であり，宗教的性格を反映した行動様式である。当然，これにも一定の形式があり，たとえば，お寺では手を合わせる「合掌」だけでよいが，多くの神社では手を叩いてパンパンと音を出す「拍手」を打つ。気持ちがこもっていれば，形はどうでもよいというわけにはいかない。宗教と呼ばれるものに関しては，「信仰」や「教え」といった思想的側面がある一方で，そうした信仰や教えに基づいた行動様式がある。宗教における「形式性」をもつ行為的側面が「儀礼」なのである。

　儀礼には，さらに，"定期的にくりかえし行われる"という「規則性」がある。「あいさつ」や「礼拝」などは不定期にそのつど行われるが，時期（時季）をみて定期的に行われるものがある。季節の節目に行われる**年中行事**と，人生の節目に行われる**通過儀礼**である。

・

年中行事

　一年を振り返ってみると，季節ごとにさまざまな行事にかかわっていることに気づく。季節の節目に行われるこうした儀礼は「年中行事」といわれる。自然への依存度が高かった時代には，季節の移り変わりは極めて重要であったに違いない。ただ，自然への依存度が薄らいだ現代においても，年中行事は私たちに季節の移り変わりを意識させるものであることに変わりはない。

　季節の変わり目に日本で伝統的に行われてきたこうした年中行事の代表的なものに「節句」がある。中国の陰陽五行説に起源をもつとされるが，奈良時代にはすでに「節会（せちえ）」と呼ばれる催事や宴会が宮中で開かれるなどしていた。それが江戸時代に5つに定められ，「五節句」となり現在に至っている。すなわち，「人日（じんじつ）（1月7日：七草の節句）」「上巳（じょうし）（3月3日：桃の節句（ひな祭り））」「端午（たんご）（5月5日：菖蒲の節句）」「七夕（たなばた）（7月7日：笹の節句）」「重陽（ちょうよう）（9月9日：菊の節句）」である。端午には菖蒲湯に入ったり，重陽には菊酒を飲んだりと，健康や長寿を願った風習がある。現在ではもっぱら正月料理を意味する「おせち」も，もともとはそれぞれの節句に供される料理のことを指していた。こうした五節句のなかでも重陽は影が薄くなりつつあるようだ。その一方で，戦後に普及したバレンタインデーやクリスマスは，日本では信者数の少ないキリスト教〔☞諸宗教の解説〕の行事であるにもかかわらずすっかり定着しているし，近年ではハロウィンがかなり浸透してきている。

・

通過儀礼

　季節の節目に行われる年中行事に対して，人生の節目に行われる儀礼を「通過儀礼」という。私たちは生まれてから死ぬまでさまざまな段階を通過するが，社会のなかでのそうした位置づけの変化を確認する儀礼である。通過儀礼はおおよそ次の2つに分類できる。ひとつは，「人生の各段階に応じて，社会

における個人の位置づけの変化を確認するもの」，もうひとつは，「異なる社会
集団や社会的役割からの離脱と移行を確認するもの」である。前者の例として
は，「初宮」「七五三」「成人式」「結婚式」「厄除け」「還暦祝い」「葬儀」など
がある。また，後者の例としては，「入学式」「卒業式」「入社式」などがある。

　日本では，まだ胎内にいるときから「安産祈願」を行ったり，死後も一周忌
や三回忌といった「年忌法要」を行ったりする。これもまた通過儀礼と言える
が，生まれる前や死んだ後のことなので，位置づけの変化を当人に自覚させる
というよりも，むしろ周囲の人々の自覚を促す儀礼であると言えるだろう。こ
のように，通過儀礼は，当人の自覚だけでなく社会的認知を促すものでもあ
る。

・

儀礼の構造

　通過儀礼に最初に注目したのが，フランスの人類学者アルノルト・ファン・
ヘネップ（1873-1957）である。その著『通過儀礼』（1909）によれば，どのよ
うな社会にも，ある状態から別の状態へと移行させるための儀礼が見られる
（ヘネップ 2012：14）。それはさながら，たくさんの部屋をもった“社会”とい
う家のなかで，ある部屋から別の部屋へと移動するようなものだという。寝る
ときは寝室，食事をとるときは食堂，用を足すときはお手洗い，といった具合
である。こうした移行の際に，その通過を祝い，今いる状態を離れて新しい状
態に移ることにともなう不安を和らげようとするのが通過儀礼であるという。

　ファン・ヘネップによれば，通過儀礼は「分離」「過渡［境界］」「統合」と
いう3つの過程を経る。子どもから大人への移行に際して行われる「成年儀礼」
を例にとって説明すると，次のようになる。

　①「分離」：家族から物理的・心理的に引き離される

　②「過渡」：大人になる知識や技能を身につけるため，多くの試練が課される

　③「統合」：大人になる資格があると認められて，その仲間入りをする

　ちなみに，成年儀礼は「イニシエーション（initiation）」ともいわれる。イ
ニシエーションとは，「ある集団や社会で，正式な成員として承認されること。
また，その手続きや儀式」（『デジタル大辞泉』）のことなので，通過儀礼とほぼ
同義と考えてよい。大人への移行という意味では「成人式」がこれにあたる

が，それだけでなく，「入学式」「入社式」などもイニシエーションである。

　通過儀礼の3つの過程のうち，最も注目すべきは「過渡」である。この過程では，大人へと移行する資格があると認められるために，多くの試練が課される。大人になるにあたっての心得や集団の伝承を伝授されたり，あえて危険な経験をさせて勇気を試されたりする。たとえば，私たちにもおなじみのアトラクションである「バンジージャンプ（bungee jump）」（「バンジー（bungy）」とはニュージーランド方言で「ゴム紐」のこと）も，もとは「ナゴール（Naghol）というバヌアツ共和国のペンテコスト島で行われている成年儀礼である。木で組み上げて作った20mを超えるような櫓(やぐら)から，両足にツタをくくりつけて飛び降りる。命綱一本で高所から飛び降りるという恐怖を体験させ，それを乗り越えることに儀礼としての意味があるのである。この恐怖を乗り越え勇気を示すことで，初めて大人（一人前の男性）として認められるのである。

2 ｜ 祭りとは

祭りの起源

　祭りもまた儀礼の一種である。「祭り」と聞いて私たちがイメージするのは，御輿(みこし)や山車(だし)などが練り歩いたり花火が打ち上げられたりするのを見物する人が多く集まり，露店が立ち並ぶ，そんなワクワクするような賑やかなものではないだろうか。国の内外を問わず，一年を通してさまざまな祭りが行われており，厳かなものもあれば賑やかなものもあり，古くから続くものもあれば新しく生まれるものもある。

　祭りとは「まつる」ということだが，一般的には，「飲食物などを供えたりして儀式を行い，神を招き，慰めたり祈願したりする」（『デジタル大辞泉』）ことを指す。その語源には諸説あり，神に従うことを意味する「まつらふ（服ふ）」，神に供物を捧げる「たてまつる（奉る）」，さらには，「まつる」の“まつ”は「待つ」のことであるという説もある。ちなみに，「冠婚葬祭」にある「祭」は“祖先を祀(まつ)る”という意味である。

　世界中でさまざまな祭りが行われているが，イギリスの社会人類学者ジェームズ・フレイザー（1854-1941）はその著『金枝篇(きんしへん)』（1890-1936）のなかで，

さまざまな祭りを紹介しながら，その背景に豊穣への感謝や祈りという信仰があることを示している。農耕社会では収穫時期に豊穣に感謝する祭りが催され，狩猟社会でも獲物を捧げて豊猟を祈ったり感謝したりする祭りが催される（フレイザー　2003：下133以下）。

　その一方で，歴史的な事件や事実に基づいて行われる祭りもある。建国や革命の記念日，君主の誕生や即位の日には国を挙げての盛大な祭りが行われるし，さまざまな宗教団体でも，教祖の誕生日や立教の日，死去した日などに祭りが行われている。

　もっとも，こうした特定の信仰に基づかない行事も祭りと呼ばれることがよくある。学園祭や映画祭などのように，「○○祭」や「○○まつり」，「○○フェス」といったイベントには宗教色はない。これは，「祭り」という言葉が，信仰に基づく伝統的な祭りの催事的性格を強調し，賑やかな催しを意味するようになったからである。とはいえ，信仰を前提とするしないにかかわらず，「祭り」と呼ばれる行事は，大勢の人々がそこに集い，喜びを共有する時と場であると言えよう。

祭儀と祝祭

　祭りには，厳かなものもあれば賑やかなものもある。また，こうした2つの相反する性格をもった行事が，ひとつの祭りに含まれていることもよくある。祭りにおいて，厳かなものを**祭儀**（ceremony），賑やかなものを**祝祭**（festival）という。

　祭儀は「形式的コミュニケーション（交流）」であり，社会秩序の"徹底"という性格の強い祭りである。社会秩序という「形式」の徹底的な尊重を儀式的に再現し再確認するのである。参加者の序列は社会的地位を反映しており，参加の資格を得るためにも「精進潔斎」と呼ばれる禁欲行為による浄化を経なければならない。神事を取り仕切る神職やそれに参加する氏子たちは，一般の見物客とは異なり，祭りのたびにこうした手続きを踏む。参加に際しても，正装で身を整え，所作などの一定の手続きを厳格に守る必要がある。こうした光景は，正月の仕事始めに社員総出で神社に参拝したり，プロ野球球団がキャンプ地の最寄りの有名な神社で優勝祈願を行ったりするといった際に見られ

る。

　これに対し，祝祭は「演技的コミュニケーション（交流）」であり，社会秩序の"破壊"という性格の強い祭りである。普段は許されないような行為を演技的に行うのである。祭儀で正装が求められるのとは逆に，祝祭では変装や異装が許される。また，十五夜にお供え物を子どもたちが"盗む"ことが許される「お月見泥棒」という風習もある。また，河内地方の「だんじり祭り」などのように，「だんじり」と呼ばれる山車を勢いよく引き回し，家屋に衝突して破壊してしまうこともあれば，けが人が出ることもある。

　祝祭においては，人々は熱狂し，日常生活では忌避されることをあえて行おうという雰囲気が生まれる。これをフランスの社会学者エミール・デュルケーム（1858-1917）は「集合的沸騰」と呼んだ。祝祭の参加者たちは，こうした興奮状態に巻き込まれることで日常生活における自己を忘れ，集団のなかで一体感を抱くという。このように，祭儀にせよ祝祭にせよ，それぞれのもつ特徴を利用し，人々に共同性を確認させ一体感をもたせる機能がある。

・・
ハレとケ，聖と俗

　宗教学や民俗学では，祭りは「**ハレとケ**」，あるいは「**聖と俗**」〔☞用語集〕という概念で説明されることがよくある。「ハレとケ」という概念は民俗学者の 柳 田國男（1875-1962）が提示したものである。成人式や結婚式など人生の節目となる日を「晴れの日」とか，そうした日に着用する特別な衣装を「晴れ着」と言うように，「ハレ」とは年中行事や祭り，儀礼などに見られる「非日常性」のことであり，それに対し，「ケ」とは普段の生活の「日常性」のことである。「ハレ」の時と場では，「ケ」とは異なった特別な食事や衣装，所作，言葉遣いが求められる。この観点から言えば，祭りは「ハレ」の時であり場であるということになる。

　祭りは，「聖と俗」という観点から考えることもできる。デュルケームは，「宗教とは，聖なる事物，すなわち分離され禁止された事物に関わる信念と実践とが連動している体系であり，それらの信念と実践とは，これに従うすべての人々を，教会と呼ばれる同一の道徳的共同体に結びつけている」（デュルケーム 2014：上95）と述べている。「聖」とは「宗教的に特別視されるもの」のこ

とであり，日常の平板さを意味する「俗」と対比される。宗教的に特別な場所を「聖域」と言ったり，人々が普段の生活を営む世界を「俗世」と言ったりするのも，「聖と俗」という基準で世界を空間的にも時間的にも区別していることを物語っている。聖なるものへの信仰を基盤とした特別な時と場において人々を結びつけるのが，祭りなのである。

3 ｜ 儀礼と祭りの変化

···

時代の変化

　儀礼と祭りについて見てきたが，これらもまた時代の変化と無縁ではない。儀礼や祭りに意義を感じられなくなり，たんに“煩わしいもの”と思う人が増えてくると，廃れて消えていく。伝統的な儀礼や祭りのなかでも消えるものもあれば残るものもあり，また，新たに生まれるものもある。

　柳田國男は『日本の祭』（1942）のなかで，時代の変化が祭りにどのように影響を及ぼしているかについて考察している。宗教的性格の有無という観点から，参加者によって伝承されてきた宗教的行為（神事）を「祭」，祭りを見物しに人々が集まってくる行事やイベントを「祭礼」と区別している（柳田2013：36-37）。また，祭りにかかわる人々の心理的関心という観点から，信仰にもとづいて地域住民が行うものを「公祭」，祭りの行われる地域に属さない人々がそれぞれの思いによって参加するものを「私祭」と区別している（柳田2013：224-225）。

　伝統的な祭りは地域に根差した「祭」であり「公祭」であるのに対し，都市部では地方からの人口流入によって，地縁のない人々が祭りに関わるようになり，「祭礼」や「私祭」という性格が増していくことになる。また，伝統的な祭りを伝承してきた地域住民の意識も変化し，誰もが自由に参加できる祭りへとスタイルを変えていこうとする試みも出てくる。

···

新たな祭り

　私たちはさまざまな儀礼や祭りに関わっているが，その宗教的背景はさまざまである。日本では，複数の宗教が排除しあうことなく並存してきた歴史があ

るため，たとえば，結婚式はキリスト教式，葬式は仏式というように，目的に応じて宗教を使い分けることに抵抗感はあまりないようである。さらに戦後からは，キリスト教の行事に由来するバレンタインデーやクリスマス（降誕祭）が行事としてすっかり定着している（ちなみに，バレンタインデーの返礼日にあたるホワイトデーは日本で考案されたもので，他の国には見られない）。

　日本で近年特に盛んになった祭りといえば，毎年10月31日に行われる「ハロウィン（Halloween）」がある。もとは，紀元前からヨーロッパ一帯にいた古代ケルト人の風習に起源をもつとされる収穫祭である。「ハロウィン」という名称は，キリスト教カトリックの祝日「諸聖人の日（All Hallows' Day）」の"前夜祭（All Hallows' Eve）"という意味だが，キリスト教とは何の関係もない行事であるという点には注意が必要である。たんなる"コスプレの日"という認識の人も多いかもしれないが，仮装をするのにも宗教的理由がある。この日には異界の門が開き，悪霊が出てきて人々を脅かすと考えられており，悪霊に仲間だと思われれば脅かされることはないだろうという理由から，悪霊の仮装をするようになったとされる。こうした仮装の風習がアメリカで発展・変化し，悪霊とは関係のない仮装さえ見られるようになり今日に至っている。

　東京ディズニーランドでは1997年からハロウィンのイベントが，そして，2014年からはキリスト教の行事である「イースター（復活祭）」のイベントも開催されるようになった。こうしたイベントを楽しみにしている来場者には，これを"宗教"だと意識している人はほとんどいないだろう。宗教的な起源をもっていても，信仰の有無は抜きにして，多くの人がそこに集い，祭りの催事的性格を純粋に楽しみ，喜びを共有しているのである。

• • •

儀礼や祭りに対する私たちの意識

　入学式や卒業式などをはじめとして，私たちは今まで多くの行事や儀式に参加してきた。その時の，行事や儀式に参加することにどれほどの意味を感じていただろうか。気の引き締まるような思いをした人もいるだろうし，退屈で仕方なかったという人もいるだろう。近年では，成人式で羽目を外しすぎて警察沙汰になるといった問題が珍しくなくなったし，バレンタインデーが女性にとって心理的・経済的な負担となって，以前ほどは盛んではなくなったりして

いる。その一方で，クリスマスやハロウィンは依然として人気がある。

　儀礼や祭りは，自分の知らない人たちがどこかで行っているものではなく，それに対する私たちの意識の変化によって，盛んになったり廃れたりしているのである。新たな祭りが次々に生まれているところを見ると，人々が祭りそのものを不要だと感じているわけではないようである。つまり，信仰をはじめとする何らかの思いを共有する人々が集い，人々とのつながりを再認識し連帯を強めるという，儀礼や祭りがもともともっている意義や機能が失われたわけではない。参加するにせよ見物するだけにせよ，同じ時と場に集い，楽しみを共有し，人々との結びつきを新たにもとうとする思いは，今も私たちを確かに突き動かしているのである。

参考文献

デュルケーム，E　2014『宗教生活の基本形態――オーストラリアにおけるトーテム体系　上・下』山崎亮訳，ちくま学芸文庫。

ファン・ヘネップ，A　2012『通過儀礼』綾部恒雄・綾部裕子訳，岩波文庫。

フレイザー，J・G　2003『初版　金枝篇　上・下』吉川信訳，ちくま学芸文庫。

柳田國男　2013『日本の祭』角川ソフィア文庫。

ブックガイド

『**儀礼の象徴性**』青木保，岩波現代文庫，2006年

「あいさつ」という身近な慣習から始まり，儀礼と国家のかかわりまで論じている。儀礼のさまざまな意味と広がりを扱っており，儀礼がどういうものかを理解するには，まず読んでおきたい一冊である。

『**通過儀礼**』ファン・ヘネップ，綾部恒雄・綾部裕子訳，岩波文庫，2012年

儀礼研究の出発点となった古典中の古典である。「通過儀礼」という概念を提唱し，儀礼を初めて体系的に論じた書としてあまりにも有名である。通過儀礼の過程に関する分析は，儀礼研究の基盤となっている。

『**初版　金枝篇　上・下**』
　Ｊ・Ｇ・フレイザー，吉川信訳，ちくま学芸文庫，2003年

キリスト教が浸透する以前の古代ヨーロッパの風習から世界各地の神話や呪術まで，これほど多くの事例を蒐集したものはない。さまざまな儀礼や祭りだけではなく，そこに通底する宗教的発想を知ることができる。

Case Study ｜ ケーススタディ8

コロナ禍と祭り
宗教と非宗教の「間」で

　2020年度の新学期は新型コロナウイルスの世界的流行による大混乱とともに始まった。外出や営業の自粛が要請され，人が多く集まるイベントの中止や休校措置がとられた。そのなかでも，宗教に関してとりわけ象徴的であったのが，日本を代表する祭りのひとつである京都祇園祭の山鉾巡行の中止である。

　祇園祭は"疫病封じ"を目的とした祭りである。八坂神社の祭神は素戔嗚尊（すさのおのみこと）であるが，かつては疫病を司る仏教〔☞諸宗教の解説〕の神である牛頭天王（ごずてんのう），さらには武塔神（むとうのかみ）と同一視されていた。武塔神は，旅先でもてなしてくれた蘇民将来（みんしょうらい）への返礼として，茅の輪（ちのわ）を身につけていれば疫病を免れることができると伝えたという。このような伝説に基づき，祇園祭では，「蘇民将来子孫也」という護符のついた粽（ちまき）を人々が求め，その最終日（7月31日）に行われる疫神（えきじん）社夏越祭（じゃなごしさい）で茅の輪をくぐり，無病息災を願うのである。祭りの本来の目的からすれば，ウイルスが猛威を振るっているこのような時期にこそ盛大に行うべきであるが，人々はそうは考えなかった。それはなぜか。言うまでもなく，一連の行事が実際に疫病を封じていると考える人よりも，見物客が多く押し寄せることでかえって感染を拡大させると考える人が多かったからである。とはいえ，祇園祭そのものが中止となったわけではなく，規模を大幅に縮小して行われてはいた。しかし，人々が宗教に現実を変えるほどの力をそれほど期待していないことが露わとなった瞬間であった。

　「そんなことはわかりきったことではないか」と思う人も多いだろう。しかし，本当にそうだろうか。この時期にSNS上でよく見かけるようになったキャラクターがある。「アマビエ（アマビヱ）」という半人半魚の妖怪である。ほとんど知られていなかったこの妖怪が，この時期にもてはやされるようになったのは，なぜか。アマビエは豊作や疫病の予言をもたらす存在である。SNS上でよく見かけるアマビエの姿は，江戸時代後期に現在の熊本県に現れたものを

写したものである（図8-1）。1846（弘化3）年，海中に毎夜光る物体が現れるとの知らせを受けた地元の役人が行って見てみると，半人半魚の妖怪が姿を現し，「私は海中に住，アマビヱと申す者也。當年より六ヶ年の間諸国豊作也。併し，病流行，早々私写し人々に見せくれ」と告げて，再び海中に姿を消したという。SNS上での今回のブームは，妖怪掛け軸専門店「大蛇堂」がアマビヱの画像をツイッターに投稿（https://twitter.com/orochidou/status/1232956377754001408）したことがきっかけであったようだ。

　このように，大規模な自然災害や疫病の蔓延といった未曾有の厄災に見舞われたとき，その理由を知ろうとし，また，一日でも早く事態が収束することを願った。その際，人々がいつも頼ってきたのが宗教であったし，これほど科学が発達した現代においても同様である。いったいどちらなのだろうか。宗教は無用なのか，それとも有用なのか。私たちはまさにこの瞬間に，「宗教が力をもたない場」と「宗教が力をもつ場」という矛盾した立場の「間」に置かれているのである。

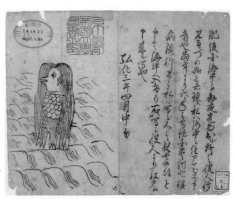

図8-1　『肥後国海中の怪（アマビヱの図）』（京都大学附属図書館所蔵）

Active Learning | アクティブラーニング 8

Q.1

「儀礼」と思われる行為や行事を思いつくかぎり挙げてみよう。

今まで数多くの儀礼を経験してきたにもかかわらず,「儀礼」として意識していないものも多いのではないだろうか。"何か特別な日"や"何か特別な儀式"と思ったものを挙げてみよう。

Q.2

あなたにとって,儀礼や祭りとは何だろう。

儀礼や祭りに対して,あなたはどのような意識をもっているだろうか。また,実際にどのようにかかわってきたか(いるか)を振り返ってみよう。

Q.3

儀礼の由来や背景を調べてみよう。

儀礼の背景には,何らかの信仰があるものとないものがある。それらを分類したうえで,改めてその由来や背景を調べて,レポートにまとめてみよう。信仰に基づいたものではないと思っていた儀礼も,実は信仰に基づいているものがあるかもしれない。

Q.4

儀礼や祭りの変化について考えてみよう。

長く受け継がれてきた伝統的な行事のなかには廃れていくものがある半面,新しい儀礼や祭りが盛んになったりするのはなぜかを考え,お互いに議論してみよう。

宗教学の最新テーマを学ぶ

第9章

宗教と世俗
私たちは世俗的な時代に生きているのか

坪光生雄

　19世紀以来，宗教について論じた多くの理論家が，宗教の未来について否定的な見解を示してきた。その際，しばしば支配的だったのは，社会の近代化が進展するにつれて宗教は衰退し，近い将来消滅するだろう，もしくは私的なことがらとなって公の舞台から姿を消すだろうという想定だった。しかし今日，文化や人々の生活様式の多様性に関する意識がますます高まるにつれ，そうした「世俗化論」の多くが，ときに批判を受けるようにもなってきている。また，政治に関わる思想の領域においても，単純な宗教の排除としての「政教分離」や「世俗主義」といった原則に対しては異論が提起されるに至っている。「近代」とは「世俗的」な時代であり，反対に「宗教」は「前近代的」なものであるという概念のセットが，現代社会の生きられる経験と齟齬をきたしていると言うこともできるだろう。

　私たちは「世俗的」な時代に生きているのだろうか。そして，この問いにどのように答えるとしても，それはいかなる意味においてだろうか。本章では，宗教社会学の分野で蓄積されてきた「世俗」をめぐる議論を概観する。

KEYWORDS　#世俗化　#無宗教　#脱呪術化　#公共宗教　#ポスト世俗

1 ｜ 世俗性をどのように理解するか

・

宗教と世俗の二分法

広義の宗教研究の文脈において，「世俗」という言葉は通常，「宗教」とは反対の意味をもつものとして用いられている。「宗教的」ではないものが「世俗的」であり，その逆もしかりということである。しかし，この対となる2つの言葉が，それぞれ具体的に指し示すものごとや状態が何であるのか，端的に定義することは，実はたいへん難しい。

まず，「宗教」とは何なのかという問題がある（詳しくは本書終章の議論を参照）。日常的経験のレベルでも，学問的議論の水準においても，「宗教」なるもののはっきりとした定義があるわけではない。年中行事や冠婚葬祭，名所観光からロック・フェスティバルにいたるまで，私たちは，たいへん雑多な事象のなかに「宗教的なもの」を見出すことができる。何がそれらを同じ「宗教」としてまとめ上げているのか，その中核的要素を言い当てるのは容易ではない。

「宗教」の概念が覆う意味の領域が，機会に応じて伸びたり縮んだりするなら，それにあわせて「世俗」の概念も同じく伸び縮みする。とりわけ「慣習」や「伝統文化」などと呼ばれてもおかしくない日常普通のものごとにも「宗教」の概念が適用される場合には，「世俗」の地位は不確かになる。2つの概念は連動して揺れ動き，互いの定義に干渉しあう。私たちはこれらの言葉をどのように理解し，どのような機会に利用したらよいだろうか。

・

西洋における「世俗」の変容

「世俗（the secular）」の意味に近づくために，西洋におけるその語源にさかのぼってみよう。ラテン語の saeculum という言葉は，もともとある種の「時間」に言及するものだった。この言葉は，ある程度の期間，「世紀」や「世代」といった大きな時間の区切りを意味する。キリスト教〔☞諸宗教の解説〕の祈りのなかに出てくる in saecula saeculorum というフレーズは，「世々に（＝いつまでも，限りなく）」と訳される。日本語のうえでは，「世」という漢字がこれらの言葉の意味上のつながりを示唆している。

　この「世＝時間」が「世俗」であるということ，つまり「俗」なるものでもあるということの意味は，これとは対をなす「聖なる時間」との関連で理解される。ここでの「世」には，いわば人が生きるこの世的な時間という含みがある。反対に，聖なる時間は「永遠」であり，神的・超越的なものである。人の一生のように，現世的な時間は過ぎ去るもの，一時的なものだが，「永遠」はそうではない。過ぎ去るものと不滅のもの，変わるものと変わらないもの——こうした一連の区別が，「世俗」という語の現在の用法の古い背景にある。

　それゆえ，この「世俗」の語は，キリスト教世界においては，聖なるもの〔☞用語集〕に特に関わる教会と，その外側に広がる俗なる世界との対比に照らして理解されてきた。宗教改革期以後，「**世俗化**」という語はひとつの明白な意味をもっていた。その歴史的な用法においては，この言葉は，教会の所有していた財産や役割などが，平信徒の手に譲り渡されることを意味していたのである。

　だが，今日の宗教研究において，「世俗化」という語がこうした特定の歴史的事象を指し示すことは比較的少ない。多く見られるのはむしろ，近代化・現代化にともなう「宗教の衰退」といった現象（あるいは印象）を漠然と指し示す用法である。

「世俗」のさまざまな意味

　では，現代において，どのようなあり方をしているものごとが「世俗的」と形容されるのだろうか。これは「宗教」と対立する語だから，まずは「宗教が存在しない」，または「宗教と何も関係がない」というあり方を意味しうる。たとえば，どのくらいの人が宗教的な信仰をもっているか／教会に通う人の割合はどうかといった各種データ（第4章参照）が，ある社会が世俗的であるかどうかを判定する指標となりうるだろう。または，一般に政治権力と特定の宗教との関わりを排除すべきとする「政教分離」の原則（第13章参照）がとられる場合にも，その社会は「世俗的」と言われるだろう。前者は，事実認定のレベルで，後者は政治的・規範的な意味で，いわば「非宗教性」としての世俗性を表している。

　だが，こうした単純な説明ではなお不十分である。とりあえずの「非宗教

性」という概念は，当然「宗教」を何とするかによって変わってくる。たとえば，明治期から戦後に神道指令が出されるまで，日本政府は「神道」〔☞諸宗教の解説〕を「国家の祭祀」と位置づけ「宗教」とは見なさなかった（「神社非宗教説」）。この考えに基づくと，天皇の神聖性を前提とする国家の祭祀や国民道徳は公の政治秩序と深く結びついていながら（「祭政一致」），神道以外の諸宗教との関係においては「政教分離」が成立することになる。このような体制を「世俗的」と呼ぶのは正当だろうか。

　また，「宗教」と相互に排除しあう対極のものとして「世俗」の定義を固定してしまうと，「宗教が世俗化する」といった表現がまったく意味不明なものになりかねない。しかし，たとえばある教団が自ら教義の厳格さを緩和していき，外部の社会文化に対して宥和的・妥協的になっていく動きは，ひとつの「世俗化」と言えないだろうか。そうして特定の宗教的要素が「文化」の範疇に溶け込むとき，「宗教」は同時に「世俗的」な文化の一部ともなりうる。こうした，いわば「文化としての宗教」（序章参照）もまた，宗教学の重要な研究テーマのひとつであろう。

　「世俗性」のさらに別の意味に関わって，いわゆる「無宗教」のあり方を，宗教と世俗の区別そのものに対する無関心と特徴づけてもよいかもしれない。日頃出会うものごとを，宗教的か世俗的かという軸に沿って分類する観点にそもそも馴染みがないという人も少なくないはずだ。どんな場所に身を置き，どんなことをしていたとしても，とりたててそれらを「宗教」と認識することがなければ「無宗教」という自己理解が揺らぐことはない。こうしたあり方を「世俗的」と表現することも，言葉のひとつの使い方としては許されるだろう。ただし，この場合の「世俗」は，区別の観点そのものが放棄されている以上，もはや「宗教」との対比を意味しなくなっているのだが。

　最後に，これらの言葉の使用がおびるパフォーマティヴィティの問題にも触れておこう。宗教学は，何かを「宗教」と名指したり，反対に何かを「世俗」としてそこから除外したりする，まさにそうした自らの言語使用によって，実際にそれらの対象を「宗教」あるいは「世俗」として作り出している。いつでも初めから「宗教」なる対象が明確に存在していて，それを研究者が言葉のうえで正しく再現するという順序で事が運ぶわけではない。むしろ，研究者が用

いる「宗教」や「世俗」といった言葉によって，未規定の現象にそのつど特定
の形が与えられていくのである。私たちが普段これらの言葉から想起するイ
メージも，部分的にはこうした学問的使用の蓄積によって構成されている。

　宗教学者たちは，必ずしも合意のとれた定義をもたない言葉を用いてそれぞ
れ多様な現象を記述・考察してきたと言える。私たちにしても，それらの多様
な言説を顧みずに「宗教」や「世俗」に関する一般的理解を先取りすることは
できない。むしろいろいろな議論を学ぶことを通じて，これらの言葉の豊かな
多義性について，私たちの側での感度を高めることが重要だろう。

2｜近代化論としての世俗化論

宗教社会学における世俗化論の位置づけ

　「世俗化」は，19世紀に社会学が誕生して以来の伝統的なテーマである。コ
ント，デュルケーム，ヴェーバー，ジンメルといった著名な初期の社会学者た
ちは，みなそろって近代性と宗教との関係について論じた。社会の近代化に伴
い，宗教の意義や機能はどのように変容するかということが関心の的だった。

　「近代化」を論じる社会学者にとって「宗教」がなぜとりわけ問題となった
のか，その背景にある両義性を押さえておこう。科学や理性，自由や個人主義
によって特徴づけられる西洋近代の自己理解にとり，「宗教」とはまずは乗り
越えるべき過去に属すると見なされる何かである。宗教に対して十分に批判的
でなかったかつての人々は，迷信深く誤謬に支配され，不平等で抑圧的な権威
主義の下で不自由な生活を強いられていた，といったイメージが典型的だろ
う。近代化の動きにとって，宗教批判は極めて根本的なテーマである。しかし
他方，宗教が近代文化の成立基盤を歴史的に準備したものであることも否定し
がたい。キリスト教，とりわけプロテスタントの宗教改革が，近代社会への移
行にあたって大きな役割を果たしたことは多く指摘されるところである。

　西洋に始まる近代は，「宗教」を自らとは対極をなす「他者」として位置づ
けると同時に，その根本的な価値志向や生活態度の多くを過去の宗教（特にキ
リスト教）から引き継いだのだった。このような宗教と近代性との両義的な関
係は，社会学者たちの議論のなかで繰り返し確認されてきた。

近代化と世俗化

　代表的な議論として，マックス・ヴェーバーの『プロテスタンティズムの倫理と資本主義の精神』（第1版1904-1905年，第2版1920年）をとりあげよう。

　この本でヴェーバーは，近代資本主義の合理的な生活態度はキリスト教的禁欲〔☞用語集〕の精神から生まれたのだと主張した（ヴェーバー 1989）。今日ではありふれた「お金儲けが（他の何より）大事」という考え方は，近代以前には当たり前ではなかった。ヴェーバーによれば，人は生まれながらに飽くなき営利心をもっているわけではない。労働者は「どうすればできるだけ楽に，できるだけ働かないで，しかもふだんと同じ賃金がとれるか」（ヴェーバー 1989：67）と考えるのが普通だった。この伝統的な生活態度が，資本主義経済を回す「営利機械」のそれへと変化するには「あたかも労働が絶対的な自己目的――»Beruf«「天職」――であるかのように励むという心情」（同前）が必要となる。

　この勤勉な心情を形作ったのが，プロテスタンティズムの倫理である。3つの要素が柱となる。①ルターに始まる宗教改革では，聖職者中心の教会秩序が批判された。現世的な義務を回避する修道士的禁欲を批判するところから，いわば「職業に貴賤なし」のような主張が出てくる。神によって与えられたそれぞれの使命＝天職に勤勉に取り組む生活が，神を喜ばせるのだと考えられた。

　②カルヴァン派の有名な教えに「予定説」がある。これによれば，全知全能の神はどの人が死後救われるか／地獄に落ちるかをあらかじめすべて知っている。救済について神が決定したことはくつがえらないので，人が行うおまじないのたぐいはまったくの無駄である。「脱呪術化」というヴェーバーの有名な概念は，このように呪術を排した純粋な神の崇拝に関わっている。一般に「脱呪術化」という語は「世俗化」と混同されやすいが，その元来の意味は，予定説に見られるような高度に超越的な神信仰への移行であって，宗教の衰退ではないという点に注意しよう。

　③予定説の教えにより，人は自らの救済について不安を抱くようになり，この不安が勤勉な生活態度へと結びついていった。全部があらかじめ決まっていたとしても，どうにかして自分が「選ばれた」側の人間であると確信したい。神から与えられた職業において神の意志を実現する道具となり，その仕事がう

まくいっていることをもって，自らこそは神の御心に適うものであると，信じ
たいのだ。この天職倫理と予定説の合わせ技により，人は自らの救いを確証す
るために働くようになる。「職業労働によって，むしろ職業労働によってのみ
宗教上の疑惑は追放され，救われているとの確信が与えられる」のである
（ヴェーバー 1989：179）。

　こうして，宗教的な敬虔さが人々を勤勉な職業労働へと向かわせる。その労
働で得られる利益もまた，個人の快楽のためにではなく，さらなる勤勉な労働
のために活用される。「合理化」とは，ここでは言ってみれば「無駄をなくす」
ことである。金も時間も神から与えられたものなので，無駄使いしてはならな
い。この禁欲的な態度を，かつては俗世間から離れて禁欲生活を送った修道士
的なあり方と対比して「世俗内禁欲」と呼ぶ。得られた利益を延々と次なる投
資に回す資本主義のシステムを起動したのは，この生真面目な「世俗内禁欲」
の態度だった。だが，このシステムはやがて宗教的精神を必要としなくなる。
「営利せよ！」との掛け声が空虚に響き渡るなか，私たちはそれに機械的に反
応して動くが，そのことの深い意味は追求されない。いまや「営利活動は宗教
的・倫理的な意味を取り去られて」しまったのである（ヴェーバー 1989：366）。

　以上のヴェーバーの議論では，宗教と近代性との連続性がはっきりと強調さ
れている。しかし同時に，近代社会は最終的に，深い宗教的・倫理的意味を
失った「鉄の檻」として示される。やはりヴェーバーの見るところ，近代化の
進む先に宗教の未来は明るくない。むしろ彼は，別の機会に，この意味喪失の
時代の宿命に「男らしく堪える」ことを説いたのだった（ヴェーバー 1980：72）。

・・

世俗化論のいくつかのテーゼ

　ヴェーバーの仕事はのちの世俗化論の展開に大きな影響力をもったが，宗教
社会学の分野では，他にも「世俗化」について多様な定式化が試みられてき
た。単純な衰退説を除き，いくつかの代表的な議論を簡単に見ておこう。

　①エミール・デュルケームは，近代社会は「分業」によって諸部分が有機的
に結びつく組織的社会であると主張して，近代社会の世俗化に関する重要な論
点を提起した（デュルケーム 2017）。政治，経済，科学，教育，芸術などがそ
れぞれ独立した部門として「分化」することで，それまで社会生活全体を覆っ

ていた宗教の影響力が，いっそう小さな部分にしか及ばなくなるイメージだ。

　ただし，デュルケームには統一された社会そのものを宗教として分析する観点もある（デュルケーム 2014）。この見方では，社会があるところには宗教が存在することになる。それゆえ，デュルケームの近代化論は，宗教が完全に消滅する未来を予言するものではない。分化が進んでバラバラになっていくかに見える近代社会でも，宗教は存続する。そこでは，独立した人格の尊厳が信奉され，「個人」が宗教的な対象となるような共同の信仰が生きられるという。

　この「分化」としばしば並行して，②宗教が公共的・集団的なあり方から個人の私的なことがらへと変容する動きが指摘されてきた。これは一般に宗教の「私事化」と呼ばれる。トーマス・ルックマンによれば，具体的な「〇〇教会」などは，社会的形態としての宗教の「制度的特殊化」にすぎず，現代の宗教性は，むしろ個人のアイデンティティ形成という主観的な過程に表れるという（ルックマン 1976）。ルックマンの共同研究者であったピーター・バーガーもまた，宗教の役割は個人の選択や趣好の問題，「ファッション」の問題になると論じた。私事と化した宗教は，自分にとってどれだけリアルであっても，もはや社会全体を覆う規範秩序＝「聖なる天蓋」ではない（バーガー 2018）。

　バーガーはまた「私事化」と連動したトレンドとして，③「多元化」と呼びうる動向についても論じた。個人が自由に身につけるファッションのようなものとして宗教を思い浮かべるなら，それらは人ごとに多様であるほかない。ひとつのものが場を独占することはできず，個々の信憑性は相対化される。どれを選ぶ人も，自分の信仰や人生観が他の何よりも正しいという最終的な確信からは遠ざけられる。これが「多元化」の効果である。チャールズ・テイラーによれば，「世俗の時代」の主要な特徴は，こうした個々の確信の動揺にある。「神を信じないことが実際に不可能であった社会から，神信仰が，最も敬虔な信仰者にとってすら，複数あるなかのひとつの人間的可能性でしかない社会へ」と移行した（テイラー 2020：4）──こう述べるテイラーの世俗化論は，宗教の衰退ではなく，不信仰を含む多様な精神的立場の生成に照準を合わせたものになっている（坪光 2022）。

3 | 世俗化論の見直し

…
宗教の脱私事化

このように，世俗化論と一口に言っても論者それぞれの主張には幅がある。特定のテーゼに対しては肯定的でも，部分的な修正が必要だと考える者も多い。ここでは特に，宗教の私事化というテーゼに対する反論を見てみよう。

私事化説が完全でないことを理解するには，近代社会の公共圏において宗教（的なもの）が力をもった事例を見ればよい。古典的なものではアメリカの「市民宗教」〔☞用語集〕に関するロバート・ベラーの議論が有名だ（ベラー 1973）。ベラーによれば，アメリカ合衆国の政治文化には，国家の歴史を背景とした宗教的志向が存在する。政治権力が特定の教団・教派と結びつくことはないが，包括的な理念としての「神」との結びつきは依然強固なものがあるという。

より近年の議論としては，ホセ・カサノヴァの**公共宗教**論が重要だ（カサノヴァ 2021）。カサノヴァは，世俗化論のなかでも「分化」のテーゼについては有効性を認めるが，宗教の「衰退」と，特に「私事化」の議論については批判的である。彼が取り上げたスペイン，ポーランド，ブラジル，アメリカ合衆国における複数の事例は，近代の公共圏においても実体的な宗教教団・教派が政治的影響力をもちうることを示している。結局，社会が近代化すると宗教は個人のプライベートな問題にすぎなくなる，という見通しは確実ではない。こうして宗教の「脱私事化」を論じるカサノヴァのねらいのひとつは，近代社会の公共性と宗教とが完全に相容れないものではないと示すところにあった。

…
「ポスト世俗」の政治理論

世俗化論見直しの機運が高まる今日では，「**ポスト世俗**」という用語も流通している。「ポスト〇〇」という表現は，一般に「〇〇の後」を意味する。すると，「ポスト世俗」は「世俗の後」となるわけだが，これが具体的にどのような状況を指すのかは論者ごとあまりにも多様だ。それでも，この言葉がある一定の批判的なイメージ喚起力をもつことまでは否定しがたい。今日，最も大

きな影響力をもった「ポスト世俗」論者である，ユルゲン・ハーバーマスの用法だけでも見ておこう。

　ハーバーマスは，社会の機能分化としての世俗化論の有効性を大筋で認めつつも，政治においても，社会文化レベルでも，個人の生活にとっても，必ずしも宗教は重要性を失っていないと主張する（ハーバーマス 2010）。むしろ，グローバル化が進むにつれ，「宗教の復活」という印象が強まってきているのではないか。そして，移民受入により多元化した現代社会において，宗教は消え去るどころか，公共の意見形成に重要な貢献をなすことを期待されている。このような認識の下，ハーバーマスは，宗教的市民を政治的過程に包摂することがリベラルで民主的な社会にとっていかに重要かを説く。民主主義は，少数派の宗教的市民にとっても，上から押し付けられるものであってはならない。宗教の排除ではなく，世俗的市民と宗教的市民が互いに学び合う関係に入ることが必要なのだ。この相互学習の過程においては，特殊な宗教的言語を，誰にでもわかる世俗的な言語に変換する「翻訳」が重要な理念となる。

　このようなハーバーマスの「ポスト世俗」の政治哲学は，宗教を近代社会の公共圏のうちに積極的に包摂する方向性を打ち出したものと言えるだろう。

・・・

西洋中心主義の批判

　世俗化論に対してさらに根本的な疑義を呈した論者として，タラル・アサドがいる（アサド 2006）。カサノヴァの整理では，単純な「衰退」や「私事化」としての世俗化は批判されるが，「分化」は近代社会の「構造的な趨勢（トレンド）」と見なされていた。だが，アサドによれば，ひとたび宗教の「脱私事化」が認められるなら，世俗化論には使えるものが何も残らない。宗教がプライベートな領域から歩み出て公共の政策決定の過程に参入するとき，宗教と政治，経済，科学などをそれぞれ独立の領域とする近代社会の分化した構造は維持できなくなる。また，政治的討議のなかで宗教が貢献をなし，社会がそれに賛同する場合には，教会出席率のような単純な指標で宗教の衰退の度合いを測ること自体がナンセンスになる。実際，宗教の声が政治的決定を左右する状況があるのに，同時に宗教が衰退してもいる，などというのは奇妙な話だろう。

　もっとも，アサドの議論全体のねらいは，ある社会が（どのように／どの程度）

世俗化したのか，といった事実関係を問うことにはない。彼はむしろ，リベラルな近代国民国家の公共領域において何が受け入れられ，何が受け入れられないのかを取り決める，「世俗」概念の権力性を問題にしようとしている。通常，「世俗」の概念は個人主義や良心の自由といったリベラルな価値に結びつけられる一方，「宗教」には権威への盲従や自由の抑圧といった負の価値が着せられる。つまり「世俗」とは，事物の状態を中立的に記述する概念であるよりも，近代社会にとっていわば何がよくて何がダメなのかを規範的に定める，「**世俗主義**」の教理を支える概念なのである。そして，この教理としての「世俗」は，近代性の根源にある西洋＝ユダヤ・キリスト教的アイデンティティと歴史的に連続している。それゆえ，今日とりわけ非西洋的で非リベラルな宗教と見なされているイスラーム〔☞諸宗教の解説〕の声は，西洋の政治空間において正当に代表されない。「世俗」と「宗教」を識別する現行の認識枠組のうちに消し去りがたく西洋中心主義の権力が入り込んでおり，それらの概念の配置がしばしば社会的排除を正当化するような仕方で作用してしまうのである。

　このように，〈近代化 ＝ 世俗化〉（イコール）という物語的な図式を批判的に再検討することは，その物語の背後にあって陰に陽にそれを方向づける，「世俗主義」の規範的想定を問い直すこととともおおいにつながっている。

参考文献
—

アサド，T　2006『世俗の形成——キリスト教，イスラム，近代』中村圭志訳，みすず書房。

ヴェーバー，M　1980『職業としての学問』尾高邦雄訳，岩波文庫。

　―― 1989『プロテスタンティズムの倫理と資本主義の精神』大塚久雄訳，岩波文庫。

カサノヴァ，J　2021『近代世界の公共宗教』津城寛文訳，ちくま学芸文庫。

坪光生雄　2022『受肉と交わり——チャールズ・テイラーの宗教論』勁草書房。

テイラー，C　2020『世俗の時代　上・下』千葉眞監訳，名古屋大学出版会。

デュルケーム，E　2014『宗教生活の基本形態——オーストラリアにおけるトーテム体系　上・下』山﨑亮訳，ちくま学芸文庫。

　―― 2017『社会分業論』田原音和訳，ちくま学芸文庫。

バーガー，P　2018『聖なる天蓋——神聖世界の社会学』薗田稔訳，ちくま学芸文庫。

ハーバーマス，J　2010『ああ，ヨーロッパ』三島憲一・鈴木直・大貫敦子訳，岩波書店。

ベラー，R　1973『社会変革と宗教倫理』河合秀和訳，未来社。

ルックマン，T　1976『見えない宗教──現代宗教社会学入門』赤池憲昭／ヤン・スィン
　　ゲドー訳，ヨルダン社。

ブックガイド

『国家神道と日本人』島薗進，岩波新書，2010年
──────

　神社・国家神道を軸に，明治から戦後にいたるまでの近代日本の政教関係
についてクリアな見通しを与えてくれる。

『「働く喜び」の喪失──ヴェーバー『プロテスタンティズムの倫理と資本主義の
精神』を読む』荒川敏彦，現代書館，2020年
──────

　ヴェーバー『プロ倫』の行き届いた解説。現代の働き方に関するアクチュ
アルな問題意識ともつながる。就職活動中，またはそれを間近に控えた学
生にこそ読んでほしい。

『民衆と司祭の社会学──近代フランス〈異教〉思想史』
杉本隆司，白水社，2017年
──────

　フランスにおける社会科学誕生の土壌となったものはなにか。「実証精神」
の背後に「世俗の宗教性」を探り当てる，遠大な社会思想史の試み。

Case Study | ケーススタディ9

学問の自由と大学の世俗化
近代化のなかの宗教学

　大学は，専門的な知を生み出す機関として，私たちの社会にとってなくては
ならないものである。大学で営まれる高度な研究・教育活動は，社会の発展に
寄与することを期待されることも多いが，基本的にはそれ自体が独立した価値
をもつものとされている。近年では産学連携といった方向性が打ち出されるこ
ともあるものの，学問が外部の政治権力や，特殊な経済的利害，または宗教的
権威などから自由であるべきだとする原則（日本国憲法の保障する「学問の自由」）
については基礎的な了解が得られていよう。

　他の学問分野と同様，近代の分化した大学制度のなかで形作られてきた学科
のひとつである宗教学もまた，原則的には外部からの干渉や制限を受けない自
由な学問として営まれる。つまり，宗教学それ自体は宗教ではなく学なので，
特定の教派・教団の権威や利害に左右されない活動として理解されるべきであ
る。その意味で，一見逆説的なようだが，「宗教学」は「世俗的」な学問だと
言うことができる。

　しかし，大学という場が，その高度な専門性と独立性のゆえにか，どこか浮
世離れした雰囲気をまとっていることも確かだろう。高尚で敷居が高く，静謐
で排他的，いわゆる「象牙の塔」のようなイメージがある。日本でも，比較的
歴史のある大学のキャンパスでは，古めかしいヨーロッパ風の建物や庭園，ラ
テン語の文句を刻んだ意匠を目にすることも多い。これらのイメージは，ヨー
ロッパ中世に遡る大学制度の宗教的な起源を今なお暗示するようだ。

　今日世界中に広まった近代的大学制度の原型は，19世紀プロイセン（ドイツ）
の大学改革において形作られたとされる。1810年のベルリン大学の設立が象
徴的な出来事だった。それ以前の18世紀の大学はいまだ中世的な特徴を残し
ていた。当時のヨーロッパ各地の大学は特定の教派や教会と結びつきを保って
おり，そこでの教育は司祭や修道士の養成のための神学教育が主だったとい

う。啓蒙の時代の知性にとって，大学は先進的な科学的探求の場というより
も，宗教的過去の因習を色濃く残す時代遅れの遺物であるとして，頻繁な批判
の対象となっていた。このような状況が特にプロイセンにおいて変化していっ
た要因のひとつは，増澤知子によれば，ホーエンツォレルン家がとった宗教的
寛容政策にあった〔☞用語集〕。カルヴァン派の信仰をもつ王族に対して，ル
ター派の信仰が民衆の多数を占めていたため，教派多元主義的な社会状況が常
態化していたのだ。これら教派間の反目や対立を避けるという公共的課題への
取り組みの一環として，大学についても特定教派の信仰告白的な性格を取り去
ることが目指されたのである（Masuzawa 2011）。

　このように，大学が近代化／世俗化するにいたった事の経緯は，多分に国家
的な関心を反映している。「学問の自由」という近代的理念が帯びる世俗的性
格は，公教育に関する国家の政策的介入の歴史とまったく無関係ではないので
ある。こうした流れのなかで，神学から自己を切り離し，それ自体の宗教的な
性格を排除してきた宗教学という学科は，学問の世俗化を求める政治的関心の
産物であると同時に，大学の中でそれを実際に推し進める積極的な役割を担っ
てきたとも言えるだろう（増澤ほか 2018）。

参考文献

Masuzawa, T. 2011. The University and the Advent of the Academic Secular: The State's
　　Management of Public Instruction. W. F. Sullivan, M. Taussig-Rubbo & R. Yelle (eds.),
　　After Secular Law. Stanford: Stanford University Press, pp. 119-139.
増澤知子・鶴岡賀雄・林淳・久保田浩　2018「公開シンポジウム——歴史のなかの大学
　　と宗教研究」紀要，『宗教研究』91（別冊）: 13-31。

Active Learning | アクティブラーニング 9

Q.1

身近な宗教性を見つけよう。

———————

式典，お祭り，スポーツ観戦，コンサート，旅行など，自分が参加したことのあるさまざまな行事やイベントを振り返ってみて「宗教的」なものがないか探してみよう。また，それがどのような意味で「宗教的」と呼べるのかも考えよう。

Q.2

宗教社会学の古典を読もう。

———————

ヴェーバー『プロテスタンティズムの倫理と資本主義の精神』（岩波文庫など），デュルケーム『宗教生活の基本形態』（ちくま学芸文庫），『ジンメル宗教論集』（岩波文庫）など，宗教社会学の古典をいろいろ読んでみよう。

Q.3

「働く喜び」について考えよう。

———————

ヴェーバーは職業労働が絶対的な自己目的と化し，その倫理的・精神的な意義が失われる状況を論じた。あなたが仕事に対して抱く意欲や不安について，物質面／精神面の両方から考察し，レポートにまとめよう。

Q.4

あなたは「無宗教」？

———————

あなたの身の周りに自分のことを「無宗教」だと考えている人がいたら，そう考える理由についてその人と話し合ってみよう。その際，あなた自身の自己理解についても検討してみること。

第10章

宗教とツーリズム
なぜ聖地は増え続けるのか

———

岡本亮輔

およそ聖地をもたない宗教は存在しない。日本では，古くから各地の霊山は神仏の座とされてきた。巨石・巨木・滝といった自然そのものにも聖性が見出され，儀礼や祭事の対象になっている。カトリック教会でも，巡礼は赦しを得るための実践として位置づけられており，本章で扱うサンティアゴ・デ・コンポステラ巡礼はその代表例である。

とはいえ，聖地巡礼のあり方は時代や社会とともに変化する。たとえば戦争や紛争などに聖地が巻き込まれれば，その場所への巡礼が物理的に困難になるのは言うまでもない。また，イスラームのメッカ巡礼は信者に限定されており，そもそもムスリムでなければ，サウジアラビアへの入国自体が難しい。

本章で特に注目したいのは，現代社会において聖地巡礼が世俗へと開かれてゆく過程である。本来，聖地とは，その場所を有する宗教を信仰し，そのコミュニティに所属する人々のためのものであった。だが日本や西欧では，信仰をもたない人々が続々と聖地への道を歩き，さらに雑誌やテレビが新たな聖地を創り出している。聖地の世俗への解放と増加について，徒歩巡礼とパワースポット・ブームを題材に考えてみよう。

KEYWORDS #聖地巡礼 #スピリチュアル文化 #宗教的個人主義 #パワースポット

1 │ なぜ聖地巡礼は流行るのか

・

修行僧と高校球児

令和日本の大学生が「来月，**聖地巡礼に行く**」と言った場合，その目的地が高野山や恐山やエルサレムである可能性はかなり低い。おそらく，アニメや映画の舞台となった場所だろう。聖地巡礼という言葉はすっかり日本語に定着したが，古くからある宗教巡礼ではなく，フィクション作品の舞台訪問の意味合いが強い。前者が伝統的な宗教実践であるのに対して，後者はコンテンツツーリズムと呼ばれる観光形態のひとつとされる。

それでは，両者にはどのような本質的な差異があるのだろうか。実は，両者の区別はそれほど明確ではないし，それが明確でないこと自体が現代社会の宗教を考える際の重要な手がかりになる。坐禅と野球というあえて極端な比較を例とし，まずはこの点を確認しておこう。

日本には曹洞宗という仏教宗派が存在する〔☞諸宗教の解説〕。福井県の永平寺はその大本山で，およそ800年前に道元禅師（1200-1253）によって開かれた。今でも毎年多くの修行僧たちが門を叩き，古くからのしきたりに従って集団生活を送る聖地である。教えを単に頭で理解するだけではなく，坐禅という身体実践に打ち込み，日常生活そのものを修行の場とみなすその様子は，NHK特集「永平寺」（1976）や映画『ファンシイダンス』（周防正行監督, 1989）といった映像作品でも取り上げられてきた。

一方，高校野球が話題になるとき，甲子園球場がしばしば聖地と呼ばれる。全国の高校球児たちは聖地を目指して日夜練習に励む。甲子園に行く確率を少しでも上げるため，親元を遠く離れた学校に進学する人も珍しくない。そして，強豪校では厳しい規律に基づく合宿生活が続き，学生たちは頭を刈り上げ，野球三昧の時を過ごす。

ここであえて問いたいのが，修行僧と高校球児はいかなる点において異なるのかである。いずれも悟りや甲子園出場といった本人にとっての究極の目標があり，受け継がれてきた規律・技法・価値観を共有し，その下で身体鍛錬と精神修養に励んでいる。そして，限られた人生のうちの少なくない時間を坐禅や

野球といった身体技法の習得に捧げ，そうした日々のなかで得られた考え方は，その後の人生にも大きく影響する。その人の価値観や生き方を深いところで規定し，同じ志をもつ人とのつながりの感覚やコミュニティ意識をもたらすだろう。このように捉えれば，曹洞宗は宗教で，野球は宗教ではないとする区別は，それほど自明ではないのである。

・

自己流で聖なるものとつながる

　こうした宗教の流動化を指摘する研究は主にヨーロッパで行われてきた（岡本 2012）。20世紀後半以降，西欧や北欧でキリスト教の勢力が目に見えて低下してきたためだ。キリスト教〔☞諸宗教の解説〕では毎週日曜日に礼拝に参加することが信者の務めとされる。だが，その教会出席率を見てみると，フランスやイギリスなどでは10％を切り，特に若年層では数％に下落している。もはやキリスト教はヨーロッパの文化を根本から規定し，社会全体に指針を与えるものではなくなっているのだ。そして日本の宗教には教会出席率のように目に見える数値はないが，仏教や神道〔☞諸宗教の解説〕が社会的に背景化している点では共通しているのである。

　一方，伝統宗教の後退を埋め合わせるように広がっているのが，スピリチュアル文化である。その裾野は極めて広い。占い，超能力，宇宙人や UFO といったオカルト，魔女崇拝，自己啓発やポジティブ・シンキング，性格診断などのポップ心理学，坐禅やマインドフルネスなどの瞑想実践〔☞用語集〕，菜食主義や食事療法，前世，守護霊，代替医療，気功などが含まれる。宗教とツーリズムという点では，後述するパワースポット・ブームがその典型例である。

　一見，これらに共通する要素はないように見えるが，実は，いずれも個人主義的な宗教文化と理解できる（伊藤 2003）。従来，教会や寺といった宗教組織は，神仏のような聖なるもの〔☞用語集〕を独占してきた。聖なるものをめぐる信仰体系を構築し，それに習熟した専門家に司祭や僧侶という特別な地位を授ける。そして，これら聖職者の教導によって，聖なるものへの祈願や聖なるものを称賛する実践が行われる。つまり，多くの伝統宗教は，自らのコミュニティに所属する信者に，信じるべき規範や価値観，行うべき儀礼実践を聖職者経由で上から指示通達してきたのである。それに対して**スピリチュアル文化**は

組織性が希薄であり，むしろそれを批判する傾向が強い。重要なのは，個々人が感じる聖なるものとのつながりであり，そうしたつながりによっていかに自己が高められるかなのである（スピリチュアル文化については第11章も参照）。

　宗教的個人主義の広がりは，現代の聖地巡礼に大きな影響を与えている。聖地巡礼の本質は旅であるため，そもそも聖職者の介在が希薄だ。出発地や目的地では，聖職者による儀礼や教導があるかもしれないが，その間の旅のプロセスはおおむね個々人に委ねられるため，自己流で聖なるものとつながるスピリチュアルな人々と相性がよいのだ。その結果，特に2000年代以降，伝統宗教の衰退と反比例するように，聖地巡礼はこれまでにない活況を呈している。次節では，21世紀の聖地巡礼の復活の象徴と言える事例を取り上げよう。

2 ｜ 聖地を目指して歩く
──サンティアゴ・デ・コンポステラ巡礼──

聖地を作るアイテム

　スペイン北西部に位置するガリシア州は，年間を通して雨が多いため豊かな自然に恵まれ，気温の変化も穏やかな地域である。その州都がカトリック第三の聖地サンティアゴ・デ・コンポステラ（以下，サンティアゴ）だ。街の名はキリストの12使徒の1人である聖ヤコブに由来する。伝承によれば，西暦44年頃，ヤコブはエルサレムで殉教する。弟子たちは，師であるヤコブの遺体を守るため，舟に乗せて生前ヤコブが宣教したスペインの地に埋葬した。その場所がおよそ800年の時を経て再発見され，ヤコブを祀る聖堂が建てられたのがこの聖地の始まりとされる。

　このようにサンティアゴ大聖堂という場所の聖性は，そこに置かれたヤコブの遺骸を源泉とする。こうしたアイテムはカトリックでは聖遺物〔☞用語集〕と呼ばれる。イエスや聖人の遺骸やその一部，あるいは生前彼らが身につけていたものが崇敬対象となるのだ。そして聖遺物を一目見て，その前で祈るために巡礼が生じるのである。仏教でも，仏舎利と呼ばれる釈迦の骨が寺院に安置され，その場所に求心力を与えている。

　もうひとつ，聖地の聖性の源になるものを挙げておけば，その場所にまつわ

る物語がある。各宗教にはさまざまな神話や伝承があるが，それらにおいては，ある特定の場所で世界が始まった，その場所に最初に神が降臨した，そこで教祖が悟りを開いたり亡くなったりしたとされ，そうした場所が神聖視される。つまり，多くの場合，物か物語が聖地を立ち上げるのである。

　さて，ヤコブの聖遺物を目指す巡礼者は，中世の最盛期には年間50万人いたとされるが，実は，そうした状況が途切れることなく現在まで続いてきたわけではない。というのも，途中で肝心のヤコブの聖遺物が行方不明になり，再発見されたのはようやく19世紀後半になってからなのである。聖遺物を失った聖地サンティアゴの求心力は大きく低減し，1990年代前半までは年間数千人程度の巡礼者しかいなかったのである。

あえて歩き始めた人々

　コロナ禍直前の2019年，35万人の巡礼者がサンティアゴに到達した。これは，徒歩か馬で100km以上，自転車で200km以上の道のりを踏破して巡礼証明書を発行された人々の数で，飛行機・電車・自動車などを使用した人は含まれない。1998年の巡礼者数が約3万人だったことを考えると，わずか20年で12倍近くに増加している。なぜ，人々は聖地を目指して歩き始めたのか。もちろん，キリスト教信仰が急激に復活したわけではない。前記のとおり，ヨーロッパの教会離れは著しく，その意味では，現代のサンティアゴ巡礼者のほとんどは「信仰なき巡礼者」と呼べる人々なのである。彼らに特徴的なのは，聖遺物のある目的地より，そこまでのプロセスを重視する傾向である。

　巡礼の本来の目的は聖遺物を前にして祈ることだ。そこまで，どのようなプロセスを経るかは重要ではない。篤い信仰をもつ人ほど，一刻も早く聖地に到着したいと願うのが自然だろう。また，サンティアゴ巡礼には決められたルートはないが，多くの人はピレネー山脈の麓を出発点に選び，800〜900kmを40〜50日かけて歩く。

　巡礼者の装備は，トレッキングや簡単な登山のそれと大差ない。8〜10kgの荷物を背負い，毎日20km前後歩む。彼らの拠点となるのは，巡礼路沿いに無数に存在する巡礼宿だ。毎朝7時頃に宿を出て，道中のレストランやカフェで休みながら，午後4時頃には次の宿に到着する。宿泊費は1泊1000〜2000円程

度で，簡易シャワーを浴びて，コインランドリーで服を洗濯し，2段ベッドで眠る。宿によっては，宿泊費のなかに夕食代やワイン代まで含まれており，その夜，そこに居合わせた巡礼者たちが一緒に食事をとる。消灯は22時頃で，病気・怪我など特別な事情がない限り，連泊はできない。

　巡礼路沿いには多くの教会が存在し，一部では，夕方や夜に巡礼者のための礼拝が行われる。だが，旅の当初は興味本位で教会に顔を出す人もいるが，ほとんどの巡礼者は次第に教会に近づかなくなる。大半を占めるヨーロッパからの巡礼者にとって教会は珍しくないし，日常的に通う人はごくわずかだ。彼らの巡礼は信仰とは別の動機に支えられているのである。

　それでは，サンティアゴ巡礼の何が魅力的なのだろうか。A・P・ボアーズは，自らの体験を踏まえたうえで，サンティアゴ巡礼にはカトリック信仰とは異なる信頼と協働という特有の価値観が見出せると指摘する（Boers 2007）。上記のとおり，巡礼宿を中心とした巡礼者の生活は偶然の出会いに満ちている。毎日8時間近く道を歩けば，さまざまな場所から来た巡礼者と出会う。歩く速さが同じくらいであれば，しばらく一緒に行くこともあるし，そうでなければ間もなく別れ，そして新たな出会いが訪れる。長い道中，怪我をすることもある。そんなとき，偶然通りがかった人が病院まで付き添ってくれたり，水や食べ物を分けてくれたりする。そして毎夜，初めての人と食卓を囲み，同じ部屋で眠る。

　多くの巡礼者は，こうした交流体験こそがサンティアゴ巡礼の最大の魅力だと語る。ほとんどの人は伝統的なカトリック信仰をもっておらず，その意味で，同じ宗教に属する仲間とは言えない。だが，巡礼者たちは同じ聖地を目指している点では共通の目標をもっており，それが彼らに仲間意識やコミュニティ感覚を与える。こうした巡礼路そのものがもつ力に注目し，スペイン語で「道」を意味する単語を使って「カミーノ教」と言う人もいる。巡礼路というプロセス自体に価値が見出され，逆に，目的地である聖地は，そのプロセスの終点といった程度の意味しかもたなくなっているのである。

・・

サンティアゴ・スタイルの拡散

　面白いのは，目的地よりもプロセスを重視するサンティアゴ流の信仰なき巡

礼スタイルが，日本でも意識的に取り入れられつつあることだ。ここでは2つ
の例を見ておこう。まず，紀伊半島南部を中心に広がる熊野古道である。

　熊野古道は，本宮・新宮・那智という3つの神社への参詣道であり，2004年
に「紀伊山地の霊場と参詣道」として世界文化遺産に登録された。実は，この
登録活動がそもそもサンティアゴ巡礼をモデルにしている。というのも，登録
活動が始まった当初，道そのものを構成資産とする世界遺産は1993年登録の
サンティアゴ巡礼路しかなく，その推薦書を参考に準備が進められた。

　さらに，巡礼についての語りにもサンティアゴ巡礼の影響が見られる。世界
遺産という文化財として熊野古道を見たとき，重要なのは，長い歴史をもつ神
社仏閣やそこに保存される無数の事物，そしてそれらが形作る独特の景観であ
る（小田 2010）。だが，世界遺産登録を機に激増した訪問者を念頭に作られた
ガイドブックやウェブサイトなどでは，古道を歩くことで五感のエクササイズ
が促され，点在する寺社や信仰対象とされてきた岩や滝は，元気になれるエネ
ルギーをもらえる場所，癒される場所，気持ちよくなれる場所として紹介され
る。つまり，伝統的な仏教や神道の信仰とは乖離したスピリチュアルな語りが
なされるのである。

　同様の傾向は，日本の数少ないキリスト教巡礼にも指摘できる。2018年，
長崎県のカトリック教会群が「長崎と天草地方の潜伏キリシタン関連遺産」と
して世界文化遺産に登録された。同物件の登録にあたっても，早くから徒歩巡
礼の可能性が模索された。2008年，カトリック教会の長崎大司教も関わる形
でNPO法人長崎巡礼センターが設立されたが，そのウェブサイトには「巡礼
のしかた──教会堂を訪れたなら」というページがある。内容は，教会が祈り
の場であることを知っていれば誰でも巡礼者であり，何を祈っても構わないと
いうもので，カトリックの宗教空間を非信仰者に開くものと理解できる。

　さらに注目したいのは，同センターが運営する五島列島の巡礼だ。五島列島
には50以上の教会が点在するが，それらを結ぶコースが設定され，巡礼証明
書が発行されるというように，サンティアゴ巡礼を意識したデザインになって
いる。山中弘（2016）によれば，五島巡礼は「改悛」のようなキリスト教信仰
から離れた，自己のアイデンティティを模索するための「心の旅」として位置
づけられているのである。

3｜メディアが作る聖なる場所

…

日本のパワースポット・ブーム

　徒歩巡礼の復活が著しい一方，2000年代以降の日本において，一般の人々を神社仏閣に足を向けさせているのが**パワースポット**現象である。今さら説明する必要もないだろうが，パワースポットは「何かしら良いエネルギーや力がもらえる場所」といったニュアンスで用いられる和製英語である。朝日新聞（2010）では，スピリチュアルカウンセラーの江原啓之や手相占いを売りとする芸人の島田秀平が広めた概念で，「全国に点在し，富士山（山梨・静岡）や屋久島（鹿児島）などの「自然系」，明治神宮（東京）や厳島神社（広島）などの「宗教系」が多い」と説明されている。

　パワースポットという言葉に関してまず注目したいのは，あまり宗教のイメージが付着しておらず，一般のメディアで広く用いられることだ。『Hanako』『anan』『週刊現代』『一個人』といったメジャー誌やテレビ番組でしばしばパワースポット特集が組まれる。2017年から放送されているテレビ東京製作の『出川哲朗の充電させてもらえませんか？』では，「埼玉横断パワスポ街道旅」「忠臣蔵パワスポ街道」といった具合に使用される。さらに政教分離の観点から言えば本来は宗教の取り扱いに慎重な公的性格の強いセクターでも，パワースポットは使用される。たとえば名古屋市の公式観光情報サイトの「名古屋コンシェルジュ」には，「恋愛運気上昇パワースポット」として，城山八幡宮，高牟神社，山田天満宮の3つを詳しく紹介する記事が掲載されているのである。

　そしてもうひとつ注目したいのが，パワースポットとされる場所だ。上記の朝日新聞の説明にもあるように，自然環境から宗教施設まで，さらにはテーマパークや自宅まであらゆるタイプの場所がパワースポットと呼ばれるが，実は大半は伝統的な神社仏閣であり，特に神社が目立つ。『Hanako』では，2009年頃から年末発売号で，聖地や寺社参拝の特集が毎年組まれているが，2018年1月号では，23都道府県の100近くの寺社が取り上げられるが，内訳は神社が72に対し，寺は17である。

　パワースポットの大半が神社である理由はここでは取り上げないが（岡本

2021), パワースポット・ブームとは, 要するに, 既存の寺社を宗教的ニュアンスの希薄な和製英語で呼び換え, その場所に関する情報が一般メディアで流通しやすくなった状況として理解できるのである。

・・・
パワースポットの3つのタイプ

　筆者は, パワースポットを①再提示型, ②強化型, ③発見型の3つに大別している（岡本 2015）。前述のとおり, パワースポットの多くは, 従来から聖地と見なされてきた寺社である。しかも, 全国的な知名度を誇る神社や仏教宗派の総本山など, 日本を代表するような聖地が多く含まれる。①再提示型とは, 古くからの聖地が改めてパワースポットというメディアが使いやすいラベルを貼られ, その情報が広く拡散されるタイプである。例を挙げればきりがないが, 高千穂, 熱田神宮, 春日大社, 鹿島神宮, 戸隠神社, 高野山, 比叡山などに加え, 伊勢神宮や出雲大社などもパワースポットとされるのである。

　②強化型は, 特定の効能や寺社の境内の一部など, 以前とは異なる要素の強調によってアピール力が強化されるタイプだ。再提示型がどちらかと言えばメディアからの一方的な働きかけによるものであるのに対し, 強化型は, 寺社側もパワースポットというイメージを積極的に受け入れる。その典型が京都市の晴明神社だ。同社は平安時代の陰陽師・安倍晴明を祀り, 1000年以上前の創建と伝えられるが, 度重なる戦火などで長く荒廃していた。地域外からも多くの参拝者が集まるようになったのは1990年代になってからのことである。

　きっかけは, 安倍晴明を題材にしたフィクション作品である。中でも夢枕獏の小説『陰陽師』（1988年）と同書が原作のマンガがヒットし, ドラマと映画も制作された。史実の晴明については不明な点が多いが, だからこそフィクションでは頭脳明晰・冷静沈着・美形といった人物造形がなされ, それによって同社の女性人気が確立された。さらに2015年には, フィギュアスケーターの羽生結弦選手が, 映画『陰陽師』のBGMを演技で使用した。羽生選手自身も晴明神社に参拝し, その様子はメディアでも大々的に取り上げられた。これを契機に, 同社には羽生ファンの聖地という性格も付加され, さらに多くの人々にアピールするようになったのである（ティッロネン 2021）。

　③発見型は, 特異な自然景観など宗教施設でない場所がパワースポットにな

るタイプである。雑誌や旅情報を提供するウェブサイトなどでは，山口県美祢
市の鍾乳洞・秋芳洞や鹿児島県屋久島の縄文杉などがパワースポットとして語
られる。日本旅行が運営する観光情報サイト「トリパ」では，「自然の神秘に
触れて開運♪鹿児島のパワースポット5選」という記事のなかで，縄文杉は
「目の前に佇むだけで圧倒的なエネルギーを感じ」られる場所と説明され，豊
臣秀吉が築城のために切り出した巨木の切り株「ウィルソン株」は，切り口が
ハート型になっていることから「恋愛成就のパワースポットとして若い女性か
らも人気を集めてい」ると紹介されている。

$$\cdots$$

聖地発生のメカニズム

　この3類型から見えてくるのは，パワースポットという新しい言葉の流通に
よって，スピリチュアルな語りが，非宗教施設も含めたさまざまな場所で展開
されるようになったことである。宗教的なニュアンスが希薄なパワースポット
という言葉が導入されたことで，従来の功徳やご利益といった宗教用語を回避
し，代わりに「エネルギー貰う」「パワーを充電する」「幸せを引き寄せる」と
いったニュートラルに見える表現が可能になったのである。そして，こうした
伝統宗教とは距離をとった表現は，特に信仰をもたず，観光の一環で寺社を訪
れるような人々にとっては，実に受け入れやすいものなのである。

　民俗学者の宮田登（2023）は，江戸時代に突如多くの参拝者を集めるように
なった「はやり神」を論じるなかで，聖地の発生を次のように定式化してい
る。つまり，ある寺社に関する霊験譚や縁起が生まれ，その情報が広く拡散さ
れると，多くの人が集まるようになるというのである。

　現代のパワースポット・ブームにも，ほとんど同じメカニズムが見出せる。
江戸と令和で大きく異なるのは，まずメディアの拡充によって，聖地の情報の
拡散がより速く，より広範囲に及ぶようになったことだ。そして重要なのが，
何が聖なるものかも多様化していることである。江戸のはやり神は，それがい
かに奇怪な神仏でも，仏教や神道の枠内に収まるものであった。一方現代で
は，伝統宗教とは乖離し，従来的な意味での宗教的要素を含まないアニメや映
画の舞台にも聖地としてのまなざしが注がれるようになっているのである。

参考文献
—

朝日新聞　2010「パワースポット，花盛り？　自治体も便乗，マナー違反に苦言も」徳島県版朝刊9月9日。

伊藤雅之　2003『現代社会とスピリチュアリティ——現代人の宗教意識の社会学的探究』溪水社。

岡本亮輔　2012『聖地と祈りの宗教社会学——巡礼ツーリズムが生み出す共同性』春風社。

――――　2015『聖地巡礼——世界遺産からアニメの舞台まで』中公新書。

――――　2021『宗教と日本人——葬式仏教からスピリチュアル文化まで』中公新書。

小田誠太郎　2010「世界遺産「紀伊山地の霊場と参詣道」——その足跡と課題」『ECPR』えひめ地域政策研究センター。

ティッロネン，M　2021「モノとパフォーマンスから見る宗教ツーリズム——京都市・晴明神社の事例」『宗教研究』95 (1)：175-198。

宮田登　2023『江戸のはやり神』法蔵館文庫。

山中弘　2016「宗教ツーリズムと現代宗教」『観光学評論』4 (2)。

Boers, A. P. 2007, *The Way is Made by Walking: A Pilgrimage Along the Camino de Santiago*. Illinois: Inter Varsity Press.

ブックガイド

『聖地巡礼──世界遺産からアニメの舞台まで』岡本亮輔，中公新書，2015年

　世界遺産制度，オカルト伝承，パワースポット・ブーム，アニメ聖地巡礼など，現代社会において多様化する聖地巡礼の諸相を読み解く。

『江戸東京の聖地を歩く』岡本亮輔，ちくま新書，2017年

　上野・浅草・銀座・新宿といった東京でも変化の激しい都心部の街をフィールドに無数の聖地がどのように変貌してきたのかを概観する。

『宗教と日本人──葬式仏教からスピリチュアル文化まで』
　岡本亮輔，中公新書，2021年

　これまで宗教はもっぱら信仰という知的要素を中心に捉えられてきた。それに対して本書は，日本の宗教文化が信仰よりも，実践や所属，さらには感情といった要素に基づく「信仰なき宗教」であることを論じる。

Case Study ｜ ケーススタディ10

アップルストアは神殿なのか?
世俗的宗教の広がりが意味するもの

　聖地，巡礼，信者，信仰といった言葉は，いずれも非宗教的な現象や事柄でも当然のように用いられるようになっているが，こうした表現はあくまで比喩に留まるのだろうか。それとも，伝統的な宗教と重なる部分があるのだろうか。この点を考えるうえで興味深いのが，世俗的宗教に関する考察である。

　「iReligion」というタイトルの論文が注目するのは，iPhone などを販売する米国アップル社とその消費者である (Pogačnik & Črnič 2014)。日本でもアップル製品の愛好家はしばしば「アップル信者」と呼ばれ，新製品の発売時，アップルストアに前夜から泊まり込みで行列する人々がニュースになったこともある。上記の論文によれば，アップル社をめぐる現象には，神話・儀礼・聖地といった宗教の構成要素が見出せるという。

　アップル教の神話は，スティーブ・ジョブズ (1955-2011) たちが自宅ガレージで開発を始めたところから始まり，IBM とビル・ゲイツ率いるマイクロソフト社という2つの悪の化身との戦いへと展開する。さらに，ジョブズが自ら立ち上げた会社から一度追放された後，再び返り咲き，iPhone 発売などで劇的に同社を立て直す部分が復活の神話となる。

　こうしたアップル神話の基底をなすのが，「人間とコンピュータは調和して働くべきであり，アップル製品はこのユートピア的未来を象徴する」という教義である。アップル製品が放つ独特の創造性や多様性，愛・自由・調和といったイメージもこの教義に由来し，それによって画一的で堅苦しい IBM やマイクロソフトと善悪という形で対置されるというのである。

　そして独特のデザインと統一感をもったアップルストアは寺院や神殿のような外観と機能を備えている。1階には，iPad や MacBook など製品ごとの礼拝堂が立ち並び，同じ服装のスタッフが奉仕する。2階は告解室だ。信者はそこで自らが犯したソフトウェアやハードウェアの誤用を告白し，必要な手続きを

経て罪が赦される。さらに新製品発売時には，前述のとおり，アップルストア
は聖地になる。徹夜で新製品の列に並ぶことは，アップル信者にとっては巡礼
なのである。

　同様の現象は日本のポップカルチャーにも見出せる。推しのアイドルや声
優，アニメのキャラクターなどと関わる場所を巡礼し，特定の時期に特定の場
所でしか手に入らないグッズを収集する。駅に掲示された巨大ポスターの前で
土下座するのは，それほど珍しくない定番の実践になりつつある。ファンのコ
ミュニティも極めて活発で，有益な情報交換がなされる一方，時として古参信
者と新しい信者の間でレスバトルがしばしば生じる。

　こうした現象に対して，アイドルは死後の世界を語らない，VTuber は生き
る意味を伝えないとして，あくまで擬似宗教だとする立場もある。だがアップ
ル教のように，これらの信者たちは推しや作品を単に消費するだけでなく，そ
こから日々を生きる活力や価値観も得ている場合もある。だとすれば，考える
べきは，これまで宗教として自明視されてきたキリスト教・仏教・神道などだ
けが有する性質がそもそも存在するか否かではないだろうか。

参考文献

Pogačnik, A. & A. Črnič 2014. iReligion: Religious Elements of the Apple Phenomenon. *Journal of Religion and Popular Culture* 26（3）.

Active Learning | アクティブラーニング10

Q.1

聖地の理由――なぜその場所は特別なのか調べてみよう。

聖地には，それぞれその場所の聖性を伝える物語がある。日本で言えば，寺伝や社伝といった御由緒だ。それらの聖なる物語がどのように生まれ，いかにして多くの人に共有されるようになったのか，その歴史と経緯を調べてみよう。

Q.2

メディアのなかの伝統宗教について調べてみよう。

サンティアゴ巡礼を取り上げた映画作品『サンジャックへの道』や『星の旅人たち』，四国遍路を取り上げた『水曜どうでしょう』などでは，伝統宗教であるカトリックや仏教はどのように語られているか議論してみよう。

Q.3

徒歩巡礼がもたらす体験とはどのようなものだろうか？

サンティアゴ巡礼や熊野古道をあえて歩く人々は，聖地までの道のりに価値を見出している。10km 以上離れた寺社にグループであえて徒歩で向かってみよう。電車や車で行ったときとは異なる感覚が得られるだろうか。

Q.4

聖地の変化について調べてみよう。

概説では①再提示型，②強化型，③発見型というパワースポットの3類型を紹介したが，これらは固定的なものではない。時代とともに③から①へ，②から③へ変わった事例を探し，その変化の原因についても調べてみよう。

第11章

宗教とスピリチュアリティ
宗教のようで宗教でない多様な思想と実践

河西瑛里子

　3階の扉を開くと，屋根裏のような部屋だった。4人の西洋人の男女が椅子に座り，手を組んで，目を閉じている。床には外側は濃い青，内側には黒紫の花の図柄がいくつも描かれたお椀が置いてある。部屋は静まり返り，聞こえるのは時折，外を通る自動車の音だけ。青い十字架の描かれたステンドグラスから陽が差し込み，部屋を黄色く染め上げていて幻想的だ。やがて主催者の女性が幸せそうな表情を浮かべて上がってくる。「水曜の集団瞑想にお集まりいただきありがとうございます」。こうして，45分間の瞑想が始まった。

　この瞑想会は，イギリスのチャリス・ウェル（聖杯の泉）庭園内で開かれているものだ。参加者は，キリストが最後の晩餐で使用していた聖杯とされる中央のお椀に，自分の心をつなげて瞑想をすることになっている。とはいっても，彼らは教会に通うようなキリスト教徒ではないし，お椀を聖杯と信じているわけでもない。より良き意識状態にするため，あるいは単にリラックスするため，瞑想に来ているのだ。このように特定の宗教に関わるわけではないが，自分の精神状態を意識し，神のような存在との関わりを求める人が，欧米でも日本でも増えている。こういった現象はスピリチュアリティと呼ばれている。

KEYWORDS　#SBNR　#スピリチュアル・マーケット　#医療　#女性運動　#環境保護

1 ｜ スピリチュアリティとは何か

・

英語圏の spirituality

　スピリチュアリティのようなふわっとした現象を定義することは難しいが，初めにその由来や用法を見ておきたい。言うまでもなく，日本語の「スピリチュアリティ」は，英語の"spirituality"をカタカナ書きした言葉だ。オックスフォード新英英辞典（第2版）は，spirit という英語は，ラテン語の spiritus（息をする）に由来し，「感情や性格を司る人の身体以外の部分，魂」を第一の意味として挙げ，例として「人の真の自己，そして肉体の死や分離から生き残れたとされる部分」「人の死後に幻影として現れる部分，幽霊」「超自然的な存在」「（キリスト教の）聖霊」と説明している。その形容詞 spiritual は「物質的・身体的な事柄とは対照的に，人間のスピリットあるいは魂に関連する，または影響を与えること」であり，spirituality はその名詞とある。人間は肉体と魂から成っているとすれば，その魂の方に働きかける何か，という風に理解できる。キリスト教〔☞諸宗教の解説〕の影響も忘れてはいけない。欧米諸国の主要な宗教，キリスト教では，スピリチュアリティはスピリット（聖霊）に満たされた状態，あるいはそれによる非日常的な聖なる体験だと理解されてきた。

　さてこのスピリチュアリティ，20世紀後半から，宗教（religion）と二項対立的に使われることが増えてくる。それは，欧米諸国でキリスト教の思想や実践が自分には合わないとして，教会を去ったものの，キリスト教あるいは他の宗教の制度からは離れて，宗教的な何かを求めたい，関わりたいと考える人々が増えてきたためである。彼らは自分たちのことを，しばしば「スピリチュアルだが，宗教的ではない（spiritual but not religious：SBNR）」と称する。宗教学者のヒーラスとウッドヘッドは，イギリスでの調査にもとづいて「伝統的な宗教」から「新しいスピリチュアリティ」への移行が生じていると指摘している（Heelas & Woodhead 2005：2-4, 32）。

・

日本のスピリチュアリティ

　みなさんは「スピリチュアリティ」より「スピリチュアル」やその略の「ス
ピ」の方が聞きなれているかもしれない。キリスト教の影響が小さな日本で
は、「霊」と訳されてきた「スピリット」は、キリスト教の「聖霊」より、死
者と結びついて使われることが多い。そのため、「スピリチュアリティ/霊性」
や「スピリチュアル/霊的」も、欧米諸国とは少し異なって受容されてきた。

　現在、スピリチュアリティとされる事柄は、以前は「精神世界」と呼ばれて
おり、その名残は今でも大型書店の書棚分類にみられよう。1996年に出版さ
れた、宗教学者の島薗進の『精神世界のゆくえ――現代世界と新霊性運動』
（2022年に文庫版）は、日本で最も初期にこの現象を扱った書籍で、海外の状
況も視野に入れた、詳細な記述と分析がみられる。島薗は「宗教」に対するも
のとしての新しい「霊性」という観念があるという理由から、「新霊性運動」
と呼んでいる（島薗 1996：50-51）。一方、2000年代に次々と出版された書籍で
は、片仮名の「スピリチュアリティ」が用いられていることが多い（伊藤
2003, 伊藤ほか 2004, 尾崎 2007, 樫尾 2002, 湯浅 2003など）。

　宗教心理学者の堀江宗正（2019）によれば、各分野の識者は、漢字の霊性の
「霊」がもつ否定的なニュアンスを避けるために、片仮名のスピリチュアリ
ティの使用が望ましいと考えたが、一般化しなかった。一方、2000年代から
スピリチュアル・カウンセラーを名乗り、メディアで活躍していた江原啓之
も、「霊」ではなく、片仮名のスピリチュアルを用いたが、彼は現代の日本で
も草の根的に続いている霊への関心を前提としていたため、受け入れられたと
している。

　知覚しづらい霊という存在を、絶対的な確信はなくても受け入れる人、理解
を示す人は一定数いる。しかし、「スピリチュアル」は「目に見えない世界を
信じこんでいる人」として、否定的に捉えられることもある。

　なお、言葉が似ているので混同されやすい「スピリチュアリズム（心霊主
義)」は、英語では死者の霊と交信できるという思想であり、スピリチュアリ
ティとは異なる概念である。そのため、スピリチュアリストとはスピリチュア
リティに関わる人ではなく、スピリチュアリズムを信じる人のことを指す。

・

スピリチュアリティの守備範囲

　それでは，スピリチュアリティは何を指すのだろうか。言い換えれば，どのようなことをしたら，スピリチュアルな状態になれると考えられているのだろうか。具体的に挙げてみる。

　たとえば，世界各地のさまざまな信仰に関心をもち，自分の生き方に取り入れる。キリスト教圏においては，ヒンドゥー教や仏教〔☞諸宗教の解説〕，ネイティヴアメリカンなど先住民の信仰，ネオペイガニズム（キリスト教が普及する前にヨーロッパにあった自然崇拝的な信仰。第7章ケーススタディ参照）など，伝統的な宗教とは異なる思想が含まれる。

　既存の宗教は，異なる考え方を排除したり，集団への帰属を求めたりすると，評判が悪い。ただし，組織とは離れた形でのキリスト教は含まれるし，ユダヤ教〔☞諸宗教の解説〕の神秘主義思想のカバラを学んだり，神との合一を目指しイスラーム神秘主義とも訳されるスーフィズムに関わったりする人もいる。少し前はテレビ，今ではインターネットを通して，学びを得ている。日本の場合も，組織や制度とはやや一線を引く形で，神道や仏教〔☞諸宗教の解説〕などの伝統的な信仰を肯定する傾向は見られる。

　自然とのふれあいを感じられる場所の訪問を通して，特別な体験ができると考える人もいる。そのひとつが良い気が流れているなどの理由で特別視される場所，いわゆるパワースポット・ブームだろう（第10章参照）。占星術やタロットなどの占い，自己を精神的に高めようとする自己啓発セミナーなどを含むこともある。

写真11-1　チャリス・ウェル，蓋にはシンボルのヴェシカ・パイシス（2017年6月27日撮影）

　いずれの実践においても，しばしば批判の的となるのが**スピリチュアル・マーケット**，つまりスピリチュアリティを利用した商品やサービスの是非だ。宗教に絡む金銭問題は珍しいことではないが，スピリチュアリティの場合，物質主義と対比されてきた経緯もあり，手厳しい人もいる。その一方で，自らの実践のため，関連する雑貨やワークショップなどが必要だと考える人もいる。第2節では，冒頭で取り上げたイギリスのチャリス・ウェル庭園を事例に，その様子を見ていく。

2 | スピリチュアル・マーケット

・・
グラストンベリーのチャリス・ウェル庭園

　チャリス・ウェルとはイギリス南西部サマーセット州のグラストンベリーに湧き出る泉だ（写真11-1）。レッド・スプリング（赤の泉）とも呼ばれ，赤みがかったその水を飲むと，少し鉄の味がする。現在，周囲は美しい庭園として整備され，公益信託財団が管理している。ここは，特定の宗教には偏らないが，水や植物といった自然を神聖視しており，スピリチュアルな場所として人気を集めている。公式ウェブサイトのホーム画面には次のようなメッセージがある。

　　私たちは，いかなるスピリチュアル・パス，宗教的信条，年齢，性別にかかわらず，自然，および唯一無二の美しい惑星の継続的進化における私たちの役割を尊び，称えてくださるみなさんをお招きします。地球上のあらゆる生命との平和，一体，共創のために。（中略）
　　私たちの目標は，自然と協力したスピリットの働きによって，心と体を癒す場所となることです。人生のあらゆる局面で一体感を育む場所。愛が行動と言葉のなかに現れるような状況を創り出す場所。

　伝説では，イエス・キリストが十字架にかけられた後，その大叔父のアリマタヤのヨセフがグラストンベリーを訪れ，この地にキリストの血を埋めたところ，赤い水が噴き出した。そのとき，最後の晩餐で使用された聖杯も近くに埋めたそうだ。19世紀，後に公益信託財団を設立することになる男性が，グラ

ストンベリー周辺で青い皿を「発見」する。彼はこれこそが聖杯だと表明し、敷地内の建物に最後の晩餐を再現した部屋をしつらえた。この皿とつながりを感じながら瞑想〔☞用語集〕をするのが、冒頭で取り上げた瞑想会である。

　年8回、ネオペイガンの季節の祝祭と同時期に、その季節の祝祭が開催されている。ただし、特定の伝統に偏ることを避けるためとして、初起動（2月1日）、春分（3月20〜21日）、開花（5月1日）、夏至（6月21〜22日）、休息（8月1日）、秋分（9月22〜24日）、結実（10月31日）、冬至（12月21〜22日）というように、その季節を表す一般的な名称を用いている。

　鉄の味の泉の水には癒しの効果があると考える人は多い。庭園のなかだけでなく、外にも取水口はあるのだが、いつも誰かが水を汲んでいる。癒しの水と関係して、さまざまなセラピーを体験できる週末、水に感謝する儀礼といった催し物やワークショップが開かれている。

入園料を取ることの是非

　さて、庭園のマネージャーによれば、主な収入源は入園料、友の会会員費、園内の宿泊施設の宿泊料、ショップの物品販売である（2009年4月21日インタビュー）。このうち入園料は2005年11月には2.85ポンド（約585円）だったが、2023年3月の時点では大人5ポンド（約820円）である。

　入園料を取ることに疑問を呈する人もいる。庭園の受付で入園料を受け取るボランティアをしていた男性（故人）は「自分はこの場所が好きだからボランティアをしている。けれど、ここはスピリチュアルな場所なんだから、本当は無料であるべきなんだ」というように、入園料を取ることをいつも批判していた。地元出身の女性も近くを散歩で通るたびに、「ここは特別な場所なのに、入園料が高いよね。子どもの頃（50年ほど前）は無料だったのに」と残念がる。

　彼らが納得できないひとつの理由は、道を挟んだ向かいにあるホワイト・スプリング（白の泉）が無料であることも関係していると思われる。こちらは、アリマタヤのヨセフがキリストの体液を埋めたところ、白い水が噴き出してきたとされる泉だ。水の味に癖はなく、以前は貯水施設やペットボトル用の水の取水地として利用されていた。2009年頃から有志が整備を行い、寄付金とボランティアによって運営されている。催し物では必ず「私たちはずっと無料で

やっていきます，ですから寄付をお願いします」という挨拶があり，ついチャリス・ウェルと比較してしまう。

　ただし，ボランティア頼みなので，ホワイト・スプリングは前触れなく閉まることがあり，遠方からの訪問者には不都合も多い。またヒッピーのような人々のたまり場にもなっており，雰囲気が悪いと敬遠する人もいる。一方，スピリチュアリティに関心があり，チャリス・ウェルを訪れる人は，入園料を特に高いとは感じないようだ。人体の7つのエネルギーの出入り口とされるチャクラの各色が意識された庭園，泉の周り，遠くまで見晴らせる小高い丘の上のブランコ，微笑む天使の石像が埋め込まれた壁の前のベンチなど，お気に入りのスポットを見つけ，何時間も庭園内で過ごすという人も珍しくない。

＊＊

静謐さの維持とショップの拡大

　あるとき庭園のスタッフから，「ここに来る人たちは静謐さを求めている。だからこれ以上，入園者は増やしたくない。今後は物品販売に力を入れたい」と聞かされた。もともとは書籍を中心に扱っていたショップは，その後改装され，扱う品の数も増えた。もちろんオンライン販売も行っている。

　チャリス・ウェルに関する本やCD。オリジナルのグリーティングカード，ステッカー，ノート，マグネット，ろうそく，インセンス（燃やして香りを楽しむ乾燥ハーブ），パワーストーン，アクセサリー，オラクルカード。そのほか，悪夢を捕まえるとされるドリームキャッチャーや，水脈を探すためのペンデュラム，風で音が響くウインドチャイム，泉の水を詰めたステンレス製の小さな容器やペンダントも売られている。ここの水を使ったオリジナルのフラワーエッセンス（植物の波動を写し取った水）はショップ内でも一番目立つように並べられている（写真11-2）。

写真11-2　ショップで販売中のフラワーエッセンス（2017年6月17日撮影）

チャリス・ウェルのシンボル，同じ大きさの2つの円が重なり合ったヴェシカ・パイシスがあしらわれた商品も多い。

　物品販売への批判もあるが，入場料ほどではない。ショップが庭園の片隅に目立たないように設置されていることも関係しているかもしれない。むしろ，ここで販売されている品々はチャリス・ウェルの特別性をまとっていると考え，何かを購入する訪問者は少なくない。オリジナルのフラワーエッセンスは，日本も含めた海外からオンラインでの注文が定期的に入るそうだ。

　さてスピリチュアリティは，宗教に留まらず社会の他の分野でも注目されている。第3節では，そのうち，医療，女性運動，環境保護についてみていこう。

3｜社会運動とスピリチュアリティ

...

医療

　スピリチュアリティの聖地ともいえるチャリス・ウェルでは，セラピーに関連する物品が販売され，イベントが催されている。このようなセラピー，そして代替療法も，特定の信仰とは関係しないが，スピリチュアルな経験をしうる，あるいは必要としているとしてスピリチュアリティと見なされることがある。

　スピリチュアリティは**医療**の領域と関係が深い。医療分野では1980年代からスピリチュアリティの議論が始まっている（宇都宮 2003：257）。最も関心が高まったのは，1998年に世界保健機関（WHO）が健康の定義に，それまでの身体的，精神的，社会的に霊的（スピリチュアル）を付け加えようとした時期だろう。スピリチュアリティの指す意味が不明確といった理由から採択には至らなかったが，重要性は共有されていたようだ。

　死が身近に迫っている人が過ごすホスピス〔☞用語集〕は，スピリチュアリティが特に重視される医療現場だ。そこでは，牧師などの聖職者だけでなく，医療スタッフも患者のスピリチュアリティに配慮しながら対応にあたっている。自助グループ，特にアルコールの依存症の患者を対象にしたグループもそうだ。

　一般の人々にも人気なのが，マインドフルネス〔☞用語集〕とヨーガだ（伊藤 2021）。1960年代以降の欧米で広がったマインドフルネスは，仏教の瞑想法

を基盤としている。呼吸や音，身体感覚といったありのままの経験に注意を向け，思考に支配されないようにする。ストレスの軽減や精神疾患にも効果があるとして，国によっては医療現場のみならず，企業や学校でも導入されている。ヨーガは瞑想とフィットネスを組み合わせた実践として知られるが，これは20世紀以降，欧米で確立した形態であり，インドを起源とするヨーガとは大きく異なる。

…

スピリチュアル・フェミニズム

　スピリチュアリティは1970年代のアメリカで**女性運動**とも結びついた。「女性のスピリチュアリティ運動」あるいは「スピリチュアル・フェミニズム」と呼ばれる活動だ。当時，北米のフェミニストの一部が，神（God）は男性形で表され，聖職者は男性ばかりというキリスト教に女性の居場所はないとして，女神を中心とする女性のための信仰を創った。女神は崇拝される対象であるとともに，当事者も女神とみなすことで，女性たちを勇気づけていく。そして，自分を内部から見つめなおし，理性や禁欲〔☞用語集〕を重んじる社会において，否定されてきた直感やセクシュアリティといった領域を積極的に追求していくようになった。欧米では関心を同じくする人々との「女神巡礼」ツアー（佐伯 1998）や「女神カンファレンス」（河西 2015）というイベントも開催されている（写真11-3）。

　キリスト教のアンチのようにも見えるが，否定しているわけではない。むしろ，土着の大地母神への信仰は聖母マリア信仰という形で残ったとして聖母マリアも女神と見なしたり，キリストは女性を差別しなかったが後の男性聖職者が男性優位の教会制度をつくったと考えたりしている。

　なお，母親のような女神という存在に安らぎを見出したり，ユダヤ教やキリスト教が提示する女性観や男性らしさを求めら

写真11-3　グラストンベリーの女神カンファレンスで女神を称える（2018年8月5日撮影）

れる社会に違和感を抱いたりして，「女性のスピリチュアリティ運動」に共感する男性もいる。

• • •

ガイア── 母なる地球

「女性のスピリチュアリティ運動」に携わる人たちがよく名前を挙げる女神がガイア，ギリシア神話の大地の女神だ。環境破壊とは地球＝女神を傷つける行為である。ゆえに，核兵器の配備に抵抗し，アマゾンの熱帯雨林の破壊に声をあげ，持続可能な農業（パーマカルチャー）を提唱する。

環境保護（エコロジー〔☞用語集〕）とスピリチュアリティを結びつけるのは，彼らだけではない。気候変動や海の汚染など，現在問題になっている地球環境の変化は，産業革命以降，人間の生活を「豊か」にするため，急速な勢いで周囲の環境に手を加えてきた結果である。言い換えれば，社会の方向性が物質主義に偏ってきたためであり，環境保護にはスピリチュアルな思想や感性が欠かせないと考える人もいる。

1960年代，科学者のジェームズ・ラヴロックは，地球は自己調節機能をもつひとつの生命体ガイアであるとみなす「ガイア仮説」を提唱した。自主上映の形で広がった『地球交響曲』（龍村仁監督）は，自然に関わり，スピリチュアルな体験をした人々の生き方を取り上げているドキュメンタリー映画だが，この理論に影響を受けている。1992年から2022年までに9本制作されている。

個人の意識の変革を促すディープ・エコロジーという概念もある（森岡1995）。あらゆる生命は人間の同等の価値をもつとして，人間のために環境を保護するのではなく，環境保護そのものを目的とする考え方で，1973年にノルウェーの哲学者アルネ・ネスが提唱した。

スピリチュアリティは幅広い領域と関係しており，あらゆる事柄が含まれるという印象をもったかもしれない。それは裏を返せば，「当たり前」への別の見方を示す可能性をもつキーワードなのである。気になった思想や実践があれば，ぜひ参考文献とブックガイドで紹介する書籍を読んでみてほしい。

参考文献

伊藤雅之　2003『現代社会とスピリチュアリティ──現代人の宗教意識の社会学的探究』渓水社。

──　2021『現代スピリチュアリティ文化論──ヨーガ，マインドフルネスからポジティブ心理学まで』明石書店。

伊藤雅之・樫尾直樹・弓山達也編　2004『スピリチュアリティの社会学──現代世界の宗教性の探求』世界思想社。

宇都宮輝夫　2003「人生物語としてのスピリチュアリティ──現代医療の現場で」湯浅泰雄編『スピリチュアリティの現在』人文書院，251-290頁。

尾崎真奈美編　2007『スピリチュアリティとは何か』ナカニシヤ出版。

樫尾直樹編　2002『スピリチュアリティを生きる──新しい絆を求めて』せりか書房。

河西瑛里子　2015『グラストンベリーの女神たち──オルタナティヴ・スピリチュアリティの民族誌』法蔵館。

佐伯順子　1998「女神を求めて──アメリカにおける「女性の霊性」運動と日本」田中雅一編『女神──聖と性の人類学』平凡社，357-389頁。

島薗進　1996『精神世界のゆくえ──現代世界と新霊性運動』東京堂出版。

──　2022『精神世界のゆくえ──宗教からスピリチュアリティへ』法蔵館文庫。

堀江宗正　2019『ポップ・スピリチュアリティ──メディア化された宗教性』岩波書店。

森岡正博　1995「ディープ・エコロジーと自然観の変革」小原秀雄監修『環境思想の系譜3』東海大学出版会，106-116頁。

湯浅泰雄監修　2003『スピリチュアリティの現在──宗教・倫理・心理の観点』人文書院。

Chalice Well Trust website https://www.chalicewell.org.uk/（最終閲覧2023年3月2日）。

Heelas, P. & L. Woodhead 2005. *The spiritual revolution: why religion is giving way to spirituality*. Padstow: Blackwell.

ブックガイド

『ポップ・スピリチュアリティ——メディア化された宗教性』
　堀江宗正，岩波書店，2019年

　スピリチュアリティに関する概念や言説の理論的な分析と，スピリチュア
リスト江原啓之，パワースポット，サブカルチャーという具体的な事象の
分析から成る。先行研究としてのみならず，メディア分析など方法論も参
考になる。

『現代宗教とスピリチュアル・マーケット』山中弘編，弘文堂，2020年

　マーケットは，スピリチュアリティを読み解く1つの鍵だ。序論で関連する
多様な理論が精緻に検討された後，日本や海外の事例を具体的に取り上げ
た16本の論考が納められており，参考にしやすい。

『占いをまとう少女たち——雑誌「マイバースデイ」とスピリチュアリティ』
　橋迫瑞穂，青弓社，2019年

　日本のスピリチュアル・マーケットにおいて安定した人気を誇っている占
いやおまじない。それらが広がった背景を，雑誌の分析や，宗教・現代社
会との関係から，読みやすい文章で丁寧に描いている。

Case Study | ケーススタディ11

秋分を意識して瞑想する
特定の信仰に偏らない儀式のあり方

秋分の日，チャリス・ウェルには100人ほどが泉の周りに集まっていた。正午過ぎに鐘が3回鳴り，代表者が厳かな声で「ようこそ」と出迎え，こんな挨拶が始まった。

　みなさん，チャリス・ウェルでの祝祭と秋分の瞑想にようこそ。こんなにたくさんの方にお集まりいただき，とても嬉しく思います。

　この時期は伝統的には収穫の時期で，地球が私たちに与えてくれたすべての実りと食物に感謝し，収穫します。ここチャリス・ウェルでも，サマーセットでも，おそらく他の多くの場所でも，たっぷりのリンゴと蜂蜜を収穫しました。この夏は天候に恵まれ，とても実り多い夏でした。地球が私たちに与えてくれたものすべてに，とても感謝しています。

　今日はバランスの日でもあります。秋分は昼と夜が同じになる日，昼間の光と闇の時間が同じになる日です。闇と光が完璧なバランスを取るのです。私たちはこのすべてを自分の人生に反映させ，バランスと心の平静を得る機会とするのです。占星術的には天秤座に位置します。ご存じのように，天秤座はバランスを戻す天秤を象徴し，今の時期，動かず安定したポイントを保っています。

　ユダヤ教の伝統ではヨム・キプルという贖罪の祭りが始まる内省の時とされています。私たちにとっても，夏の間，日々のなかで受け取ったもの，収穫したもの，集めたものを振り返る機会なのです。今，1年のうちで最も暗い時期へと向かっています。自分の人生を振り返り，何を望み，何を夢見て，何を実現したいのかを考え，おそらく，より内省的になる時期です。夜が深まるにつれて本当に静まり返り，思慮深くなる機会なのです。

　だから，今日の瞑想では，世界で起こっているすべてのことが，外見が

　どうであれ，変化，体系化，構造化，転換，解体，移動しているという事実を考えてみましょう。この瞬間，この場所で一緒に，静寂，感謝，バランスの場所を内にもち，1つになることができます。足元に聖水が流れ出る井戸の精霊の現前で，約10分間，ともに静かになり，精神，身体，精霊，魂をバランスと静寂の場所に導くため，この場所と互いがつながっている感覚を感じてみましょう。

　瞑想の最後には歌いますので，終わったことがわかると思います。その後，分かち合いたい寄与や祝福を募ります。それでは，私たちの考えをすべて集め，心地よく静止し，呼吸と息に意識を向け，この瞬間，自分自身を見つける場所に行きましょう。

　この後，10分間の瞑想。それから胸に手を当てて，必要なところに平和を送り，ある男性が秋分の意味に関する詩を読む。最後は隣の人と手をつなぎ，サンスクリット語の聖音オーンを3回唱え，30分ほどで終わった。

写真11-4　泉の周りで静かに瞑想
（2010年9月23日撮影）

写真11-5　チャリス・ウェルにて，知恵があるとされる古い木に触れる
（2010年9月23日撮影）

　地球や自然の恵みに感謝，季節の説明，占星術，他の宗教伝統の尊重，内省，世界との一体感，自己探求といった挨拶の内容。瞑想，平和を願う，手をつなぐ，聖なる音といった実践。どれもスピリチュアリティの催し物でよくみかける。いずれも宗教っぽいが，特定の宗教伝統に固有ではない。参加者も，この日たまたま町に来ていた人，時間があればやってくる地元の人であり，いつも熱心に瞑想する人はほとんどいない。宗教的な事柄に関心はあっても，規則に従うのは嫌という現代人は少なからずいる。スピリチュアリティのような信仰のあり方は，このような人々のニーズを満たしているともいえよう。

Active Learning | アクティブラーニング11

Q.1

瞑想を実際にやってみよう。

目を閉じて，楽な姿勢を取ろう。心を穏やかにリラックス。新型コロナウイルスの感染拡大下で流行った瞑想アプリを使ってみるのもよい。そのときの心と身体の感覚を覚えていれば，書き留めておこう。

Q.2

自然，あるいは寺社に行ってみよう。

神社やお寺の周りを歩いたり，建物のなかに座ったりしてみよう。林や池，野原や川，森や海に行って，歩いてみよう。目を閉じて誰かに手を取ってもらいながら歩くのもよし。虫に気を付けながら木に触れるのもよし（写真11-5）。そのときに感じたことを文章にしてみよう。

Q.3

書店や図書館の精神世界のコーナーに立ち寄ってみよう。

気になった本を手に取り，共感できるところ，違和感をもつところに気を付けながら，読み進めていこう。他者の考え方は，何でも受け入れるのではなく，批判することも大切。

Q.4

スピリチュアリティの必要性を考えてみよう。

ここまでの課題やそれ以外の自分自身の経験から，スピリチュアリティは，現在や未来の自分に必要か，自分を幸せにしてくれるか，何人かで話し合ってみよう。

第12章

宗教とジェンダー
変わりゆく社会における宗教の役割

———

猪瀬優理

「宗教研究とジェンダー研究を接合させる試みは，二律背反である」（川橋・小松 2016：5）という指摘があるほど，宗教とジェンダーの間にある溝は深い。ジェンダー研究は宗教を否定的に捉える一方で，宗教のジェンダー研究に対する抵抗感も強いのである。

しかし，研究上は相いれない両者であっても，実際に「女性」あるいは「男性」として生きている「人間」1人ひとりにとっては，人生・生活・生命においては明確に切り離せないことも確かである。人は，ある一定の「ジェンダー秩序」のもとで，何らかの「性別」をもつものとしての立場を引き受け，また宗教に対してもその人本人の信仰の有無にかかわらず，何らかの関わりをもち一定の立場のもとに生きているからである。

変わりゆく社会のなかで，1人ひとりの人間は「自分」を見つけるためにも，意識しているか否かにかかわらず，宗教とジェンダーと自分との距離をはかりつづけることを余儀なくされている。

本章では，変動する社会における宗教とジェンダーの関係について考える。

KEYWORDS　#関係性　#家父長制　#ケア　#親密圏/公共圏　#アイデンティティ

1 ｜ 社会変動のなかのジェンダー秩序

・

ジェンダーとは何か

　ジェンダーという概念が意味する内容について確認することから始めよう。ジェンダーは、「社会的・文化的につくられた性差」「男役割、女役割などの性別役割の内容」「社会のなかで共有されている男らしさ/女らしさ」などと説明される。「ジェンダー」を「女性問題」とほぼ同義とみる向きもある。

　しかし、これらの説明は「性は女性か男性の2つしかない」とみる「性の二分法」から離れられていない。私たちは、ジェンダー概念を導入することで「性は女/男のたった2つだけではなく、より多様である」ことを前提とした新たな世界を見る視点を獲得する必要がある。

　そのためには、個人や社会を形成するダイナミックな社会的プロセスを捉える概念として、ジェンダーを定義する必要がある。1人ひとりの人間の身体と精神はそれぞれに異なっているのに、その多様性を無視してたった2つの性に分ける働き、2つに分けたうえでそれぞれに異なる意味付与・価値規定を行う働き。それが私たちが今生きている社会のジェンダーの具体的な働きである。

　「2つの異なる性」に基づくジェンダーに規定された社会では、すべての人は「女」「男」いずれか一方の性カテゴリに帰属させられ、その性カテゴリの許容範囲から逸脱したふるまいには、大なり小なりペナルティが課せられる。そのため人々は相互に「性」に関して逸脱していないか確認しあうことになる。人々の行為は「性」に関する社会に共有された価値観によって条件づけられており、これらの行為の集積と体系化が社会の秩序を形成していく。

　ジェンダーとは、このような社会的なダイナミクスを捉える概念である。

・

社会変動とジェンダー秩序

　江原由美子は「ジェンダー秩序」を「「男らしさ」「女らしさ」という意味でのジェンダーと、男女間の権力関係である「性支配」を、同時に産出していく社会的実践のパターンを意味する」ものとする（江原 2021：14）。この説明は「性の二分法」における「ジェンダー秩序」を前提とした説明である。これに

対して本章では，「ジェンダー秩序」を「人々をいくつかの性カテゴリに分類し，その人が分類された性カテゴリに適切だとその社会が認める性に関わる規範を作り出すと同時に，その性カテゴリの間に一定の**関係性**を作り出す社会的実践のパターン」と定義する。つまり，性別は2つのみに限定せず，性カテゴリ間に生じる関係性も「支配」の関係に限定しない。

しかし，実際には私たちの社会が維持・形成しているジェンダー秩序の根幹には，「性は男と女の2つ」といった排他的な「性の二分法」があり，2つの性の間には「男は主，女は従」といった支配と従属の権力関係がある。

私たちの社会のジェンダー秩序は非常に強固で，ここから逃れることは容易ではない。「自然」「本質」などの説明によって当然視され，用いる言葉も性の二分法に基づくジェンダー秩序の影響下にあるからである。

一方で，ジェンダー秩序の具体的なあり方は，明らかに時代によって変容している。公私の分離が明確になる前の社会と公私の分離が明確化した近代社会では性別役割分業のあり方は異なる。ある社会集団における具体的なジェンダー秩序は，地域や人種，民族，身分，階級，そして宗教など，人々がコミュニティを形成する基盤となるものの重なりのなかで，それらが複合的に関連しあって形成される。同じ性カテゴリに属する者でも年齢によってふるまうべき行動のあり方が異なる側面もある。これらの複合的な要素の総体であるジェンダー秩序は，社会のなかで常に緩やかに変容しているのである。

・

フェミニズムと家父長制批判

ジェンダー秩序の変化に対するフェミニズムの影響を確認しよう。フェミニズムとは，「女性の自由・平等・人権を求める思想」である（大越 1996：8）。ただし，その発生から現在に至るまでの歴史のなかで多様な立場が生まれており，単純に定義できるものではない。「フェミニズムは，なによりもまず，変革を志向し生み出す力」「女性が女性であることによって差別や抑圧を受ける社会，女性たちの尊厳や安全を軽んじる文化を変革し，女性たちの生の可能性を広げようと」するものではあるが，「女性たち」の「生」それ自体が「とてつもなく多様」だからである（清水 2022：3-4）。たとえば，白人・中産階級・異性愛・健常者といった属性の女性が中心となって作り上げたフェミニズム思

想に対しては，それとは異なる人種・階級・セクシュアリティなどの人々から，前提となっている条件や経験が違うのに「女性」というひとつのカテゴリに括ることは適切ではない，それは異なる人種・階級・セクシュアリティなどの否認であり，白人・中産階級による「女性」カテゴリの簒奪であるという批判がある。

　フェミニズムが共通して批判的に指摘する「ジェンダー秩序」として，「**家父長制**（patriarchy）」〔☞用語集〕と呼ばれる支配/従属という権力を伴う関係性を作り出す制度がある。分析概念としての家父長制は主に①特定の支配形態や家族形態を示すもの，②権力の所在が男性（家父長）にあることを示すものの2つに分けられ，1970年代以降のフェミニズムの議論やジェンダー論では②の用法を用いている。また，1980年代以降は家父長制を歴史的に構築されたものとして捉える視点が重要になった（三成 2014：16）。

　①の用法を用いる家族制度論では，第二次世界大戦後の日本の家族変動として「家父長制家族から夫婦制家族への移行」という形で「家族の近代化」が生じたと理解されている。しかし，フェミニズムの観点では②の用法における家父長制が「近代家族」にこそあることが指摘される。「近代家族」は，「性別分業」に基づく「家内領域と公共領域の分離」など，「男女」に異なる役割や領域に担当を割り当て，そこに権力関係が生じている。

　ジェンダー秩序の問い直しの背景には，フェミニズム視点からの社会に対する批判的考察と挑戦，格闘の歴史と現在がある。

2｜関係性をつくる宗教

··
宗教における女性と男性の関係性

　フェミニズムが批判する「家父長制」の形成に宗教はいかなる役割を果たしているのだろうか。「フェミニズムと宗教が相容れないものとする姿勢は長く続いてきており，互いに折り合いがつきそうにない」（小松 2021：17）という指摘が両者の関係を物語っている。

　主流のフェミニズム運動や研究は，特に伝統宗教集団を「家父長制」を形成・維持・教化してきた温床と見なし，女性解放のためには否定し克服すべき

旧体制の遺物として宗教を取り扱う姿勢が長らく続いてきた。一方で，伝統宗教集団や宗教学の側は，フェミニズムのジェンダー平等を求める姿勢に対して声高に非難せずとも，信仰に基づく「神聖なる家族」を否定し，破壊する悪魔の思想であると見なして敵対的立場をとるか，「真理」がわからない不信仰者たちの「わめき」として軽視し，まともに取り合わない姿勢が主であった。

キリスト教，仏教，イスラーム〔☞諸宗教の解説〕など，具体的な宗教集団におけるジェンダー秩序のあり方も地域や時代によって多様であって，宗教における「女性」と「男性」の間の関係性を単純には要約できない。とはいえ，多くの宗教集団の教えや組織運営上の方針において，当該社会がもっている家父長制に基づく「ジェンダー秩序」が反映されている。多くの宗教は家父長制を維持する方向性を示しており，男女間の序列に基づく性別分業を神聖なるものと意味づけて強化している。これらの主張は宗教組織を政治的活動に駆り立てる動機のひとつにもなる。

..
宗教とジェンダーにおける政治性

ジェンダー平等の実現の方向への社会変動が生じている一方で，家父長制的な価値規範をもつ宗教の影響を受けた勢力が「ジェンダー秩序」の形成・強化・再編を試みる動きが現代において活発な動きをみせている。

たとえば，2022年6月，米国連邦最高裁判所は，人工妊娠中絶をめぐり1973年に出された「中絶は憲法で認められた女性の権利」だとする判決（ロー対ウェイド判決）を転覆させる「憲法は中絶する権利を与えていない」との判断を下した。この背景にはキリスト教保守派の影響がある（松本 2021，小竹 2021）。

また，日本においても日本会議や神道政治連盟，旧統一教会など，宗教的背景をもつ団体やこれらの団体に関わりの深い政治家たちが，家父長制的「ジェンダー秩序」を守るために，バックラッシュといわれる反フェミニズム活動，反LGBTQ活動を展開してきたことが指摘されている（山口ほか 2012）。これらのバックラッシュの動きの影響で，日本では選択的夫婦別姓や同性婚・同性パートナーシップの制度設定が進まず，包括的性教育やジェンダー平等を目指す教育はバッシングにあって足止めされ，日本の女性たちの生・性・生殖を守るためのリプロダクティブ・ヘルス/ライツの保障も著しい遅れを見せている

など，実質的な影響が出ている（山口ほか 2012：26，塚原 2022：31など）。

　一方で，少なからぬ女性たちが家父長制を維持する働きをもっている宗教的な信仰や儀礼を保ち，宗教集団における信者同士の交流を重視して大切に守る行動に従事してきた。もちろん，これらの教団内で活動している女性たちすべてが，家父長制的な組織や教えを従順に受け入れているわけではない。それぞれの教団の内部において，ジェンダーに関する不平等・不公正なありかたを是正しようとする立場からの連帯・運動や論考が生まれている（川橋・小松 2016）。

ケアと宗教──再生産を可能とする仕組み

　これまでの社会やそれを支える働きをしてきた宗教が家父長制を必要としてきた理由は何だろうか。キリスト教，仏教，イスラームをはじめ，多くの宗教の組織において，明確に宗教的指導者は男性であり，女性はそれに従属するものと位置づけられてきた（田中・川橋 2007）。カトリック教会を筆頭に，いまだ女性が聖職者になることを認めていない教団も存在する。一方で，現代では女性が聖職者になることが可能な教団も珍しくない。しかし，それは教団の家父長制が終焉したことを意味しない。聖職者として正式に認められたとしても，なお女性聖職者に対する反対が続き（三木 2003），女性が男性よりも一段低いものとして扱われる。たとえば，女性僧侶は男性僧侶の「一歩後ろに」控える存在，あるいは「見えない存在」（那須ほか 2019）とされ，男性聖職者の女性配偶者は自動的に運営の補佐役を担う者としてみなされる。

　「**ケア**」〔☞用語集〕を焦点化して問題を捉える視点がこの現状を理解する助けになる（ケア・コレクティブ 2021）。ここでは，やや特殊ながら「ケア」を「対象の良い状態を保つために必要となる意識的な配慮と物理的な世話」を示す言葉として広く定義する。

　配慮のなかには診断や判断，忠告や指導など家父長制的ジェンダー秩序における「男性」役割に親和的な内容も含まれているが，家父長制的ジェンダー秩序においては，特に直接的・対人的ケアを主に「女性」が責任を負うものとして意味づけ，その役割から逃れないように強い規範を付与している。

　家父長制的ジェンダー秩序のなかにいる女性は，教団やそこに属する家族の

食事や掃除，構成員の心身の健康への配慮，構成員に傷病などが発生すれば看護や介護，構成員の生命を支えるためのケアの担い手となる。セクシュアリティや生殖（リプロダクション）に関しては異性愛主義を強調したうえで，生殖に関して女性が決定する権利を奪う。人工妊娠中絶の禁止もこの一環である。そして，「従属する者」として社会的に位置づけられた「女性」は「指導する者」として社会的に位置づけられた「男性」のために，後継ぎとなる子どもを産み育てる。一方で，家族などの社会集団において主導的立場を取る「男性」は，女性や子どもなど従属的な立場にいる対象に対して，多くの場合当人の意志や主体性を軽視した保護的かつ支配的・介入的な「配慮」を提供する一方で，「女性」から自らと次世代の構成員の生命や情緒の維持に必要不可欠な直接的・対人的ケアを受ける。

　教団はこのような「ジェンダー秩序」を正当化することにより，次世代の教団を担う成員を確保する。宗教集団は家父長制的ジェンダー秩序を形成・維持・再生産することで，自らの教団組織の維持・再生産を可能にしているのである。

3 │ 社会変動における宗教とアイデンティティ

…

親密圏／公共圏における宗教

　家父長制的ジェンダー秩序のもとでは，ケアの「第一義的責任」は「家族」にある。たとえば，「扶養義務」については民法第877条に「直系血族及び兄弟姉妹は，互いに扶養をする義務がある」，「親権者」については，民法818条で「成年に達しない子は，父母の親権に服する」と規定されている。子育てや扶養義務に関連する法規においても同様である。「私たちの社会」では，主にケアを担う家族は親密性を伴う集団とみなされている。

　落合恵美子は，ハーバーマス（1994）の公共圏に関する議論の批判的検討から「公共圏」〔☞用語集〕には政治的公共圏・経済的公共圏・社会的公共圏の3つの領域があり，親密性を担う領域「親密圏」を代表する近代家族の変動にはこれらの公共圏の変動が深く関係していることを指摘している（落合 2019）。

　ハーバーマスの議論では家庭内ケア労働は社会的「労働」とみなされず存在を無視されていた。しかし，実際には「親密圏」におけるケア労働は「人間の

生/生活」を維持・再生産するには不可欠の労働である。落合（2019）が指摘するとおり，フェミニズムは家父長制的ジェンダー秩序に基づく議論のなかで公共圏では不可視化・無償化されてきた家庭内ケア労働を，政治・経済・社会の3つの公共圏と連関した社会的再生産を担うものとして位置づけなおそうとしてきた。「女性の自由・平等・人権を求める」フェミニズムは，「「人間の生/生活」を正面から扱うことのできる総合的な社会知」（落合 2019：164）を求めることで，家父長制的ジェンダー秩序のもとに生じ，ときに人々の生命や良い状態の生活や人生を奪っている不平等・不公正を是正しようとする挑戦なのである。

　家父長制的ジェンダー秩序を体現する宗教や保守的な政治動向がフェミニズムに危機や対抗の意識をもつのは，「見えない存在」のまま権威に従順に社会的再生産を担ってくれるケア労働者を失う恐れの意識の反映ともとれる。

• • •

ジェンダー秩序と親密圏／公共圏の再編成

　落合は近代社会を「家族・市民社会・国家」の三層構造と捉える見方を採用し，「第一の近代」における「近代の三層構造」の揺らぎ，「個人化」を意味する「第二の近代」への変動を親密圏と公共圏の再編成のあり方と重ね合わせることで説明しようとしている。宗教は再編成過程のどの部分に位置づくだろうか。

　市場/市民社会がミクロ方向とマクロ方向に拡大した個人化とグローバル化の時代に，近代の三層構造がいかに変容するのかを模式的に示した図（落合 2019：161）のなかに「宗教」を位置づけるとしたら，「親密圏」と「公共圏」をつないでいる相互作用を示す矢印のなかにあるのではないか（図12-1）。

　宗教にはこの相互作用の担い手として国家，個人，家族，市場/市民社会にそれぞれ関係性をもちうる可能性がある。そして，家父長制的ジェンダー秩序をもつ宗教は，図12-1における「第1の近代」から「第2の近代」への移行に対し批判的であり，これを押しとどめようとする。日本において長期にわたって政権を担ってきた保守政党・自民党が日本会議や神道政治連盟，旧統一教会と深いつながりをもち，創価学会という福祉や平和を重視しながらも体制順応的な側面をもつ教団が生み出した公明党との長期にわたる連立を可能としている背景には，図12-1で示された家族における変容を阻止しようとする政治的・文化的動向が反映されているように思われる。

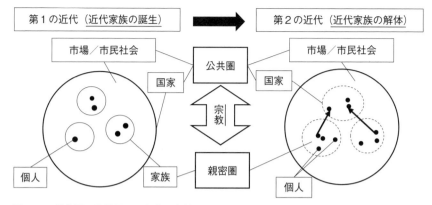

図12-1 親密圏と公共圏の再編成と宗教
出所）落合（2019:162）をもとに下線・傍線部筆者追記

・・・
変わりゆく社会における宗教の役割

　家父長制的ジェンダー秩序が根強い社会のなかであっても，宗教は「女性」を「抑圧」し「搾取」するだけではなく，「女性」に「救い」や「ケア」を提供する場ともなる可能性がある。宗教は社会と個人に「新たな意味」を与えることを可能とする装置でもあるからである。宗教が提供する教えや儀礼は，不平等・不公正を生み出す家父長制的ジェンダー秩序のなかであっても，それを相対化し超越することを可能にさせる力も生み出す。

　たとえば，日本の新宗教〔☞用語集〕の女性教祖のなかには，その時代の家父長制的ジェンダー秩序のなかで受けてきた苦難を宗教の力を借りて読み替える実践と解釈できる側面がある（安丸 2013）。また，「仏教婦人会」が行っている「ビハーラ活動」（病院ボランティア活動〔☞用語集〕）の事例にも，「ただの主婦」として女性たちが担ってきたケア労働がもつ意味，仏教の教えがもたらすことの意味を読み替えて地域社会のなかに位置づけなおそうとするはたらきを見ることできる（猪瀬 2019）。

　アイデンティティ（自己同一性）とは，「私とは何者か」という「名づけ」であり，どのような「名づけ」が妥当なものとして自他ともに認めあえるかは言語をはじめとするすでにある社会秩序の強い影響のもとにある（竹村 2021）。「男性」と「女性」を分ける区分もまずは社会的に引かれる線である。それゆ

えに，その境界を決める行為は政治的な意味を強く帯びる。

　これまでの社会のなかで多くの宗教が，人々を不平等に位置づける「ジェンダー秩序」の形成と維持に加担してきたことは否定できない。一方で，既存のジェンダー秩序を含めた，権力関係を伴う秩序を相対化する見方を提供し，支配層から虐げられ理不尽な立場に置かれた人々に対して希望を提供してきた側面もある。これからのさらに変わりゆく「私たちの社会」のなかで，宗教は「抑圧」と「搾取」の担い手としての側面，「救い」と「ケア」の担い手としての側面の間でせめぎ合いながらその役割，位置づけを探っていくことになるだろう。

参考文献

猪瀬優理　2019「女性の活動──広島県北仏婦ビハーラ活動の会」大谷栄一編『ともに生きる仏教──お寺の社会活動最前線』ちくま新書，127-152頁。

江原由美子　2021（2001）『ジェンダー秩序〔新装版〕』勁草書房。

大越愛子　1996『フェミニズム入門』ちくま新書。

落合恵美子　2019「親密圏と公共圏の構造転換──ハーバーマスを超えて」『思想』1140: 146-166。

川橋範子・小松加代子編　2016『宗教とジェンダーのポリティクス──フェミニスト人類学のアプローチ』昭和堂。

ケア・コレクティブ　2021『ケア宣言──相互依存の政治へ』岡野八代・冨岡薫・武田宏子訳・解説，大月書店。

小竹聡　2021『アメリカ合衆国における妊娠中絶の法と政治』日本評論社。

小松加代子　2021「イギリス第2波フェミニズムと女性の聖性を取り戻す運動」『紀要（多摩大学グローバルスタディーズ学部）』13: 17-30。

清水晶子　2022『フェミニズムってなんですか？』文春新書。

竹村和子　2021（2002）『愛について──アイデンティティと欲望の政治学』岩波現代文庫。

田中雅一・川橋範子編　2007『ジェンダーで学ぶ宗教学』世界思想社。

塚原久美　2022『日本の中絶』ちくま新書。

那須英勝・本多彩・碧海寿広編　2019『現代日本の仏教と女性──文化の越境とジェンダー』法蔵館。

ハーバーマス，J　1994『公共性の構造転換——市民社会の一カテゴリーについての研究』細谷貞雄・山田正行訳，未来社。

松本佐保　2021『アメリカを動かす宗教ナショナリズム』ちくま新書。

三木メイ　2003「女性司祭否認論における家父長制的価値観の絶対化」『キリスト教論叢』34：39-53。

三成美保　2014「1-2論点①家父長制とジェンダー」三成美保・姫岡とし子・小浜正子編『歴史を読み替える　ジェンダーから見た世界史』大月書店，16-17頁。

安丸良夫　2013（1977）『出口なお』岩波現代文庫。

山口智美・斎藤正美・荻上チキ　2012『社会運動の戸惑い——フェミニズムの「失われた時代」と草の根保守運動』勁草書房。

ブックガイド

『フェミニズムってなんですか？』清水晶子，文春新書，2022年

　現代社会におけるフェミニズムの意義と可能性について具体的な話題を取り上げながらわかりやすく伝えてくれる。

『宗教とジェンダーのポリティクス——フェミニスト人類学のまなざし』
　川橋範子・小松加代子編，昭和堂，2016年

　宗教とジェンダーの間にある単純ではない関係性をフェミニスト人類学の視点からさまざまな事例を通して論じている。

『仏教における女性差別を考える——親鸞とジェンダー』
　源淳子，あけび書房，2020年

　フェミニズムに出会い仏教を研究する寺院出身でもある筆者が，自身の体験を踏まえながら仏教集団における女性差別を鋭く問いただしている。

Case Study｜ケーススタディ12

宗教集団における女性の無償労働（アンペイドワーク）
「牧師夫人」と「寺庭夫人（婦人）」を事例に

ボランティアか義務か

　宗教集団の組織運営の円滑さは，僧侶や牧師など指導者たる専門的宗教者を補佐する人員がいるかどうかに左右される。男性聖職者の女性配偶者が自動的に補佐役とみなされる例は，この教団運営上の必要性の問題と密接にかかわっている。ケーススタディでは，男性聖職者の婚姻を明に暗に認めている教団に発生する女性配偶者問題，「○○夫人」問題について少し詳しく考えてみたい。

　「○○夫人」問題は家父長制的ジェンダー秩序を形成・維持・再生産することによって，自らの教団組織の維持・再生産を可能にしている実例のひとつである。後述するキリスト教会における牧師夫人と伝統仏教寺院における住職の妻，寺庭夫人以外でも，女性信者を教団活動において無償でケア労働の担い手として見なしている事例は少なくない。仏教婦人会員は法要におけるお斎づくり（参拝者用の食事）や子ども会行事（次世代再生産）あるいはお磨き（寺院施設の掃除）の主たる担い手となっている例が多い。新宗教などでも女性の無償労働を活動の原動力として当てにしている構図は同様である。

　女性役割に基づく教団内の無償労働は女性の自発的な意思によるボランティアなのか，それともその教団に所属する女性信徒であれば必ず参加しなければならない義務なのか。

「牧師夫人」と「寺庭夫人」

　「牧師夫人」とは，プロテスタント諸教派における男性牧師の女性配偶者を指す言葉である。「牧師夫人は牧師と異なり，それぞれの教派で職制が定まっているわけでも，教会の正式な役割が決まっているわけでもない。『牧師夫人』という項目はキリスト教事典にもなく，特別に講座を設置している神学校もない」にもかかわらず，「牧師夫人自身の言葉を借りれば，一方では夫たる牧師

から，他方では信徒から，さまざまな役割期待を受け」ている（川又 2002：86-87）。

　呼称とその役割内容・位置づけの曖昧さの問題は，伝統仏教における男性住職の配偶者である「寺庭夫人」にもある。なお，伝統仏教には妻帯を認める宗派と建前は出家主義を取りながら妻帯している宗派があるので，その呼称も「寺庭夫人」のほかに「寺族」「坊守」「大黒」など多様である。建前として出家主義を取っている宗派の場合は，「本来存在しえないあいまいな立場におかれたまま，制度上の位置づけや教義上の意味づけに関する議論が先送り」されるといった複雑な状況におかれるが（川橋 2012：86），宗派として妻帯を認めている場合でもその位置づけが明確となっているとは限らない。

　「牧師夫人」や「寺庭夫人」の立場にある「女性」が聖職者としての資格をもっている場合もあれば，もってない場合もあるが，いずれにせよ位置づけ不明瞭のまま男性聖職者の配偶者となった「女性」は，夫や信徒たちから男性聖職者の補佐を，「公：教会や寺院の運営」「私：本人の家庭の運営」両面において担うことが疑いなく期待され，多くは無償労働の扱いである。

　この状況に疑問をもち，異議を表明する当事者もいるが，全体的な構図は大きく変容していない。「女性」の無償労働を「当然視」することが宗教組織では生じやすいのはなぜだろうか。これは宗教組織だけで起こる問題だろうか。

参考文献

川橋範子　2012『妻帯仏教の民族誌──ジェンダー宗教学からのアプローチ』人文書院。
川又俊則　2002『ライフヒストリー研究の基礎──個人の「語り」にみる現代日本のキリスト教』創風社。

Active Learning ｜ アクティブラーニング12

Q.1

宗教的ケアについてもっているイメージを述べてみよう。

宗教者は「こころのケア」など，ケアの担い手としても期待されている。具体的にケアの担い手として，イメージがわく宗教者の姿は具体的にどのようなものだろうか。思い浮かんだそのイメージの源について考えてみよう。

Q.2

マーガレット・アトウッド『侍女の物語』を読んでみよう。

近未来のアメリカに誕生した宗教国家ギレアデ共和国を舞台に，あらゆる基本的人権を奪われた女性を描いた小説で，1985年に出版され2017年にドラマ化されている。小説の舞台として宗教国家が選ばれた意味について考えてみよう（斎藤英治訳，ハヤカワ epi 文庫，2001年）。

Q.3

現代にも残る女人禁制についてグループで議論しよう。

女性であることを理由に立ち入りや参加を禁じる習俗を「女人禁制」という。現在も恒常的な女人禁制が残る場所には，大相撲の土俵などがある。現代に残る女人禁制についてその背景や是非について議論しよう。

Q.4

「水子供養」について調べてレポートにまとめてみよう。

水子供養は流産・死産を含め，無事に生まれることが出来なかった胎児の供養を意味する。この儀礼が広く社会に流布したのは，1970年代以降である。この宗教的儀礼が1970年以降にひろまった背景について調べてみよう。

第13章

宗教と政治
フランスのライシテと日本の政教分離から考える

———

田中浩喜

　近代世界において政治は宗教とどのように関わってきたのだろうか。近代初期の哲学者たちが思い描いた世俗主義は19世紀以降，近代国家の基本原理として定着した。だが第9章でみたように，政教分離を基本とする世俗主義は近年批判にさらされており，現代は「ポスト世俗」の時代に突入したとする議論もある。ということは，近代の政教分離や世俗主義はもう時代遅れなのだろうか。本章では，日本とフランスを事例に，政教分離の意味と変容を考える。戦後の日本は「政教分離」，近代のフランスは「ライシテ」を採用する世俗国家だが，そもそもなぜ両国では，政治と宗教を分離することにしたのだろうか。さらに近年，日本でもフランスでも政治と宗教の接近が表面化しているが，こうした変化は何を意味するのだろうか。これらの問いを考えるには，政教分離とライシテが日本とフランスで有した固有の意味や文脈について知る必要がある。本章では「政治と宗教」の基礎知識を押さえたあと，このテーマが「近代」や「戦後」とは何だったのか，そして私たちが生きる「現代」とは何なのかを考えるうえで欠くことのできない視座であることを学んでいこう。

KEYWORDS　#世俗主義　#近代　#戦後　#ライシテ　#政教分離

1 ｜ 政治と宗教の基礎知識

・

世俗主義の諸要素

　近代世界において政治は宗教とどのように関わってきたのだろうか。近代以前の西洋社会では，政治は宗教から正当性を授けられていた。王権が神授説に支えられていたように，キリスト教〔☞諸宗教の解説〕は各国の君主に政治的な権威を与える役割を担っていた。だが近代になると，政治は宗教から自立するようになった。16 〜 17世紀の宗教戦争のあと，ホッブズ，ロック，ルソーらの想い描いた近代的で世俗的な国民国家が，18世紀末のアメリカ独立戦争とフランス革命を機に実現された。19世紀になると，政治と宗教の領域の区別を前提とする世俗主義は，西洋列強の世界進出とともに，極東の小国日本にまで波及した。

　世俗主義を定義するのは簡単ではないが，ここではいくつかの要素に分けて理解してみよう。一方には，宗教の「自由」と「平等」を保障するという理念がある。政治は私的領域における信教の自由を保障し，さまざまな信仰を平等に扱わねばならない。他方には，宗教に対する政治の「中立」と「分離」という仕組みがある。政治は宗教から距離をとり，中立性を確保することで，信教の自由を平等に保障せねばならない。ただし，これらの要素はあらゆる国で同じように観察できるわけではない。どの要素を重視し，どのような法制度を敷くのかは，その国の文化と歴史に応じて異なることに注意が必要である。

・

政教関係の複数性

　世俗主義は，厳格な政教分離を要求する原理という狭い意味にとられることもあるが，広い意味では近代国家が一般に共有する原則といえる。法制度に目を向ければ，近代国家の政教関係は伝統的に，国教型，公認型，分離型に大別されてきた。特定の宗教を国の宗教とする国教型には，英国国教会を国教とするイギリス，複数の宗教に特別な地位を認める公認型には，いくつかの宗教に教会税の徴収や宗派教育を認めるドイツ，いかなる宗教も公認しない分離型には，憲法修正第1条で政教分離を定めたアメリカ，1905年に政教分離を法制化

したフランスがあるとされる。ただし，この古典的な三類型はあくまで便宜的なもので，政教関係の具体相は同じ国でも時代ごとに変化する。

　近代日本の場合も政教関係のあり方は戦前と戦後で異なる。戦前は，帝国憲法の第28条が信教の自由を保障していた。だが，神社神道〔☞諸宗教の解説〕は私的な「宗教」ではなく，国家の「祭祀」に関わるものとして公的地位を与えられていた（「神社非宗教説」）。この独特な「日本型政教分離」（安丸良夫）とともに，国体論や皇室崇敬を伴う「国家神道」が形成されたとされる。敗戦後は，これが戦前の軍国主義を支えたとして，国家と神社神道の分離が目指された。GHQ 占領下で，神道指令が神社神道の公的性格を否定したあと，日本国憲法が厳格な政教分離を定め，戦後の神社神道は私的な「宗教」として再出発した。ただし，戦前の「国家神道」は戦後も残存してきたとする見方もある（島薗 2010）。

・

世俗主義と政教分離の問い直し

　世俗主義は近代国家の基本原理とされてきたが，近年ではその問い直しが進んでいる。特に批判されているのは，過度な政教分離である。たとえば，政教分離は民主主義の条件ではないという議論がある。民主主義の目的は異なる価値観の調停にある以上，暴力を用いず民主主義の規則を尊重するかぎり，宗教の政治参加に問題はない。宗教が他者の権利や選挙の正当性を認め，神権支配の野心を放棄するかぎり，民主国家は宗教の政治参加を認めるべきだ。民主主義に求められるのは，宗教を政治から排除する政教分離ではなく，宗教の側が近代の価値に寛容〔☞用語集〕になると同時に，国家の側もそうした宗教の政治参加に寛容になる「相互寛容」である，という考えがある（A・ステパン）。

　この考えは，宗教はむしろ民主主義の充実に寄与しうるという議論に発展している。かつては，政治の討議に参加するときには宗教的な意見表明を控えるべきという，世俗主義的な前提があった。しかし，民主主義に活力と正当性を与えるのが，さまざまな市民同士の交わす討議であるなら，宗教的な意見もそこから排除すべきではない。さらに，環境や生命倫理などについて，科学や理性だけでは解決できない問題が山積みの現在，宗教は独自の観点から倫理的な基準や解決策を示してくれるはずだ。それゆえ，宗教の意見に積極的に耳を傾

けて，世俗的市民と宗教的市民が「相互補完的な学習プロセス」を進めること
こそ民主主義の活性化につながる，という議論がある（Ｊ・ハーバーマス）。

　だが，政教分離が民主主義の条件でないなら，なぜいくつかの国は政教分離
を採用したのだろうか。第2節では，近代フランスと戦後日本を事例に，この
問いに取り組もう。そうすれば，政教分離に日仏でそれぞれ固有の意味や文脈
があったことがみえてくるだろう。また，現代に目を向けると，日本でもフラ
ンスでも，政治と宗教が次第に接近していることがわかる。この接近の背後に
は何があるのだろうか。第3節では，西洋の「近代」，日本の「戦後」という
時代背景の変化とともに，日仏の政教関係が変容している様子を観察しよう。

2 ｜ 近代／戦後──分離する政治と宗教

時代背景──近代西洋と戦後日本の宗教状況

　近代の西洋では，近代化はかならず世俗化を伴うとする物語が力をもってい
た。近代化とともに宗教は衰退するか，私的な事柄になるだろうと考えられて
いた。実際には新しい信仰のあり方が現れたりもしていたが，大局的には，理
性や科学の発達とともに宗教の影響力が衰えるのは避けられないとみなされて
いた。政教分離や世俗主義は，この近代の物語とともに形成され，正当化され
た。近代化と世俗化の物語は，宗教を私的領域に囲いこんで，公的な政治の領
域から分離することに，歴史の宿命という後ろ盾を与えていたのである。

　戦後の日本では，近代の物語もある程度共有されていたが，むしろ宗教の活
力が目立った。積極的に政治に関わってきた宗教も多くある（塚田 2015）。一
方には，自前の政党をもたず，既成の政党やその候補者を支援する「政治関与
型」の宗教がある。こうした宗教は1960年代になると，共産主義や創価学会
と公明党の伸長に危機感を抱き，政治結社を作るようになった。その多くは伝
統的なナショナリズムを掲げ，保守政党の自民党を支援した。たとえば，神道
系新宗教の生長の家は64年に「生長の家政治連合」，全国の神社を束ねる神社
本庁は69年に「神道政治連盟」を結成。憲法改正や元号法制化など保守的な
政治目標に向けて活動し，選挙では自民党の候補者を組織的に支えた。

　他方には，自前の政党を作る「政治進出型」の宗教もある。たとえば，創価

学会は1954年に文化部，61年に公明政治連盟を結成して地方選と参院選に臨み，64年に「公明党」を結成すると衆議院に進出した。初期の公明党は創価学会の宗教的な理念を掲げていたが，「言論出版妨害事件」をきっかけに政教一致との批判が高まると，70年に創価学会から形式上分離して，綱領や党則から宗教色をなくした。だが，これ以降も創価学会が公明党の支持母体であることに変わりはない。宗教が政治に関わることの是非はしばしば議論の的になるが，戦後の政教分離は法解釈上，国家が特定の教団と結びつくことは禁じているが，宗教が政治活動を行うことは禁じていないとされる。政教分離によって脱宗教化された「形式的な公式の戦後世界」の内側では，宗教が積極的に政治に関わる「非公式の戦後世界」が息づいていたといえる（中野 2003）。

●●近代フランスの事例── ライシテと世俗の聖別

　近代フランスの政教関係，「ライシテ」の成立過程に目を向けてみよう。19世紀のフランスはいわゆる「2つのフランス」の争いに特徴づけられる。フランスを「カトリック教会の長女」とみなす教権派と，世俗的な「革命の娘」とみなす共和派の対立である（谷川 2015）。19世紀初頭にはナポレオンがローマ教皇庁と政教協約（コンコルダート）を結び，プロテスタントとユダヤ教〔☞諸宗教の解説〕にも公認を与えて公認宗教体制を確立していたが，19世紀後半に第三共和政が成立すると，共和派はライシテの確立に向けた動きを加速させ，学校や病院などの公共施設から宗教色をとり除こうとした。その仕上げとなったのは，1905年の政教分離法である。この法律は第1条で良心の自由と礼拝の自由を保障し，第2条で国家と教会の分離を定めている。かくしてフランスでは20世紀初頭に政教分離が法制化され，政治と宗教の分離を軸とするライシテが確立した。

　だが，なぜフランスは政教分離を実現できたのだろうか。その背景のひとつには，科学や理性が従来の宗教にとって代わったことがある。革命前は，王権が神授説に支えられていたように，政治は宗教からその正当性を汲みあげていた。だが革命後は，共和国と教会の対立が深まり，政治はもはや正当性の源泉を宗教に求められない。宗教が正当性の源泉たりえないなら，政治は科学や理性をその代替物にまつりあげ，そこから正当性を汲みあげるほかない。近代フランスの「宗教からの脱出」（M・ゴーシェ）は，宗教を私的領域に封じこめる

だけでなく，宗教に代わる新たな正当性の源泉として，科学や理性などの世俗的なものを聖別する過程でもあった。世俗が聖性を帯び，そこから正当性を汲みあげられるようになったからこそ，政治は宗教から自立できたのである。

　この世俗の聖別は，とりわけ初等教育を舞台に進められた。それまでの公立校ではカトリックの教理を教える「道徳・宗教教育」がなされていたが，1882年のフェリー法はこれを世俗的な「市民・道徳教育」に代えた。これによって，未来の共和国市民は宗教から独立した道徳を養うことになった。だが，この「ライシテの道徳」はカトリックの宗派性を脱ぎ捨てた世俗の道徳とはいえ，カトリック道徳の痕跡を残していたし，近代的なプロテスタント思想の影響も受けていた。この意味で，ライシテの道徳はキリスト教の宗派性から手を切ると同時に，キリスト教の宗教性を受け継いでいる。この道徳教育の脱宗教化が象徴するように，近代フランスのライシテは宗教（カトリック）との対決のなかで生まれながら，逆説的にも宗教性を帯びていた（伊達 2010）。

戦後日本の事例 ── 政教分離と戦争の記憶

　近代フランスのライシテが世俗の聖性に依拠していたとすれば，戦後日本の**政教分離**は戦争の記憶と絡みあっていた。昭和戦前期の日本では，国に従わない思想や宗教は治安維持法や特高警察による統制や弾圧の対象となった。さらに，天皇崇敬や国体論は日本を現人神の天皇が統べる神国とし，戦死者を軍神に祀りあげて，個人が国のために命を捨てることや，日本がアジア諸国を侵略することを正当化した。敗戦後は，この国家神道のイデオロギーが戦前のファシズムと軍国主義を支えたとされ，憲法の第20条と第89条で政教分離が定められた。こうした成立事情抜きに戦後の政教分離の意味は理解できない。それは「戦前」の国家神道に関する負の記憶の形成と背中合わせになりながら，平和や民主主義のような「戦後」の価値として社会に次第に受容されてゆく。

　だが，戦後の日本には，戦前の国柄をとり戻そうとする右派と，戦後の価値を守ろうとする左派の対立がある。政教分離をめぐる論争は靖国神社を主な舞台にくり広げられた。戦没者を祀る靖国神社は，戦争の記憶に深く関わる場所だからである。右派は繰り返し，靖国神社と国家の絆を回復しようと試みてきた。1969年から，自民党は靖国の国営化を目指す「靖国法案」を国会に複数

回提出した。だが、宗教界の反対に加えて、宗教性を保ったままの靖国国営化は難しく、試みは挫折に終わった。これ以降、論争の焦点は首相の靖国参拝に移る。85年の終戦記念日には中曽根首相が靖国神社を初めて「公式参拝」したが、靖国神社がA級戦犯を78年に合祀していたことで、国内だけでなく中国や韓国からも非難を浴び、この公式参拝路線も継続が難しくなった。

　戦後の政教分離が戦争の記憶と絡みあっていたことは、いわゆる政教分離訴訟が物語る。最初の「津地鎮祭訴訟」では、三重県津市が1965年に体育館を建設した際、神道式の地鎮祭に公金を支出したことが、政教分離違反ではないかと問題になった。裁判の争点になったのは地鎮祭の宗教性で、津市側は「習俗」、原告側は「宗教」だと主張した。その後も「山口自衛官合祀拒否訴訟」「箕面忠魂碑訴訟」など、政教分離関連の訴訟が相次ぐ。それぞれの経緯は多様だが、これらの訴訟には、公権力と神道の繋がりを問題視する原告たちは戦争体験に根ざした「反戦平和」の意識に動機づけられており、「政教分離」は戦前の国家神道の復活を防ぐ手段として戦略的に持ち出された、という共通点がある（赤江 2007）。政教分離はそれ自体が単体で価値と見なされていたというより、戦争の記憶や反戦平和の理念に意味を吹き込まれていたといえる。

3 │ 現代──接近する政治と宗教

…

時代背景── 揺らぐ近代と戦後の枠組み

　現代に目を転じてみよう。日仏の政教関係は近年、時代状況の変化とともに大きく変容している。近代化の物語は20世紀後半から次第に自明性を失っている。近代には半ば信仰の対象だった科学と理性は、現代ではもはや不安やリスクを生みだしている。かつて明るい未来を約束していた原子力や遺伝子工学の進歩は、いまでは環境や生命倫理に関する問題の種になっている。近代は伝統を批判的に問い直すことで成立したが、現代ではその批判的眼差しが近代自体に向けられている。社会学の「再帰的近代化論」では、こうした時代感覚の変化を、近代が信頼を勝ち得ていた「第一の近代」から、近代が生み出すリスクに意識が向く「第二の近代」への移行と表現してきた（U・ベック）。

　これと同時に、世俗化の物語も問い直されている。宗教は近代化とともに衰

退ないし私事化するとされていたが，1980年頃からはむしろ「宗教復興」が各地で目立ち始めたからである。特に70年代末にイランでイスラーム革命が起き，アメリカでプロテスタント福音派が政治活動を本格化させたことは，公共空間で影響力を発揮する「公共宗教」（J・カサノヴァ）の登場を物語る。公共宗教には，人権や民主主義などの近代的価値を受け容れたうえで，近代を内側から批判するものもあるが，近代とその価値自体を否定してしまうものもある。世俗主義や政教分離が見直されている背景には，これらの公共宗教が現実に存在感を増し，近代化と世俗化の物語が信憑性を失っていることがある。

　日本の戦後にも揺らぎが見られる。特に1990年代になると，国内では55年体制の崩壊，国際的には冷戦の終結によって戦後の枠組みが揺らいだ。政教分離と不可分だった平和主義も，この時期に大きな変化を経験した。湾岸戦争後には「一国平和主義」批判が高まり，PKO協力法で自衛隊の海外派遣が合法化された。9・11後にはアメリカ軍の後方支援のため，自衛隊がイラクに派遣された。この「積極的平和主義」路線を継承した安倍元首相は，2014年に集団的自衛権行使を閣議決定で容認し，翌年に平和安全法制を強行採決した。このように20世紀後半以降，「近代」や「戦後」といった従来の時代的枠組みが洋の東西を問わず崩れるなかで，日仏の政教関係にも変化が生じている。

• • •

現代フランスの事例——「承認」と「監視」のライシテ

　近代が自明性を失うとともに，フランスのライシテは大きな変化を経験している（Portier & Willaime 2021）。近代のライシテが政治と宗教を「分離」できたのは，世俗的なものが聖別され，政治がそこから正当性を汲みあげられたからだった。だが，科学や理性の信憑性が減じた現代では，政治は世俗的なものだけでは十分に正当性を確保できない。そこで政治はいまや，自らの正当性を確保するため，カトリックと接近するようになっている。しかし同時に，フランスでは1990年代以降，イスラームの社会統合が課題となっている。さらに2010年代以降，15年のシャルリ・エブド襲撃事件やパリ同時多発テロをはじめ，度重なるテロ事件に見舞われており，過激派対策という課題も抱えている。この状況は現在のライシテに相反する2つの側面をもたらしている。

　現代フランスのライシテには一方で，政治がカトリックを「承認」するとい

う側面がある。サルコジ元大統領は2007年，ローマのラテラノ大聖堂で，フランスには「キリスト教のルーツ」があると公言し，共和国と宗教が対話を重ねる「積極的なライシテ」が必要だと論じた。マクロン現大統領もカトリック教会との協調路線を継承している。マクロンは18年，フランスにおけるカトリック教会の代表組織がパリで催した懇親会で，共和国とカトリック教会の「傷ついた絆」を「修復」せねばならないと訴えた。科学や理性など，世俗的なものが聖性を失った現在，もはや世俗的な共和国だけでは，市民に意味やアイデンティティを提供できない。伝統宗教のカトリックは，そうした共和国の限界を埋め合わせる象徴的資源として，政治の領域に招き入れられている。

　他方で，現代フランスのライシテには，政治がイスラーム〔☞諸宗教の解説〕を「監視」するという側面もある。サルコジは内相時代の2003年に「フランス・イスラーム評議会」を設置した。共和国の対話相手となるイスラームの代表組織を作るという名目だったが，ここには代表組織を通して，政治が宗教を管理しようという発想がある。同時に，ムスリマ（女性のムスリム）が着用するスカーフは，男女平等などの共和国の価値に反するとされ，公立校での着用を禁じる法律が04年，公道でのブルカ着用を禁じる法律が10年に成立。近年は水浴場でのブルキニ（ムスリマ用水着）着用の是非が議論されている。また21年には「共和国原理尊重強化法」が成立し，過激派対策を名目にモスクの活動や資金状況に対する国家の監督権が強化された。社会統合と治安対策という2つの課題を前に，共和国はイスラームへの介入の手を強めている。

• • •

現代日本の事例── 政教分離から政教連携へ？

　フランスのライシテが近代の揺らぎとともに変化しているとすれば，日本の政教分離は戦争の記憶の摩耗とともに変容している。戦後の日本の政教分離は，平和主義と同じように，戦争の記憶に支えられていた。だが，戦後時間が経過して世代交代が進むにつれて，政教分離に意味を与えていた戦争の記憶が共有されなくなってくる。これと連動するように，現代の日本では政治と宗教の「連携」が次第に顕在化している。政治家による宗教票の動員は1970年代からすでに目立っていたが，戦後の枠組みが大きく揺らいだ90年代以降，宗教はその政治的な存在感を一段と増したかのようにみえる。とりわけ「戦後レ

ジームからの脱却」をスローガンに掲げる第二次安倍政権が2012年に成立してからは，政治と宗教の連携はいっそう表面化している。この現代の日本における政教連携には，大きく2つの型がある（Tanaka 2021）。

　ひとつは政治と宗教の「理念的な連携（イデオロジック）」である。これは日本会議や神社本庁と自民党の関係に見られる。日本会議は「日本を守る会」と「日本を守る国民会議」が合流して1997年に設立された組織で，憲法改正や皇室の尊厳護持など，保守的な理念を掲げて活動してきた。活動を支えてきたのは，前述した生長の家の元信者らと，神道政治連盟を通して政治関与をしてきた神社本庁である。日本会議と神社本庁は，同じく保守的な政策を掲げる自民党を支持してきた。近年は自民党との組織的なつながりが目立つ。日本会議と神道政治連盟にはそれぞれ，日本会議国会議員懇談会と神道政治連盟国会議員懇談会という議員連盟がある。第二次安倍政権以降の閣僚は大半がその片方ないし両方に参加しており，安倍元首相は在任中に前者の特別顧問と後者の会長を務めていた。

　もうひとつは政治と宗教の「実利的な連携（プラグマティック）」である。これは公明党と自民党の連立に顕著である。自民党と公明党は1999年から連立を組んでいるが，両党の理念には大きな違いがある。公明党は首相の靖国参拝に否定的な態度をとり続けてきたし，富裕層を優遇する新自由主義政策を進める近年の自民党に対して，公明党は大衆層を支援する社会福祉政策を重視してきた。だが，こうした政策上の距離を越えて，自公連立は両党に選挙でのメリットをもたらしている。従来，自民党は個人後援会や各種業界団体に，公明党は創価学会に支えられてきたが，近年は高齢化などで両党の支持基盤に弱体化がみられる。そこで自民党と公明党は，票を融通し合う緊密な選挙協力を通して，それぞれの固定票の減少を補完しあいながら連立政権を維持している（中北 2019）。

　自民党と旧統一教会の関係には両方の型がみられた。韓国発の統一教会は1958年に日本で活動を始め，68年には岸信介元首相の協力を得て政治団体「国際勝共連合」を設立。人材派遣や選挙応援を通じて政界に浸透した。霊感商法などが社会問題化していたにもかかわらず，自民党は2010年頃から統一教会との関係をよりいっそう深めたとされる。2022年の安倍元首相銃撃事件後は，自民党を中心に多数の政治家が関連団体とつながりを有していたことが発覚した（鈴木 2022）。統一教会には，日本は韓国に従属すべきとする韓国中心主義

的な教義があるが，反共産主義や保守的な家族観が自民党との「理念的な連携」を可能にしていた。さらに両者の関係には，支持基盤が弱体化している自民党には票や人手を，反社会性が指摘される統一教会には政治の後ろ盾をもたらすという「実利的な連携」の側面も大きかった（島薗 2023）。

　本章では「政治と宗教」の基礎知識を確認したあと，日本とフランスを事例に政教分離の意味と変容を描いてきた。そこからは，政治と宗教の関係がマクロな時代状況と連動していることがわかる。「政治と宗教」というテーマは，「近代」や「戦後」とは何だったのか，そして私たちが生きている「現代」とはいかなる時代なのかという，よりマクロな問いに接続しているのである。日仏の事例のほか，アメリカの福音派，ロシアの正教会，インドのヒンドゥー教〔☞諸宗教の解説〕，トルコのイスラームなど，宗教が世界各地で存在感を増し，近代の世俗主義が問い直されている現在，「政治と宗教」というテーマにはさらなる研究の発展が期待されている。将来，この領域に新たな蓄積を付け加えるのは，本章を読んでくれたあなたかもしれない。

参考文献
—

赤江達也　2007「ひとつの運動と複数の論理——戦後日本の政教分離訴訟について」『哲学』117：69-88。

島薗進　2010『国家神道と日本人』岩波新書。

島薗進編　2023『政治と宗教——統一教会問題と危機に直面する公共空間』岩波新書。

鈴木エイト　2022『自民党の統一教会汚染——追跡3000日』小学館。

伊達聖伸　2010『ライシテ、道徳、宗教学——もうひとつの19世紀フランス宗教史』勁草書房。

谷川稔　2015『十字架と三色旗——近代フランスにおける政教分離』岩波現代文庫。

塚田穂高　2015『宗教と政治の転轍点——保守合同と政教一致の宗教社会学』花伝社。

中北浩爾　2019『自公政権とは何か——「連立」にみる強さの正体』ちくま新書。

中野毅　2003『戦後日本の宗教と政治』大明堂。

Portier, Ph. & J-P. Willaime　2021. *La religion dans la France contemporaine. Entre sécularisation et recomposition*. Paris: Armand Colin.

Tanaka, H. 2021. Laïcité et pacifisme. La mutation contemporaine de la laïcité japonaise. *Archives de sciences sociales des religions* 194: 155-172.

ブックガイド

『ヨーロッパの世俗と宗教——近世から現代まで』
　伊達聖伸編，勁草書房，2020年

　　西洋社会の政教関係は多様性と変化に富んでいる。本書の総論は，ヨーロッパの政教関係の変遷を「近世」「近代」「現代」の三段階に分けて，総合的な見通しを与えてくれる。ヨーロッパの「政治と宗教」を学ぶ際には必携の書。

『アジアの公共宗教——ポスト社会主義国家の政教関係』
　櫻井義秀編，北海道大学出版会，2020年

　　各国の政教構造のなかで現代の「公共宗教」はいかなる位置を占めているのか。本書はアジアを中心に公共宗教と政教構造の相関関係を分析する。スラブ地域の事例も扱われ，現代世界の「政治と宗教」を理解するのに最適の書。

『徹底検証　日本の右傾化』塚田穂高編，筑摩書房，2017年

　　現代日本の政教関係を考える際，「右傾化」の問題は避けて通れない。本書は宗教を視野に収めつつ，現代日本の右傾化を多角的に検証した論集だ。現代日本の「政治と宗教」をより大きな視野から考えさせてくれる最良の一冊。

Case Study │ ケーススタディ13

那覇孔子廟訴訟は何を物語っているのか
政教分離訴訟の新段階？

　最高裁は2021年2月24日，那覇孔子廟訴訟に違憲判決を下した。争われたのは，儒教〔☞諸宗教の解説〕の祖・孔子などを祀る孔子廟に対して，沖縄県那覇市が敷地使用料を全額免除していたことが，憲法の政教分離に違反するかどうかである。問題となった「久米至聖廟」は，那覇市の松山公園に2013年に建設され，一般社団法人「久米崇聖会」に管理されていた。久米至聖廟は第二次大戦の沖縄戦で焼失した後，戦後別の場所に再建されていたが，歴史的・文化的な価値が市に評価され，松山公園内の元の場所への移設，及び月額約48万円の敷地使用料の免除が認められた。だが，那覇市の右派の活動家Kさんは2014年，宗教施設の孔子廟が公有地に建設されて，敷地使用料が免除されているのは，憲法の政教分離に違反するとして，敷地使用料の徴収を求め提訴した。最高裁が政教分離関連の裁判で違憲判決を下すのは，「愛媛玉串料訴訟」に関する1997年の判決，「空知太神社訴訟」に関する2010年の判決に続く3例目だった。

　那覇孔子廟訴訟で争点になったのは「儒教は宗教か」だった。原告側が久米至聖廟と久米崇聖会の宗教性を主張したのに対し，被告側はその文化的（つまり非宗教的）性格を強調した。従来の政教分離訴訟では主に神道の宗教性が争われてきたが，儒教の宗教性が争われるのは初めてだっただけに，裁判所の判断に世論は関心を注いだ。第一審と第二審は結局，久米崇聖会に宗教性を認め，那覇市の敷地使用料免除を違憲とした。最高裁は，久米崇聖会が宗教団体かは判断しなかったが，久米至聖廟には宗教性を認め違憲判断を下した。孔子像を祀り参拝者を集める久米至聖廟には見た目上「社寺との類似性」があり，孔子の霊を迎えてその誕生を祝う「釋奠祭禮」には宗教性が濃いことなどから，「社会通念に照らして総合的に判断」すれば，久米至聖廟には「宗教的意義」があるとしたのである（塚田 2021）。だが，この「儒教は宗教か」という問

いの立て方では，「そもそも宗教とは何か」という議論にはまり込んでしまう。

　宗教社会学の観点からはむしろ，那覇孔子廟訴訟の原告が右派の活動家だったことが注目される。戦後の政教分離訴訟の原告は，基本的に左派の立場をとってきた。そうした原告たちを動かしていたのは，戦後の民主主義と平和を守るには，国家神道の復活を許してはならないという問題意識だった。だが，那覇孔子廟訴訟で政教分離を主張した原告の問題意識は，これまでとはまったく違っている。それは，儒教施設の久米至聖廟と，そこに建てられた五本爪の龍柱（龍をかたどった柱）は，「中国共産党が虎視眈々と狙っている沖縄侵略の象徴」（原告陳述書）だから，那覇市による優遇を阻止しなくてはならないというものだった。ここからは，政教分離が導かれるロジックがまるで変わっていることがわかる。これまでの政教分離が平和主義や反軍国主義という左派の理念から導かれていたのに対して，那覇孔子廟訴訟の政教分離は，ナショナリズムや反中国・反共産主義という右派の理念から導かれている。言い換えれば，左派の論理だった政教分離が，右派の論理に回収されているのである。

　戦後80年近くを経た現在，これは政教分離が政治的立場を超えて，日本社会に広く浸透したということだろうか。あるいは，政教分離が反戦平和という当初の戦後精神を失ったということだろうか。いずれにせよ，那覇孔子廟訴訟は，政教分離の意味が深いところで変化していることを物語っている。

参考文献

塚田穂高　2021「那覇孔子廟政教分離訴訟——最高裁違憲判決の意味」『世界』944：10-14。

Active Learning ｜ アクティブラーニング13

Q.1

いろいろな国の政教関係について調べてみよう。

政教関係のあり方は，その国の歴史や文化によって異なる。ひとつ国を選ん
で，その政教関係の歴史をレポートにまとめてみよう。その際には，どうし
てそのあり方になったのか，歴史のなかでどう変化してきたのかも考えよう。

Q.2

戦後日本の政教分離訴訟について調べてみよう。

戦後日本の代表的な政教分離訴訟としては，概説ですでに言及した事例のほ
かにも，「愛媛玉串料訴訟」「空知太神社訴訟」などが挙げられる。どれかひ
とつを選び，その経緯と主な論点を調べてレポートにまとめてみよう。

Q.3

政治と伊勢神宮はどう関わってきたのだろうか？

日本では政治と靖国神社の関係がよく論じられるが，神社界の「本宗」とされ
る伊勢神宮は政治とどう関わってきたのだろうか。ジョン・ブリーン『神都物
語——伊勢神宮の近現代史』（吉川弘文館，2015年）などを手がかりに調べよう。

Q.4

ロシアのウクライナ侵攻に宗教はどう関わっているのだろうか？

ロシアは2022年2月24日，ウクライナ侵攻を開始した。この出来事に宗教は
どう関わっているのだろうか。ロシアとウクライナの正教会の歴史について
調べれば，ロシアによるウクライナ侵攻の宗教的背景が見えてくるはずだ。

第14章

宗教と科学
両者は対立するか，調和するか

藤井修平

　科学と宗教は，しばしば正反対のものと考えられている。科学が発展した社会では，もはや宗教の出る幕はないという主張もよく目にするだろう。しかし，「宗教と科学」についての研究をひも解いてみれば，そうした見方は数ある視点の1つに過ぎず，宗教と科学の関係は思っていた以上に複雑であることがわかる。本章ではまず，宗教と科学の関係についての4つのモデルを提示し，それぞれの視点からは両者の関係がどのように見えるかについて述べる。続いて科学史上の宗教との関わりの事例として，科学革命期，進化論，心理学の3つに着目し，それぞれでキリスト教や仏教が果たしてきた役割を提示する。最後に，現代社会における科学と宗教の接点として生命倫理，テクノロジー，疑似科学というトピックを取り上げ，そこではどのような議論が行われているかを概観する。宗教と科学の領域は，科学者や宗教者，哲学者などさまざまな立場の人がホットな議論を戦わせているアリーナなのであり，宗教と科学の関係を考えることは，それぞれの社会における役割や意義を理解することにもつながるのである。

KEYWORDS #進化論 #科学と宗教の対話 #科学史 #生命倫理 #トランスヒューマニズム

1 ｜「宗教と科学」の領域を理解するための視点

宗教と科学の関係をめぐる問い

　科学は，現代の私たちの生活のあらゆる面に浸透している。スマートフォンなどの機器の製作には高度な科学技術が必要になるのはもちろんのこと，日常のいたる所で科学的知識は用いられ，私たちの生活を支えている。宗教もまた，そのような身近な存在の科学とさまざまな接点をもっており，両者の関係を扱うのが「宗教と科学」あるいは「科学と宗教」の領域である。宗教も科学もいずれも曖昧な概念で，それらが現在の形で理解されるようになったのは近代以降のことであるため，両者を組み合わせるのは誤解を広げることになるという指摘もある。それでもこの領域で多くの研究が行われているのは，宗教と科学の関係に焦点を当てることで，特有の視点や問いが生まれるためである。

　まずは，出発点となる問いについて考えてみよう。宗教と科学の関係をめぐっては，「科学が発展すると，必然的に宗教は衰退することになるのか」「宗教と科学は相容れないものなのか，それとも調和しうるのか」「科学が宗教から，宗教が科学から有益な影響を受けることはできるか」といった問いが思いつくだろう。

　より具体的な問いとしては，「近代科学の誕生の際に，キリスト教〔☞諸宗教の解説〕はどのような役割を果たしたのか」「脳科学などの発展は，宗教にどのような影響をもたらすのか」「とりわけ科学と親和的な宗教や宗派は存在するのか」などが挙げられる。科学と宗教の領域は，こうした問いに回答するために，歴史的・社会的・哲学的にアプローチするものだといえる。

宗教と科学の関係についての4つのモデル

　この領域の研究者は，上に挙げた問いにさまざまに答えてきたが，その回答は宗教と科学の関係についての視点ないしモデルとして整理することができる。以下では，科学者であると同時に神学者でもあるイアン・バーバーが提示した4つのモデルを挙げよう（バーバー 2004）。

　第一のものは「対立」モデルと呼ばれる。これは科学と宗教は敵同士であ

り，それゆえ一方の発展は他方にとって有害であるという見方である。この見方は広く普及しており，18 ～ 19世紀の啓蒙主義の時代には多くの人が科学が発展すれば宗教は衰退すると考えていた。現代でもリチャード・ドーキンスなどの無神論者〔☞用語集〕がこの視点を代表しており，**進化論**によって，神が人間や動物を個別に創造したというキリスト教の創造論は信憑性がなくなるといったように，科学の発展により宗教はもはや信じられなくなると述べている（ドーキンス 2007）。一方で宗教の側が対立の姿勢を取ると，進化論など特定の科学分野が宗教的信仰にとって有害だと見なされ，否定されることになる。

これに対し，宗教と科学は調和するという見方が第二の「統合」モデルである。こちらは科学と宗教は共存できるという姿勢を基本とするが，その内実は多様であり，宗教的教義に科学的知識を考慮するというものから，科学が宗教的知識を取り込むもの，両者が融合するに至るものまで存在する。

第三の「独立」モデルも両者は共存可能と考えるが，そのありようは融合ではなく「棲み分け」である。このモデルでは，科学と宗教は世の中の別々の問題を扱うものであり，互いの専門領域を踏み越えない限り，対立は起こらないと考える。その専門領域として，科学は客観的事実を扱い，宗教は価値や意味の問題を扱うとしばしば言われている（グールド 2007）。

第四の「対話」モデルは，独立モデルの見方を前提としたうえで，両者の意見交換を推奨するものである。この視点はとりわけ，科学の倫理的側面を議論する際に顕著になる。科学は価値や意味について扱えないので，倫理的な配慮が必要になる場面において，宗教が役割を果たすことができるということである。今日ではこの姿勢に基づき，宗教者がさまざまな倫理的問題を議論し，**科学と宗教の対話**を行っている。

・

どのモデルが正しいのか？

これら4つのモデルのうち，どれが正しいのだろうか。この分野のこれまでの研究は，どのモデルにも何かしらの欠点があることを指摘している。対立モデルに対しては，グールドなどの生物学者からも，マクグラスなどの神学者からも批判が行われている。彼らは，宗教と対立するのは科学ではなく，ドーキンスらの有する無神論や唯物論のイデオロギーであり，それらを科学と同一視

するのは誤りだとする（マクグラス/マクグラス 2012）。両者が共存できる証拠として，宗教的信仰を持ちながら立派な科学者でもあるフランシスコ・アヤラのような人物の存在も，しばしば取り上げられる（アヤラ 2008）。

　科学史においても，かつて主流だった，科学の発展にとって宗教は常に障害になってきたという見方には批判が行われるようになった。たとえば社会学者ロバート・マートンは，プロテスタントの禁欲主義や経験主義は実用科学の研究を妨害するどころか，促進する役割を果たしていたという「マートン・テーゼ」を唱えている。

　他方で科学史家のジョン・ブルックは，対立モデルは確かに誤りであるが，マートン・テーゼも必ずしも正しいとはいえず，宗教と科学は常に調和するという見方も疑わしいと考える。統合モデルからは，マートン・テーゼのように特定の宗教や宗派が科学にとりわけ適しているという主張も生まれるが，そのような論調には慎重になるべきと彼は指摘している（ブルック 2005）。

　独立モデルおよび対話モデルに対しては，対立モデルの側から反論がある。ドーキンスは，科学と関わる倫理問題について，なぜ宗教者に意見を尋ねなければいけないのか，宗教者は他の人と比べてどこが特別なのかと述べている。彼は宗教のみが道徳や倫理の問いに答えられるという見方を疑問視し，科学もまた意味や価値を提供できると主張する。科学とりわけ生物学が意味や価値の源泉になりえ，ある種の宗教的役割を果たすことができるという見方は，「宗教的ナチュラリズム」と呼ばれている（Stone 2008）。

　こうして，どのモデルにも反論が存在しているため，いずれのモデルも現実の宗教と科学の関係を記述するには不十分といえる。それでも，4つのモデルが役に立たないわけではない。誰かが宗教と科学の関係を考える際に，いずれかのモデルに近いものとなることは確かであり，なおかつそれぞれのモデルに特徴的な主張は存在する。たとえば，後述の**生命倫理**の議論は，対話モデルの視点に立って初めて行いうるものである。そのため4つのモデルへの分類は，宗教と科学の言説を整理して理解する上で，おおいに有意義だといえる（藤井 2023：190）。次に示す事例も，それぞれがどのモデルの見方に近いかを考えながら読んでみよう。

2 │ 科学史における宗教の関わり

‥

キリスト教と科学革命

　以下では，宗教と科学の具体的な関わりの諸側面として，3つの場面を取り上げる。科学史上で宗教が関わった事例として，しばしば挙げられるのがガリレオの天文学に対する，カトリック教会の圧力だろう。ガリレオがコペルニクスの地動説を支持したことに対し，カトリック教会は撤回を迫り，彼が拒むと裁判にかけ，異端〔☞用語集〕として有罪判決を下した。この出来事は，宗教が科学の発展を妨げた例としてたびたび引き合い出され，そのような妨害にもかかわらず，最終的には科学的真理が宗教に勝利するという「対立」モデルの証拠としても用いられる。

　しかし科学史研究は，このような見方は偏っていると指摘している。教会が問題視したのはガリレオの科学的な側面よりも宗教的な側面であり，彼が聖書の釈義法を天文学の知識と矛盾しないように提示した点が，当時のライバルであるプロテスタント的姿勢をもっていると見なされたのである。対立モデルを批判する研究者は，宗教と科学の衝突に見えるもののほとんどは，実は政治的な対立であったと述べている。

　科学革命期の宗教と科学の複雑な関係を表すものとして，自然神学〔☞用語集〕の広まりにも着目しよう。これは，自然についての知識から神への信仰を深めようとする試みだと定義することができる。その代表者であるウィリアム・ペイリーは，道端に時計が落ちているのを見つけたら，自然にできたのではなく誰かが作ったに違いないと思うだろう，というたとえを挙げる。続いて彼は，眼などの生物器官の構造がいかに複雑で精巧かを説明して，時計と同じく生物も自然にできるということはありえず，そこには創造主による入念なデザインが存在したに違いないと述べる。

　自然神学は科学的知識を学ぶとキリスト教信仰が深められるとすることで，急成長する科学と宗教の間の政治上の軋轢を調停する役割も果たしていた（ブルック 2005）。ここからわかるように，同じ科学的知識が見方によっては科学と宗教の対立の証拠にも，調和の証拠にもなりうるのである。

‥
キリスト教と進化論

　ダーウィン進化論とキリスト教の対立が表面化したのは，20世紀初頭の米国においてであった。ファンダメンタリズム（原理主義〔☞用語集〕）の名の下に福音派的な社会改革運動が活発化すると，学校で教えられる進化論に批判の目が向けられた。1920年代には南部の5州で反進化論法が成立し，進化論擁護派との対立のなか，1925年に反進化論法の是非を問う「スコープス裁判」が行われた。

　この裁判の後，徐々に反進化論法は廃止されていったが，1970年代に創造論運動が活発化し，対立が再燃した。その中心を担ったのが，ヘンリー・モリスらによる「創造科学」である。彼らは聖書の記述は字義通り正しいとする立場から，地球は数千年前に，6日間で創造されたと主張し，地層のなかの化石はノアの大洪水の際に形成されたなど，聖書に沿った知識体系を形成した。

　創造科学派の主張は，創造科学もまた進化論と同等の科学であり，公立学校で共に教えられるべきというものであった。彼らは大規模なキャンペーンで法制化を試みたが，1982年と1987年に創造科学は科学として問題があるうえ，公立学校で教えることは政教分離違反となるという判決が下された。

　その後，「インテリジェント・デザイン（ID）」という理論が現れた。これは生物の器官などが偶然に生まれたにしてはあまりに複雑であり，何らかの知的存在によるデザインの痕跡が特定されると主張するものである。ID説は創造科学とは異なり，具体的な神の存在について言及していないため，政教分離の問題を避けられるといえる。しかしその構造は前述の自然神学に類似しており，2005年の裁判で，ID説を公立学校の生物学の時間で教えることは違憲であるという判決が下された（スコット 2017）。

　他方で，すべてのキリスト教徒が進化論を否定しているわけではない。カトリックでは，1950年にローマ教皇ピウス12世が進化論は禁じられていないと述べ，1996年にはヨハネ・パウロ2世が，進化論は単なる仮説以上のものとして受け入れられるとしている。

　キリスト教と進化を矛盾せずに共存させる見方としては，生物は徐々に進化していったが，神が進化の方向を導いたとする有神論的進化論がある。また，

進化論も含む現代科学を十分に取り入れ，伝統的教義を再構成する「対自然の神学」と呼ばれる立場もある（ホート 2015）。キリスト教と進化論が衝突するというのも数ある見方のひとつでしかないことが，ここからもわかるだろう。

・・

仏教と心理学

これまで見てきたものはほとんどが西洋における研究で，科学と宗教といってもキリスト教との関係のみであった。現在ではこの問題は認識され，徐々に他宗教の視点も導入され始めている。そこで次は仏教〔☞諸宗教の解説〕を取り上げてみよう。

仏教と科学の関係は，キリスト教とは異なり親和的だと理解されてきた。例としてチベット仏教のダライ・ラマ14世は仏教の心についての教えを「仏教の心理学」と呼び，西洋心理学との共通性を指摘している。またドナルド・ロペスも，西洋人が仏教に触れて以来，仏教と西洋科学は矛盾しないという見方が常にとられてきたと述べている（Lopez 2010）。

仏教は特別に科学と相性がよいという見方には，前述のブルックの言葉を踏まえれば慎重になるべきだが，実際の関係はいかなるものだろうか。仏教と比較されることが多い心理学との関わりは，米国の1950年代からの禅ブーム以降に活発化した。仏教学者の鈴木大拙などにより欧米で禅が知られるようになると，心理学者は坐禅や瞑想〔☞用語集〕の心理的効果におおいに関心を寄せた。その結果，宗教的体験を積極的に得て自己を変革しようとするトランスパーソナル心理学が生まれた。ここでは禅に加え，ヨーガやニューエイジ思想が混ざり合い，それらを取り入れた多くのセラピー技法が開発された（藤井 2021）。

その過程で考案されたのが，マインドフルネスの源流となったインサイト・メディテーションである。これは上座部仏教のヴィパッサナー瞑想を西洋的にアレンジしたものだが，それを学んだジョン・カバットジンは，宗教性を薄めてより受け入れやすくした上で心理療法の形態に整え「マインドフルネスストレス低減法（MBSR）」とした。

心理学では，仏教的手法を取り入れた心理療法が生まれているだけではなく，瞑想に対する神経科学（脳科学）〔☞用語集〕的研究も行われている。こう

した研究によって，マインドフルネスをはじめとする宗教的技法の効果が科学的に実証されている。このような事例は，仏教と心理学の「統合」を示しているといえる。

3 ｜ 現代における科学と宗教の接点

…

生命倫理

次に，現代の社会において科学と宗教がどのように接しているかについて見ていこう。最初の2つの主題は，科学の発展から宗教が影響を受け，また科学の側も宗教の意見に耳を傾けるという「対話」の姿勢が見られるものである。

第一の接点は，生命倫理にある。生命倫理とは人間の生命が関わる領域，特に医療と保健の領域における倫理的問題を扱う分野である。20世紀後半には医学が飛躍的に発展し，その重要性はますます高まったが，一方で非人道的な医学実験や，優生学的な生殖管理などの問題が明るみに出され，遺伝子工学や臓器移植などの新たな技術に対しても倫理的配慮の必要性が叫ばれた。

キリスト教は，これまで医療機関の運営にも関わり，医療倫理の基盤を提供してきていたため，生命倫理に強い関心をもっていた。1969年に米国で設立されたヘイスティングス・センターは，カトリック系雑誌における議論から生まれた。またプロテスタントの複数教派は，1965年に「医学教育・神学委員会」を設立し，その後「健康・人間価値学会」へと発展した（ジョンセン2009）。加えて，2016年の米トランプ政権の誕生により再度活発化した人工妊娠中絶反対運動も，こうした生命倫理の考慮の一環としてカトリックやプロテスタント福音派によって支持されている。

日本においては，1997年に脳死下の臓器移植を可能にする臓器移植法が制定された際に，各教団が意見表明の必要性を認識したことで，教団付置研究所懇話会が2002年に発足し，複数教団が共同で生命倫理の問題について議論するようになった。懇話会では脳死の捉え方や，尊厳死・安楽死や生殖医療，自死の問題などについて学習し，教団ごとの見解を確立していった。

そうした議論の成果として，2007年の厚生労働委員会においては日本宗教連盟事務局長が臓器移植について意見陳述を行い，2009年には参議院の緊急

院内集会で宗教界からの緊急提言「脳死は人の死ではない」が発表された。この提言では，浄土宗，浄土真宗本願寺派，真宗大谷派，天台宗，日蓮宗，曹洞宗，大本，立正佼成会，日本宗教連盟がそれぞれ見解を表明している。

・・・

テクノロジー

　医学に加えて，21世紀に入るとロボット工学や人工知能（AI）研究もまた急速に進歩し，そのことが従来の人間の概念すらも覆しうるものとなった。

　新たな思想として登場した**トランスヒューマニズム**は，科学技術によって人間は新たな種へと「進化」を遂げることができるとみなす。病気の克服に加え，老化抑制技術や，身体を機械に置き換えることで寿命の限界を超越し，いつまでも生の喜びを享受できるとされる。そして究極的には，意識をネットワーク上に送信することで，永久的に生き続けることができると考えられている。

　これと同時に，AIの発展もまた人間の概念の再考を迫っている。ディープラーニングによって学習速度が加速度的に高まったAIにより，「知性」が人間と他の存在とを区別する違いであるという確信が揺らぎつつある。未来学者のレイ・カーツワイルなどは，近い将来に「シンギュラリティ」が起こり，AIが人間の知能を超え，社会が大幅に変革される時が来ると唱えている。

　こうした見方に対しては，宗教的視点からも検討が行われている。トランスヒューマニズムは「神の像」としての人間を変えてしまっているという批判や，将来の「永遠の命」を約束する点で，それ自体が1つの宗教だという指摘もある。神経学者パトリック・マクナマラはキリスト教神学の視点から，機械やAIに支配されないで生きるためには，個人の自律性を確かなものとしつつ，未来を志向する「終末論的個人主義」が必要だと述べている（McNamara 2020）。

　加えて，日本の技術開発に宗教思想が影響を与えているとする見方もある。人類学者のアン・アリスンは，動物やロボットと人間が明確に区別されている西欧に比べ，日本のアニメ・ゲームのキャラクターでは，それらの境界が曖昧だとする。そしてその背景に，機械に個性や精霊崇拝的な特性を吹き込む「テクノ・アニミズム」の存在を見ている（アリスン 2010）。ロボット工学の森政弘も，物に仏性を認め，自分と同一視するような仏教伝統が日本のロボット開発の発展に寄与していたと述べている（森 2014）。

．．．
疑似科学

　宗教と科学が交わる点の3つ目は，疑似科学である。疑似科学とは，科学を装っているが，科学の要件を満たしていない言説群を指す〔☞用語集〕。科学の要件とは何かについては科学哲学などで議論が重ねられてきたが，明確に定めることは難しい。ある仮説が生む予測が，経験的に反証されうるかということを指す，カール・ポパーの反証可能性はその候補としてよく挙げられるが，実際の科学でも反証を受けても仮説を修正して処理することがあるなど，決定的な要件とはいえない。科学か否かは複数の条件を考慮して，程度問題として考えるべきであり，疑似科学についても個別に判定する必要がある（伊勢田2003）。

　しばしば疑似科学と見なされている江本勝の「水からの伝言」では，容器に「ありがとう」という紙を貼ったり，クラシック音楽やお経を聞かせたりした水を凍らせると，きれいな結晶ができるという。その水には高い波動が含まれており，「波動機器」によってそのエネルギーを測定・転写でき，波動の高い水や食品を摂取すると病気になりにくいとされる。こうした主張は科学的には否定されているが，水からの伝言は教育研究団体を通して，「悪い言葉を使うと人間の心にも悪い影響が出る」という道徳の教材として用いられるようになった。

　疑似科学に対して批判的な左巻健男は，EM（有用微生物群），ゲーム脳，江戸しぐさなどの例を挙げ，それらは科学的根拠が乏しいとされながらも，何らかの団体の推進活動や，時には政治的支援も得て，学校教育への導入が意図されていると指摘している。またその内部にはオカルトないしスピリチュアルな用語や考え方が存在するとされる（左巻2019）。

　このような状況は，米国の創造科学やIDの運動と類似している。両者は共に，自らは決して宗教ではなく，科学的根拠を有していると装っている。疑似科学は何らかの信念を有しそれを組織的に広めている点で，宗教的な要素が認められる。他方で，科学を装い，自らに科学的根拠があるとアピールしている点は，一般的な宗教とは大きく異なっている。

　疑似科学は，科学が高い威信を得ている現代社会において，その威信を利用

して信憑性を得るものだといえる。そのような性質ゆえに，疑似科学がなぜ広まるのかを考える際には，科学的思考や知識の不足だけではなく，社会的・政治的な側面や，宗教的な側面も考える必要がある。

　本章では，さまざまな場面での宗教と科学の関わりに目を向けることで，どのような問題が立ち現れてくるかを見てきた。このような視点をもつことで，宗教とは何か，科学とは何かという点についても理解が深まるであろうし，両者が社会において果たしている役割もより明確となるだろう。

参考文献
─

アヤラ，F・J　2008『キリスト教は進化論と共存できるか？──ダーウィンと知的設計』藤井清久訳，教文館。

アリスン，A　2010『菊とポケモン──グローバル化する日本の文化力』実川元子訳，新潮社。

伊勢田哲治　2003『疑似科学と科学の哲学』名古屋大学出版会。

グールド，S・J　2007『神と科学は共存できるか？』狩野秀之・古谷圭一・新妻昭夫訳，日経BP社。

左巻健男　2019『学校に入り込むニセ科学』平凡社新書。

ジョンセン，A・R　2009『生命倫理学の誕生』細見博志訳，勁草書房。

スコット，E・C　2017『聖書と科学のカルチャー・ウォー──概説　アメリカの「創造vs生物進化」論争』鵜浦裕・井上徹訳，東信堂。

ドーキンス，R　2007『神は妄想である──宗教との決別』垂水雄二訳，早川書房。

バーバー，I・G　2004『科学が宗教と出会うとき──四つのモデル』藤井清久訳，教文館。

藤井修平　2021「ニューサイエンスの時代の宗教・心理学・宗教学」『中央学術研究所紀要』50：59-79。

　── 2023『科学で宗教が解明できるか──進化生物学・認知科学に基づく宗教理論の誕生』勁草書房。

ブルック，J・H　2005『科学と宗教』田中靖夫訳，工作舎。

ホート，J　2015『宇宙論と進化論とキリスト教──科学と聖書が協奏する新たな啓示』田中公一訳，聖公会出版。

マクグラス，A・E／マクグラス，J・C　2012『神は妄想か？——無神論原理主義とドーキンスによる神の否定』杉岡良彦訳，教文館。

森政弘　2014『ロボット考学と人間——未来のためのロボット工学』オーム社。

Lopez Jr., D. S. 2010. *Buddhism & Science: A Guide for the Perplexed*. Chicago: University of Chicago Press.

McNamara, P. 2020. *Religion, Neuroscience and the Self: A New Personalism*. London and New York: Routledge.

Stone, J. A. 2008. *Religious Naturalism Today: The Rebirth of a Forgotten Alternative*. Albany: State University of New York Press.

ブックガイド

『科学と宗教』トーマス・ディクソン，中村圭志訳，丸善出版，2013年

宗教と科学の領域について，主要なトピックを取り上げて解説した入門書。ガリレオ裁判や反進化論運動など，科学史の各場面をひも解きながら宗教と科学の複雑な関係を論じている。

『科学と宗教』
アリスター・E・マクグラス，稲垣久和・倉沢正則・小林高徳訳，教文館，2009年

神学者の立場から，宗教と科学の関わりを論じた概説書。科学哲学や宗教哲学など思想面がより深く掘り下げられており，文献案内も豊富。

『生命操作と仏教——選択される生命と生き方の選択』
早島理，本願寺出版社，2022年

仏教者であり，医療倫理の検討にも携わってきた著者が，「対話」の立場から生命倫理を論じた著作。出生前診断や延命治療などの先端医療にはどのような倫理的問題があり，仏教の生命観はそれにどう答えられるかが語られている。

Case Study | ケーススタディ14

欧米の創造論運動

　米国ケンタッキー州には「創造博物館」がある。一見すると普通の博物館に見えるが，そこではヒトと恐竜が共存しているという，進化史的にありえない様子の展示が行われている（写真14-1）。この博物館を建てたのは創造論団体 Answers in Genesis（AiG）であり，彼らは聖書の記述に従い，地球の歴史はわずか数千年だと信じ，生物の進化を否定している。創造科学の歴史観では，人類と恐竜は共に神に創造されて同時期に生きていたが，恐竜のみが大洪水で滅びたと考えられており，この博物館もそうした歴史を描いているのだ。

　創造科学の世界観はあまりに奇妙に見えるかもしれないが，彼らは決して科学に背を向けた，無知蒙昧の人々などではない。むしろそこには，入念に練り上げられた知識体系が存在している。そのような創造論の実態を知るために，AiG およびオーストラリアの Creation Ministries International の原著を日本の創造論団体が翻訳刊行した著作の内容に触れてみよう（ウィーランド 2008，ハム 2009）。

　こうした著作の主な目的は，進化論に疑問を呈することである。著者は科学を「歴史科学」と「実験科学」に分け，実験科学は実験で仮説を検証できるから確かだが，進化論を含む歴史科学は実験ができず，その理論は仮説でしかないとする。さらに，進化を別種に変わるような「大進化」と，亜種を生むような「小進化」に分け，これまで進化の証拠とされてきたものは小進化の証拠に

写真14-1　創造博物館の人類と恐竜の共存を示す模型

すぎず，大進化は誰も観察していないとする。そのうえで，進化論への数々の異論が唱えられる。そのなかには，始祖鳥は鳥類の直接の祖先ではない，脊椎動物の類縁性を表すとされたヘッケルの胚発生の比較図は捏造だったなど，事実も多く見られる。これらは生物学の研究過程で誤りとして指摘されたものだが，それが進化論否定の論拠として用いられている。もちろん，生物学者，特にリチャード・ドーキンスは『盲目の時計職人』などの著作で，こうした異論に徹底的に反論している。

　このような科学的議論に加え，道徳的論調も見られる。そこでは犯罪率や自殺率の増加，麻薬の蔓延といった社会問題は，進化論の広まりが原因だと見なされている。というのも，進化論は神による創造を否定するため，それが広まると人々が神を信じなくなる。そうなると神が定めた規則である道徳も失われ，社会に悪徳がはびこるとされているのだ。さらには，人工妊娠中絶や同性婚の容認も進化論の広まりと結びつけられている。こうして進化か創造かという議論は，同性婚を認めるかといった政治的な論争にも接続している。

　公立学校で創造科学やIDを教えることが裁判で否定されても，創造論者が教育の場から撤退したわけではない。近年の米国のキリスト教保守派は子どもを家庭で教育するか，あるいは国や州が私立学校の学費を負担するバウチャー制度を推進し，創造論を教える学校に子どもを通わせる戦略を取っている。

参考文献
—
ウィーランド，C　2008『創造の確かな証拠』松原弘明訳，バイブル・アンド・クリエーション。
ハム，K　2009『進化論——偽りの構図』宇佐神正海訳，クリエーション・リサーチ・ジャパン。

Active Learning ｜ アクティブラーニング14

Q.1

宗教と科学の関係について，あなたの立場を考えてみよう。

あなたは，宗教と科学は対立すると思うだろうか。それとも両者は共存できると思うだろうか。身近な事例や歴史的出来事から，宗教と科学の関係について意見をまとめて，それが「4つのモデル」のどれに近いか分類してみよう。

Q.2

宗教と科学の関係について意見を戦わせてみよう。

Q1でまとめた意見をもとに，4つのモデルのうち1つの立場を選び，同じ立場の人とグループを作ろう。本章の内容を参考にその立場を支持する根拠を集めて，別の立場の人とディベートを行ってみよう。

Q.3

反進化論運動について調べよう。

ケーススタディに記した創造論団体のウェブサイトや出版物から，彼らの主張や活動について調べてみよう。得られた情報をまとめて，「欧米ではなぜ進化論を否定する人がいるのか」という問いへの答えを考えてみよう。

Q.4

仮想的な「宗教と科学の対話」をセッティングしよう。

概説の第3節で扱ったテーマをはじめとして，宗教の意見が参考になるような具体的な問題を1つ選ぼう。その問題について議論する仮想的なイベントを，どういう立場の人が参加するのか，どのようなプログラムにするのかなどを考えて作ってみよう。

終章

宗教学のこれから
「宗教とは何か」という問いを考え直す

下田和宣

　本書ではこれまでさまざまな宗教現象を取り上げ，それらがもつ問題について検討してきた。そこで最後に，結局のところ宗教とは何であるか，考えてみることにしよう。すでにそのための材料はそろい，準備は整ったはずだ。ところが実際にいざ考え始めてみると，それがなかなか難しいことに気づく。この教科書を通じ，宗教を取り巻く古今東西の基本問題について，私たちはもうかなりの事情通である。宗教についてなんとなくわかった気になっている。はっきりと問いを立てるまでは，たしかにそうである。それがいったん宗教の本質を捉えようとしてみると，まるで雲をつかむような感覚に襲われるわけである。それはなぜだろうか。その難しさは宗教に特有のものなのだろうか。これからもっと勉強していけば，私たちは何か決定的な理解を獲得することができるのだろうか。あるいはもしかすると，宗教についての明確な定義を求めること自体に何かしらの問題があるのではないか。だとすれば，宗教そのものについて考えることは，果たして意味のあることなのだろうか……結論を急ぐ前にいったん考え方を変えてみよう。終章では「宗教とは何か」という問題に直接答えを出そうとするのではなく，宗教学という学問の営みについて振り返り，今日と将来におけるその意義について展望することにしたい。

KEYWORDS　#宗教の定義　#宗教概念批判　#生きられている宗教　#宗教的マテリアリティ

1 ｜宗教を定義することの難しさ

・

宗教の本質に迫る

　ある事柄の本質について知りたいなら，それとは違うものと切り分けてみるとうまい具合にいく場合がある。たとえば宗教は科学ではない。経験的な学問である自然科学と異なり，神の存在や苦しみからの救いなど，合理的に根拠づけることのできないものを宗教は認める。あるいは宗教は芸術や文化でもない。有限な人間の営みに限定されず，人間を超えた要素がどこか含まれる。

　このような仕方で切り分けを重ねていけば，宗教なるものの本質がどこか見えてくる。そこから「宗教とは何か」という問いに答えを与えたものが，宗教の「実体的定義」〔☞用語集〕と呼ばれる。「実体的」というのは，その他の文化的・精神的要素に解消されない固有の本質に関わることを示している。

　影響力の大きかった宗教の実体的定義として，たとえばフリードリヒ・シュライアマハー（シュライエルマッハー，1768-1834）の見解を挙げてみよう。彼は宗教の本質と根源を人間の「直観と感情」に求めた（シュライエルマッハー1991）。人間には，哲学的思考や道徳的行為には解消されない，無限なものへと依存しているのだという感覚が生まれつき備わっている。それこそ宗教の源泉にほかならない，とされる。このように，シュライアマハーの宗教学は人間の本質を突き詰める。それにより，キリスト教〔☞諸宗教の解説〕のような特定の宗教を超えた，宗教一般についての探究の道を開いたのである。

　「宗教とは何か」という問いへと迫るこの姿勢には，どこか人を圧倒するような凄みがある。しかしそれだけに批判もまた多い。宗教の実体的定義はおおよそ，人間存在それ自体がもつ無限なもの，聖なるもの，超越的なものへの素質を前提している。しかし果たしてそのような素質はほんとうに実在するのだろうか。また，論理的な切り分けのスタイルで考察を進めていくと，自分に馴染み深い宗教のイメージが知らないうちに忍び込んでくる。西洋の思想家の場合にはキリスト教がそれである。無限な力と対峙する，そのときに得られる感情となると，それはあまりに一神教的ではないだろうか。

　このような難点を避けるために，頭のなかだけで考えるのではなく，多くの

宗教に共通の「起源」に遡ってみることも有効だと見なされた。18世紀に誕生し，19世紀で確立した宗教学において好まれた研究手法である（宗教起源論〔☞用語集〕）。ところがそれもまた実証することの困難な課題である。宗教の「起源」はどこにも見出されず，推論によって導き出されるほかないからである。

・

宗教の役割を理解する

切り分けタイプの定義はだいたいのところ頭のなかで考えられたものなので，証拠に乏しい。だとすれば他に何か別の見方はできないだろうか。そもそも，宗教はそのものとして独立に存在しているわけではない。実際にはむしろ，それは共同体において役割をもち，そこでのさまざまな関係のなかで働いているのではないか。この視点から宗教を規定する試みが，宗教の「機能的定義」〔☞用語集〕と呼ばれる。切り分けるのではなくむしろその他の要素と結びつけることで宗教の本質を導き出そうとする考え方のスタイルである。

典型的なのはエミール・デュルケームの宗教社会学である。彼が着目するのは個人的な信仰や感情ではなく，祭儀や儀礼といった共同体における宗教的実践である。祭りに参加すると非日常的な熱狂のなかで，普段にはあまり関わりのない人たちとの一体感を意識することができる。「集合的沸騰」と呼ばれるこの状態は，社会を再活性化し連帯を強化する。こうした機能が「社会」における宗教の役割である。ここから見ると，宗教について考えるうえでイメージや教義ではなく，むしろ儀礼に優位が認められる（詳しくは第5章と第8章参照）。

また，マックス・ヴェーバーは「経済」における宗教の役割を見て取る。日々禁欲的に労働に励むことは神からの召命に従うことである。そこから信徒の生活は内側から厳しく規律化され，合理主義的に形成される。近代キリスト教が用意したこのような宗教倫理は，信仰者が意図せざるところで近代資本主義の発展に寄与したという（詳しくは第9章参照）。

宗教を「文化」のひとつのシステムとして定義するのはクリフォード・ギアーツ（1926-2006）である。宗教はいろいろな価値をリアル化する装置である。つまり宗教が醸し出す「事実性のオーラ」によって，ある事柄がその社会の成員にとって「あたりまえ」のものとして受け入れられる（ギアーツ 1987）。

宗教というとしばしば，信仰者の感情や自己理解が重要視されがちである。

それに対して機能主義的な考え方は，また違った角度から宗教について理解するための手がかりを提供してくれるのである。

・

定義することで何を求めているのか

ただし「機能的定義」にもまた問題が指摘される。ある機能がとりわけ宗教的であると呼ばれるのは，なぜだろうか。人々の絆を強くしたり，物事にリアルな感触を与えたりすることがことさら宗教的だとされる。そこにはやはり，宗教についての内容的な理解や，超越と内在，聖と俗〔☞用語集〕のような概念の理解が前提されているのではないか。

とすれば「実体的定義」と「機能的定義」のどちらが正解か決めることにはあまり意味がなさそうである。序章で確認した「規範的」宗教学と「記述的」宗教学の区別を思い起こそう。前者は体験や思考をもとに宗教の本質を導き出し，そこからさまざまな現象を説明するトップダウン型のスタイルである。それに対して後者は逆に歴史的文化的な諸現象を経験的・実証的に記述しながら，宗教的本質の解明へと向かうボトムアップ型の研究法であるとされる。どちらのアプローチを採用するか，というのは結局のところ，宗教を研究することで何を理解しようとするか，にかかっているのではないだろうか。そして定義とは，まさにその理解が最終的に結晶化したものなのである。

そもそも実際の研究において，どちらかの極に振り切ることはほとんど不可能だろう。極端に思弁的な哲学はあまりに多くの現象を排除してしまう。だとすれば，宗教学者は純粋な記述に徹するべきか，と言えば，それもまた非現実的である。というのも，論ずるべき対象や研究の素材を取捨選択するときには，宗教とは何であるかについての事前の理解が，それがはっきりしたものであれ無意識的で漠然としたものであれ，どうしても必要だからである。何が宗教であるかあらかじめ少しでも知らなければ，探究を始めることはできない。

観察と考察を相互に行うことで宗教のミニマムな定義を求めることはなおできるだろうし，そもそも決定的な定義を求めることなく知見を深め理解を精緻化していくことを，宗教学者本来の仕事と見なすこともできるだろう。しかし以下では，比較的最近に深化をみせた宗教学の方法論的な自己反省を手がかりに，**宗教の定義**にまつわる問題について別の角度から考えてみたい。

2 ｜ 宗教の概念

••

「宗教」概念に対する文化論的な批判

　宗教に絡んで何か事件が起きると，あんなものは宗教じゃないとか，いやあれこそまさに宗教だ，という会話がお茶の間のみならず宗教学者の間でも交わされる。私たちは「宗教」の概念を無自覚的に，なんとなく使っている。しかもそれに基づいて，ある社会的機能は「宗教的」であるとされ，ある文化現象は「非宗教的」だと分類されるわけである。宗教についての明確な定義が必要となるのは，まさにこのような場面だろう。問題なのは，いざ定義を求めようとしたところで，そのような前提理解を考察の出発点とせざるをえない，ということである。しかしこの「宗教」という概念は果たしてどれほど正当で有効なものなのだろうか……まさにこの反省から，20世紀後半の宗教学は「宗教」概念の歴史的形成を批判的に主題化するに至ったわけである。ここではいわゆる「**宗教概念批判**」のいくつかのバリエーションを確認することにしよう。

　西洋語の「宗教」（英語で religion）という言葉はラテン語の religio を語源とするものである。現代日本語の「宗教」はそれを明治期に翻訳したものである。それゆえこの言葉は基本的にその意味内容を西洋語でありしかもキリスト教的な意味合いを強く含んだ religio から借り受けているのである。そのため当然ながら，日本に根づく信条や儀礼をそのまま「宗教」と呼ぶことには違和感が伴う。このことについてたとえば岸本英夫は次のように述べている。

　　われわれ日本人の宗教的ないとなみを理解するためには，西洋から直輸入のままの宗教の概念では，無理である。これを裏返していえば，現代の日本人の宗教に対する理解の困難は，そのような借りものの宗教の概念を使用していて，それが借りものである点に，気づいていないところに，その一端があるのではないか。　　　　　　　　　　　　　　　　　　　　　　　　　（岸本 1975：45）

　言葉はそれがいったん定着すると，極めて自然なものとして馴染んでいく。だとしてもやはり借りものなので，どこかしっくりいかない部分が残る。たと

えば「日本人は無宗教である」という自覚（序章・第3章参照）もまたこの事情に基づいていると言えよう。日本人の文化的慣習はたしかにreligionではない。だからと言って何か適当な言葉がほかにあるわけでもない。なので，そこはかとない居心地の悪さを抱えたまま，私たちは「宗教」という言葉となお付き合い続けている。

「宗教」概念に対する歴史学的な批判

　日本語の「宗教」概念もさることながら，その源泉であるreligionの形成もまた問題含みである。特に深刻なのは，西洋近代における「宗教学」という学問の存在である。その誕生以来，religionはあたかもあらゆる文化に適用可能な精神的カテゴリーだと見なされてきたのである。

　従来の宗教学に対して批判的な論者は，「宗教」概念を解体するためにその歴史的形成の過程を紐解き由来を暴露するという「系譜学的手法」を採る。たとえばウィルフレッド・キャントウェル・スミス（1916-2000）の議論は示唆深い。今日では何の抵抗もなく，私たちは複数形で「諸宗教（religions）」と語る。しかしながら，キリスト教もイスラームも，仏教も神道も〔☞諸宗教の解説〕，すべて「宗教」なのだという理解は，あたりまえのことではまったくないし，それらが「宗教」という同じ名前で呼ばれるようになったのもそれほど昔のことではない。西洋近代の宗教学がそれを可能にしたのである。しかもそれはかなり強引な仕方で，異質な精神的伝統を「宗教」の名のもとで一律に捉える作業であった。その際に比較の基準として役立つようつくりあげられたのが，まさにキリスト教をモデルとしたreligionという概念にほかならない（スミス 2021）。

　それだけではない。研究者の関心によってそのような処理がなされるなかで，どの文化的精神体系が世界の「宗教」を代表するものとして選抜されるべきなのか，それに伴ってどれを二次的な「宗教」として周縁に追いやってもかまわないか，ということもおのずと決まってくる。増澤知子によれば，いくつかの「世界宗教」〔☞用語集〕を中心とする「諸宗教」のヒエラルキーとともに，宗教学者たちがしばしば前提してきた神秘的「東洋」と合理的「西洋」という二分法もまた，西洋近代的宗教学による一方的な分類作業に由来する（増

澤 2015)。そのかぎり，この関係性は対称的で同等のものでは決してない（オリエンタリズム〔☞用語集〕）。にもかかわらず，私たちにとってそれらのイメージが身近で，受け入れやすいものとしてあまりにも浸透しているのはなぜだろうか。

．．
「宗教」概念に対する政治学的な批判

　「宗教」なるものを示す客観的なデータは何も存在しない（Smith 1981）。「宗教」とは「これだ」と指差すことのできる対象ではないのである。にもかかわらず，神話や儀礼などのそれらしい要素をかきあつめ，分類し，そこにあるはずのない「宗教」を実体として出現させてみせること，それこそ近代宗教学の仕事であったと言えるかもしれない。とりわけ宗教を定義することは，そういったものとしての「宗教」にもっともらしい装いを与え，誰もが納得のできる仕方で疑似的なリアリティを演出する行為である。そのようなものとして，宗教の定義づけは宗教学者の仕事のなかでもメインの作業のひとつとなる。

　このように批判的な視点に立つことで，「宗教」に関する個々の定義の妥当性や有効性ではなく，むしろ「宗教学」という学問そのものの正当性と根拠に対して疑いの目が向けられる。とりわけ1990年代以降，西洋近代の知の権威性や権力性を批判するポストコロニアリズムの議論を交えながら，宗教学そのものに対する自己批判は高まりを見せる。

　代表的論者のひとりであるタラル・アサド（1932-）によれば，宗教学によって形成された「宗教」概念は「信仰」という側面を過度に重視している。そのため，苦痛を伴う修行や政治的な権威づけの過程という他の側面は副次的なものとして理解される。苦痛の除去を宗教の普遍的核心として自明視するこうした宗教学的な「宗教」理解は近代的で私事化されたキリスト教プロテスタンティズムの考え方へと暗黙裡に依拠している。従来の宗教学者はこのことにあまりにも無頓着であった。にもかかわらず，彼らは自らの立場のみが歴史や文化を超えた普遍的なものであることを要求してきたとされる（アサド 2004）。

　その結果として，植民地主義や帝国主義的な支配関係が，一神教〔☞用語集〕を頂点とするヒエラルキーのもとで正当化される。「宗教」は文明の進歩の度合いを示す指標であり，それをまったくもたないか，あるいは「プリミティ

ブ」（未開・原始）な「宗教」しかもつことのないものについては，適切な指導が必要なほど未熟な文化だと見なされる。宗教学は客観的な学問の装いで西欧諸国の対外政策にお墨付きを与えるものであった（チデスター 2010）。

3 │ 新しい宗教学のかたちを求めて

…

生きられている宗教

「宗教」概念に対する批判吟味を徹底することは，自らを取り巻く文化的，歴史的，政治的なコンテクストについてあまりに無頓着であった西洋近代の宗教学に対する見直しへとつながっていく。そこから従来の宗教学に対して「死」が宣言されたりもする（磯前 2012）。いまや，これまでの宗教学が基づいていた前提や規範を越えたところで研究が試みられなければならない。では，現代宗教学の立場とはどのようなものであり，そこではいかなるアプローチが試みられているのか，最後にその一端を覗いてみることにしよう。

宗教概念批判が問題視した宗教学の「宗教」概念とは，「世俗」と切り分けられ，「信仰」という要素を中心として形成されたものであった。いまやなされるべきなのは，あえて切り分けたり，切り分けを前提として結びつけたりするのではなく，これまでの基準から「宗教的でない」と判定されてきた領域において宗教的なものを把握するという作業である。それによって日常生活において実際に「生きられている」宗教の相が捉えられる。第9章や第13章で取り上げられた「公共宗教」論もこのような流れに含まれる。

いわゆる「**生きられている宗教**（lived religion）」に着目することで，世俗と宗教を切り分けることでは見えてこなかった，日常的な行動や考え方の奥行きを立体的に理解することができる。日常のコンテクストを中心とすることは，とりわけイスラームや東アジアの場合のように，儀礼的実践や生活規範へと溶け込んでいる宗教性について主題化することを可能にしてくれる。

それだけではない。アイデアを具体化したり，何かを美しいと感じたり，怒りを覚えたり，道徳的な善し悪しを判断したりするような日常のなかに，何かしらの宗教的なモチーフが絡み合うことがある（Ammerman 2021：8）。悔し紛れに叫ばれる「こんちくしょう」の呪詛には仏教的な背景がある。しかしそれ

らの要素はいわゆる既存の伝統的「宗教」に還元できるものではなく，不調和で独特な宗教性の次元を指し示している。だとすれば行動や思考の背景として宗教的なものが認められる場合，それは必ずしも伝統の単純な残存や権威の安直な再利用であるとはかぎらないと言える。とりわけジェンダーや人種といった社会構造の問題とともに現れる宗教的なものは，そのつどの流動的で多重化された状況に根ざして捉え直されることで，従来の価値観による硬直化した拘束に対する効果的なプロテストの鍵ともなりうる（詳しくは第12章参照）。

・・・

宗教的マテリアリティ

　従来の「宗教」観にとらわれず視野を広く保つ。このことが可能であるだけではなく，また積極的になされるべきだと後押ししてくれるのが，宗教概念批判の功績のひとつである。

　「世俗／宗教」を対立的に捉える見方と並んで，従来の宗教学において主要な考え方の枠組みだったのが「物質／精神」のペアである。宗教概念批判によって「信仰」中心主義的な「宗教」概念が批判されることにより，身体的な宗教実践にスポットライトがあてられるだけでなく，正統で伝統的な精神性とは切り分けられていた「物質性（マテリアリティ）」の領域にも注目が集まる（Morgan 2021）。この場合，フェティシュ（呪物，おまもり）や寺院建築などといった具体的な「もの」だけが言われているわけではない。むしろ政治的制度，経済的な交換関係，生産および消費行動や文化的な交流といった，日常生活を支える社会の力動的な「循環運動」に流れ込んでくる宗教的なものが拾い上げられようとしている（Chidester 2018）。いま問うべきなのは「精神」と切り離されたいわゆる「物質」ではなく，「もの」と化した宗教性であり，宗教化した「もの」という絡まり合いの次元である。それゆえ現代のいわゆる「スピリチュアリティ」（第11章参照）もまた広義において**宗教的マテリアリティ**の問題圏に含まれるだろう。

　本書の多くの章で争点となっていたのもまた，序章の言葉を用いるなら「文化としての宗教」というあり方であった。伝統的な宗教が「流動化」し，さまざまな文化現象へとダイナミックに「拡散」する（第10章参照）さまをどのように把握し，その意義をどう理解するべきか。現代宗教学に特有の課題がある

とすれば，それはまさにこの点に存していると言えよう。

　さまざまな宗教性の形態には，伝統宗教の側からすると節度のない濫用ないし「盗用」と見なされざるをえないものもある。それでも，各々の形態が真正な宗教かどうかを従来の基準（たとえば正統／異端〔☞用語集〕）に従ってのみ判定することは差し控えられるべきだろう。それぞれの現象を伝統宗教という「元ネタ」から説明したり，習合や混淆（シンクレティズム〔☞用語集〕）といった複合的な現象を構成要素に分解したりするのではない仕方で，それら独自のあり方がもつ意義について考えてみる必要がある。

• • •

それでも「宗教とは何か」と問うこと

　「宗教」を取り巻くコンテクストや流動化を主題化するには，既存の学科的枠組みに捉われない柔軟で領域横断的な考え方が必要である。そうした思考を自覚的に養うことは，多様化する現代社会への対応力を身に付けることにつながるだろう。現代宗教学はそのためにうってつけの練習場である。

　それでも気を付けるべきなのは，日常生活における宗教性や宗教的マテリアリティへの着目が，相対的な諸々の文脈への解体作業に終始するものではない，という点である。伝統的な宗教の「頑なさ」を相対主義的に冷笑しつつ傍観することは，自らの立ち位置をどこか安全な高みへと避難させることを意味している。従来の宗教学が行っていたそうした逃避の所作こそ，宗教概念批判がねらいの先に定めていたものだったはずである。

　だとすれば，問題なのは宗教的な超越性や精神性を他の何かへと解体することではなく，何事かが「宗教」となる現場を見届けることだろう。宗教概念批判の厳しい反省をよそに，「宗教」の名はさまざまな文化的コンテクストのなかでなお語られ続けている。それを拒絶するのではなく，そこで（宗教学者を含む）人々が何を期待しているのかと考えてみよう。日常的実践の次元において「宗教」概念は権威的な意味内容を反復しているのではなく，むしろそこからそのつどずれていくことで，新たに練り直される。私たちにとってのリアリティはそうした目立たない推移に左右されていると言えるかもしれない。

　その流れを明確に捉えるため目を凝らす。そこに「宗教とは何か」という問いの現代的な場所があるように思われる。その問いに対する応答はもはや脱文

脈的で普遍的な定義にはなりえない。それでもまだ私たちが私たちの現実の奥行きを理解し，またそれがどのような「奥行き」なのかを理解しようと欲するなら，そのかぎりで宗教そのものについて問うことはなされうるのである。

―――――――――――――

参考文献

―

アサド，T　2004『宗教の系譜――キリスト教とイスラムにおける権力の根拠と訓練』中村圭志訳，岩波書店。

磯前順一　2012『宗教概念あるいは宗教学の死』，東京大学出版会。

ギアーツ，C　1987『文化の解釈学 Ⅰ・Ⅱ』吉田禎吾・中牧弘允・柳川啓一・板橋作美訳，岩波現代選書。

岸本英夫　1975『岸本英夫集1　宗教と人間』渓声社。

シュライエルマッハー，D　1991『宗教論――宗教を軽んずる教養人への講話』高橋英夫訳，筑摩書房。

スミス，W・C　2021『宗教の意味と終極』保呂篤彦・山田庄太郎・八木久美子訳，国書刊行会。

チデスター，D　2010『サベッジ・システム――植民地主義と比較宗教』沈善瑛・西村明訳，青木書店。

増澤知子　2015『世界宗教の発明――ヨーロッパ普遍主義と多元主義の言説』秋山淑子・中村圭志訳，みすず書房。

Ammerman, N. T. 2021. *Studying Lived Religion: Contexts and Practices.* New York University Press.

Chidester, D. 2018. *Religion: Material Dynamics*, University of California Press.

Morgan, D. 2021. *The Thing about Religion: An Introduction to the Material Study of Religions.* University of North Carolina Press.

Smith, J. Z. 1981. *Imagining Religion: From Babylon to Jonestown.* University of Chicago Press.

ブックガイド

『**沈黙**』遠藤周作，新潮文庫，1981年

　日本人はキリスト教を変質させてしまったという神父の嘆き，それでも殉教する日本人の姿，そしてラストで明らかとなる神のあり方。さまざまなコンテクストが絡まり合うなかで実現する「宗教」のあり方を考えたい。

『**哲学コレクション5　道程**』上田閑照，岩波現代文庫，2008年

　日常的な意味の場としての世界が破れ無限の虚空へと開かれるところに宗教の本質を見る。人間存在の流動性を把握するためのセンスを身に付けたい。

『**宗教概念の彼方へ**』磯前順一・山本達也編，法藏館，2011年

　宗教概念批判についての重要な論集。上級者向け。

Case Study | ケーススタディ15

21世紀において「宗教とは何か」と考えることの意義
宗教学者のプラクティス

「宗教とは何か」という問いをめぐる状況の変化

2021年，ある論集が組まれた。その名も『宗教とは何か——アカデミックな宗教研究についての討論』である。宗教概念批判は西洋近代宗教学に対し徹底的な反省を行った。その後で，研究者たちは再び「宗教とは何か」という問いに向かいつつある。20世紀初頭，ジェイムズ・ヘンリー・リューバは「宗教」に関するそれまでの定義を48ほど数え上げ分類した。宗教現象や教義形態の多様性がさらに重要視されていく流れのなかにあって，このような定義の濫立は「宗教とは何か」に対する決定的で最終的な解答への希望を奪い，定義づけの努力そのものを無力化するには十分だったはずである。だとすれば，研究者たちが再び「宗教とは何か」という問いに向き合いつつあるというのは，何を意味するのだろうか。

『宗教とは何か』のねらい

論集『宗教とは何か』は，所属や専攻テーマを異にする17人の宗教研究者たちがそれぞれ「宗教とは何か」という問いに答え，その定義に別の論者が批判的に応答し，それを受けて定義をした者がレスポンスを行う，という形式によって組まれている。この実験的な企画の意図について，編者のヒューズとマッカチオン（どちらも現代の宗教概念批判や宗教研究の方法論を代表する論者である）は次のように説明している。まず各人の定義はさらなる問いを触発し議論の空間を開くための挑発的なキックオフにすぎない。決定的なものではもちろんないし，それを期待しているわけでもない。それでも各定義から研究者たちによる文化の読み方・語り方のサンプルを採取することができるとしたら，それは有意義だろう。それより重要なのは，専門テーマが異なる他者の目を通してその挑発が受け取られるときに生じるだろうまったく予期できない即興的

なニュアンスである（Hughes & McCutcheon 2021: 1-5）。

「宗教と何か」という問いが示すもの

　『宗教とは何か』に収められた定義や反応はどれもユニークなものである。中には宗教とは「権威づけのシステム」だ、「技術」だなど、なるほどと思わせるものから、「銃声、冷たいシャワー、フロイト的失言、コットン・キャンディー……」だと奇をてらうもの、「それ自身の最悪の敵」だとする小難しいもの、あるいは「「宗教とは」と始めるのがすでに間違い」だと企画の趣旨を疑うものもある。はっきりとした解答を拒むというのもひとつの態度でありうるだろう。

　決定的な答えを求めずにとにかく応答せずにはいられない対話こそが、宗教概念批判以後に「宗教とは何か」という問いへと与えられた場所である。巻末には伝統的な定義集が収められており、これもまた便利である。だがそれ以上に、この「おまけ」には従来の諸々の定義を突き放すことなく、同じ対話のテーブルに引き入れるという独特の効果があることに注意したい。「宗教」に関して最終的な定義を求めることは不可能であり、ときに暴力的で差別的ですらある……こうした反省を経た後で、ではなぜ人は「宗教」について考え語らざるをえないのか、という視点が用意されるのかもしれない。

参考文献
—
Hughes, A. W. & R. T. McCutcheon（eds.）, 2021. *What is Religion? Debating the Academic Study of Religion.* Oxford University Press.

Active Learning │ アクティブラーニング15

Q.1

教科書を振り返り，宗教学のマインド・マップを作成しよう。

特に印象に残ったもの，重要だと思ったもの，あるいはまた，まったく（あまり）ピンとこなかったものを書き出してみよう。どういったところでそう思ったのか，できるだけ具体的に思い出そう。

Q.2

「宗教」を定義してみよう。

Q1の整理を受けて，そのうえで「宗教とは何か」について自分なりに考え，定義してみよう。その際に，似たような定義がすでにないか，宗教学事典などで調べてみよう。

Q.3

自身の「宗教」の定義についてグループで話し合ってみよう。

「宗教」について理解するうえで何が重要なのかを他人にもわかるように説明してみよう。単なる「私はこう思う」という意見交換ではなく，相互に批判的に深掘りするのが大事である。なぜそう考えるのか，あえて聞いてみよう。

Q.4

討論を踏まえてレポートを書こう。

これまでの作業を踏まえ，考えをまとめてみよう。そこから特に，「日本人は無宗教である」と一般にされることの意味と問題点を批判的に考察してみたい。

資　　料

「用語集」では各章で詳論した語を意図的に省いた場合もある。「諸宗教の解説」は主な宗教だけを選んだ。用語の選定には，細谷昌志・藤田正勝編『新しい教養のすすめ宗教学』（昭和堂，1999年），島薗進ほか編『宗教学キーワード』（有斐閣，2006年），星野英紀ほか編『宗教学事典』（丸善出版，2010年）を参考にした。

用語集

アニミズム

　人間以外の存在にも霊魂があるという考え方。この概念を定着させた人類学者タイラーは，霊魂の観念が死霊，精霊，神の観念にまで発展したと考え，こうした霊的存在への信念を「宗教の最低限の定義」とした。（伊原木大祐）

異端（異端と正統）

　異教とは違い，異端は同一信仰集団内において正統と対立的相関関係を成す。協調的・総合的合理化を試みる正統に対し，異端とされる立場はラディカルな理想主義と非妥協的な一面性，急進的な活動志向をもつ。（重松健人）

一神教

　唯一絶対の神への信仰（ユダヤ教やイスラームがその代表とされる）といったものを想起しがちだが，それらは厳密には「唯一神教」で，他の神々の存在を認めた上で自分たちの神を信仰する「拝一神教」という形態もある。（根無一行）

エキュメニズム

　キリスト教において教派の違いを超えた合同を目指す運動のことを指す。20世紀に入って本格化した。この運動は，キリスト教内部にとどまらず，他宗教との対話や共存への積極的姿勢にまで広がりを見せている。（後藤正英）

エコロジー

　もとは生態学を意味する生物学用語。1960年代から自然環境と人間の共生を目指す思想や活動を指す用法が広がる。やがて環境に配慮する行為も指すようになるが、最近、この意味ではサステナビリティの方がよく使われる。（河西瑛里子）

エロースとアガペー

　ギリシア語で「愛」を意味する語はいくつかあるが、「エロースとアガペー」という対比の場合、人間が対象を追い求める愛である「エロース」と、神が人間を無償で愛する「アガペー」という意味の区別が強調される。（根無一行）

応報（応報思想）

　超越的理法や神の規範に背いたかどうかにより、報い（罰や幸い）があるとする宗教思想は広く存在する。応報が現世であるか死後であるかの違いもあるが、応報の論理そのものを超越する救済（神の愛や仏の慈悲）を説く思想もある。（重松健人）

オリエンタリズム

　東洋趣味や東洋学を示す言葉だったが、現在ではサイードの議論に従い理解される術語。東洋に対する西洋の視線やイメージは中立ではなく、後者の政治的・文化的な優位と支配を正当化するための表象様式だということ。（下田和宣）

回心

　何らかの衝撃的体験を契機に価値観・世界観が劇的に変化すること。宗教の文脈では、それまで生きてきた世俗社会を離脱して信仰を軸とした生活になることや、ある宗教から別の宗教へと信仰を変えることを指す。（岡本亮輔）

家父長制

　少なくとも公的な立場としては異性愛の年長男性を指導者として位置づけ、女性や年少男性などに対する社会構成員を従属的地位に置く関係性を基盤として作られている男女不平等な社会制度である。（猪瀬優理）

カリスマ

「恵み，賜物」を意味するギリシア語の charis を語源とする。ヴェーバー社会学では，特定の個人がもつ非日常的な資質とされる。その人並み外れた資質によって，指導者と帰依者との間の支配－服従関係が正当化される。(坪光生雄)

カルト

反社会性の強い宗教集団や，特定の教派からみた異端を指して用いられる言葉。宗教社会学の学術用語として用いられることもあるが，一般的には，当該の社会や教派の価値観と結びつき，否定的なニュアンスを帯びる。(田中浩喜)

寛容

宗教的または政治的権威からの強制を排除し，思想・良心・信仰の自由およびこれに基づく諸実践を認めること。ロックの寛容論では，真の宗教的信仰は内面的なものであり，外的な強制を受けないことが説かれた。(坪光生雄)

疑似科学

科学であることを装っているが，科学的には疑わしい主張を行っている言説群。ニセ科学とも呼ばれる。信奉者が何らかの信念を有し，集団で広めようとする点は宗教と共通するが，科学的根拠があることをアピールするかどうかで一般的な宗教とは区別される。(藤井修平)

究極的関心

20世紀ドイツの神学者パウル・ティリッヒ（1886-1965）が信仰の内実として用いた概念。人間は日々さまざまなものに関心を向けながら生きているが，信仰においてはそれが自らの全存在をかけた全人格的なものとなることを表している。(竹内綱史)

禁欲

肉体的，世俗的な欲を抑制・昇華して宗教体験や徳や救済を獲得しようとする宗教的実践。断食，性的欲求の抑制，身体の鍛錬，厳しい修行，規律に基づく生活など，宗教や文化によってさまざまな方法がみられる。(古荘匡義)

偶像崇拝

　神々を自然物によって代理表現し，それを崇拝する態度のこと。一神教では，神ではないものを神とする倒錯したあり方として問題視されてきたが，一神教内部でも，神の何らかの像を許容する程度にはさまざまな立場がある。(後藤正英)

供犠

　供儀とは，何らかの目的を叶えてもらうためにその引き換えとして貴重なものを捧げる宗教的行為である。捧げるものは「供物」や「お供え」といい，料理や作物や獲物が多い。願いが大きければ，人間を捧げることもある。(鶴真一)

グノーシス主義

　2〜3世紀を中心に地中海世界全域に拡がった宗教思想。神的本質と物質世界からなる二元論的な神話体系を特徴とする。人間本来の自己を神的本質に見出す認識（ギリシア語でグノーシス）が救済に通じると考えられた。(伊原木大祐)

ケア

　ジェンダー研究では，女性が従属的な立場になる要因としてケア役割を見出す。この観点ではケアは特に子どもや病者など依存的な存在に対する世話と配慮を意味し，故にケアを担う者も依存的存在となる。(猪瀬優理)

穢れ

　死や血など，不浄とされるものに接した状態。穢れた者は神聖な儀礼から排除されるが，メアリー・ダグラス(1921-2007)によれば聖性と汚穢はときに明確に区別されず，体系の秩序に入れ込めない穢れの排除は秩序を構成する創造的行為でもある。(古荘匡義)

原理主義

　聖書を字義通りに解するプロテスタントの一派を指す言葉として20世紀初頭のアメリカで登場した。現在はイスラーム過激派を指すときにも用いられるが，侮蔑的な含みもあり学術用語として適切かについては議論がある。(田中浩喜)

死生学

死生観を扱う学問分野。ターミナルケアやグリーフケアなどの臨床現場から広がり，安楽死・尊厳死や脳死・臓器移植などの生命倫理学的諸問題，慰霊や葬送儀礼の諸問題などを扱い，世界中の死生観の比較研究なども含む。(竹内綱史)

自然神学

聖書などの教典からではなく，自然界についての知識から，その創造者の力，知恵，善性を探究することを試みる思想。自然神学においては，科学的な知識によって，神への信仰をますます深めることができるとされている。(藤井修平)

実体的定義と機能的定義

他の文化的・精神的な要素に還元できない独自の特徴をもってなされた定義が宗教の「実体的定義」であり，それに対して社会や文化の関係性における役割や機能に着目して定義したものが宗教の「機能的定義」。(下田和宣)

市民宗教

政治権力に宗教的な正統性を付与し，国家および市民の政治的アイデンティティの基盤となる，公的生活のなかの宗教的次元のこと。はじめにルソーが提唱し，のちにベラーがアメリカの政治状況に即して論じた。(坪光生雄)

シャーマニズム

憑依や脱魂といったトランス状態にある霊的職能者（シャーマン）が，神や精霊と交信することで占い・治病・祭儀などを行う宗教現象。北方アジアを中心に世界中で確認されており，日本では東北・沖縄地方に多い。(伊原木大祐)

宗教起源論

宗教の歴史的・文化的な起源を問う考察。特定の教義に頼らず，最も原初的な宗教の形態を特定することで宗教の本質を解明しようとする試みは，近代宗教学の先駆けとなった。(下田和宣)

宗教教育

　国家神道体制への反省から，戦後日本の公教育は，宗教に極力触れないことをモットーとしてきた。しかし，単に論じないだけでは不十分であり，学校教育において宗教への適切なリテラシーを養うことが求められている。（後藤正英）

宗教多元主義

　多数の宗教が存在する状況を肯定し，どれか一つの宗教に特権的な真理性を認める考えを乗り越えようとする主張。他の宗教を虚偽とみなす排他主義や，自宗教の体系内に従属的に組み入れる包括主義に対立する。（坪光生雄）

宗教的過激主義

　原理主義に代わって，特に「イスラーム過激主義」などのかたちで近年用いられる言葉。既存の社会のあり方を否定し，テロなどの暴力行為により，早急に自らの理想を実現しようとする極端な宗教思想や宗教集団を指す。（田中浩喜）

宗教2世問題

　親が宗教の熱心な信者であることで通常とは異なる家庭環境での生活を余儀なくされた子どもが，一般的な学校生活・社会生活が困難になるなどの諸問題を指す。すべての宗教2世に問題があるわけではないことに注意。（竹内綱史）

宗教の社会貢献

　近代社会において宗教は私的領域に位置づけられたが，公的領域における役割が見直され，教団自らも公共性をもつものとしての存在感を高める必要から社会的な活動を積極的に行うようになっている。（猪瀬優理）

終末論

　世の終わりが到来してすべてが裁かれるという思想。終末時におけるメシア（救い主）到来の待望はメシアニズムと呼ばれる。メシアとはヘブライ語で「油注がれた者」の意味で，そのギリシア語訳が「キリスト」である。（根無一行）

シンクレティズム

　他文化・他宗教との接触によって一神教・多神教の区別なく起こる諸宗教の混合のこと。クレタ島の人が語源であり，地中海沿岸における諸宗教の融合から日本の神仏習合に至るまで，世界中でみられる現象である。(松野智章)

神経科学（脳科学）

　神経系を扱う分野で，とりわけ脳の研究を中心とするため脳科学とも呼ばれる。fMRIなどの測定機器の発達によってさまざまな活動を行っている際の脳状態がより正確に測定できるようになり，瞑想中の脳状態の研究なども行われている。(藤井修平)

新宗教

　その地域の伝統宗教と比べて，新しい宗教のこと。日本では，明治以降に創始された宗教を指すことが多く，現世利益の傾向がある。1970年代以降に台頭してきた，現世離脱的な新宗教を新新宗教として区別することもある。(河西瑛里子)

親密圏と公共圏

　公的領域の担い手は主に国家だが，近代社会の公共領域は政治的，経済的，社会的といった3つの異なる側面が交差しており，そのなかに私的領域である愛情やケアが担われる親密圏が密接に組み込まれている。(猪瀬優理)

聖遺物

　聖書に登場する人物や聖人聖女の遺体，あるいは彼らが生前に身につけていたとされる衣服や装身具。カトリック教会では，イエスの荊冠やイエスの遺体を包んだとされる聖骸布などが特に重要な崇敬対象となっている。(岡本亮輔)

精神（霊）

　この世的なもの・物質的なものを超えた生命の原理。呼吸や風を表す古代ギリシア語のプネウマに遡る。キリスト教では神の第三位格（「聖霊」）とされるが，近代哲学や現代のスピリチュアリティなどの領域に転移する。(下田和宣)

聖と俗

　聖と俗とは，宗教的世界観を理解するうえでの基本的な二分法であり，日常的な事柄を「俗」とし，そこから禁止などの措置によって切り離された宗教的に特別な意味をもつあらゆるものを「聖」という。（鶴真一）

世界宗教と民族宗教

　民族宗教とは共同体の儀礼を中心とした宗教のことで，世界宗教とは教義・経典があり個人を対象として世界中に広まる可能性を持つ宗教のこと。だが，昨今は世界に広まった宗教を世界宗教とする傾向にある。（松野智章）

ソーシャル・キャピタル

　日本語では社会関係資本と訳される。ある人間がもつ他者とのつながりや人的ネットワークを資本として捉え返した概念であり，経済資本と同様，これを多く有する者の方が社会的に優位になるとされる。（岡本亮輔）

祖先崇拝

　祖先を弔う習俗は広く存在する。だがキリスト教や仏教のように祖先を「崇拝」の対象とはせず，土着の習俗との習合の結果，儀礼に取り入れた宗教もある。祖先崇拝と宗教との間の本質的関係の有無については，さらなる研究を要する。（重松健人）

多神教

　自然や土地に宿る神，また先祖や偉人が神となり，地域社会において神が複数形で存在している状態のこと。ユダヤ教も原初形態は多神教であったと考えられ，すべての地域において原初形態は多神教であるといえる。（松野智章）

通過儀礼

　通過儀礼とは，人生の節目に際して，身分の変化や新たな所属集団への移行を確認し自覚させるために行われる儀礼のことである。成人式のような成年儀礼がその典型であり，「加入儀礼（イニシエーション）」ともいう。（鶴真一）

トーテミズム

　ある社会集団が特定の種の動植物や事物（この種を「トーテム」という）と特別かつ密接な関係を結んでいる制度であり，各地の民族に見られる。一般に，トーテムとの関係にまつわる信仰・神話・儀礼などを伴う。（伊原木大祐）

ハレとケ

　ハレとケとは，聖と俗とほぼ同種の概念だが，とりわけ日本の伝統的な世界観を理解するための民俗学上の基本的な対概念である。「ハレ」とは儀礼や祭りなどの非日常性を指し，「ケ」とは普段の生活の日常性を指す。（鶴真一）

汎神論

　いっさいのものが神であると考え，神と世界を一体化して捉える宗教理解のこと。正統的キリスト教理解では批判の対象となってきた。スピノザの思想，ドイツロマン主義の神秘思想，古代インドの宗教思想などが，その一例。（後藤正英）

ホスピスとビハーラ

　ホスピスは，治癒の見込みがない末期ガンなどの患者とその家族が心安らかに充実した時間を過ごすためのケアを行う施設。キリスト教を背景に生まれたホスピスに倣い，仏教に根ざしたビハーラが日本でも広がっている。（古荘匡義）

マインドコントロール

　強制的な洗脳と違い，構築済みの信頼関係を利用して隔離された場に誘い，恐怖心を煽りつつ偏った情報を提示するなどして世界観を変容し，自発的な服従を形成する手法。この概念でカルトを捉えることには批判も多い。（古荘匡義）

ミーム

　動物行動学者リチャード・ドーキンスが提唱した，複製される文化的情報の単位。ミームは学術的領域よりもむしろ，インターネット上での流行を表す言葉として用いられるようになったが，ミーム学の視点は文化進化論が継承している。（藤井修平）

無神論

　多くの日本人には「無宗教」と同じように響くが，「無神論」は神の存在を否定する行為を自覚的に選び取る立場なので，外国で「私は無神論者です」と言うと危険視される場合があるため注意が必要である。（根無一行）

瞑想（マインドフルネス）

　日本では一般的に，静かに目を閉じて心を無にする，とされるが，歩く，踊る，声を出す，神に祈ると，さまざまな種類がある。そのうちマインドフルネスは，身体への効果が科学的に検証され，取り入れる企業も少なくない。（河西瑛里子）

理神論

　17 〜 18世紀イギリスにおける合理主義的キリスト教思想。世界の根源たる神の存在を認める点で無神論と異なり，奇跡や非合理的教説を退ける点で教会の教理や有神論と異なる。合理的宗教論として啓蒙思想や人権思想に影響を与えた。（重松健人）

輪廻転生

　死後に生まれ変わること。親族内で魂が循環したり，別の存在や異世界へ生まれ変わったりするパターンなどがある。多くの場合，人生における行いの善悪で生まれ変わるかどうかや生まれ変わり先が左右される。（竹内綱史）

諸宗教の解説

イスラーム

　キリスト教につぐ世界第二の規模をもつ宗教。現在の信者数は16 〜 18億人。ユダヤ教・キリスト教の伝統を継ぐ一神教であり，世界宗教である。西暦610年頃アラビア半島の都市メッカでムハンマドが唯一神アッラーの啓示を受けたのが始まり。聖典は『クルアーン』（『コーラン』）だが，キリスト教・ユダヤ教の（新約・旧約）聖書も聖典として認め，ムハンマドの言行録である『ハディース』も聖典に準ずるとされる。「イスラーム」は「帰依する」ことという語義で，「唯一・至高のアッラーに絶対帰依し，その教えに従って生きること」を意味する。『クルアーン』などに基づくイスラーム法（シャリーア）が狭義の宗教の範疇を超えて社会のあらゆる面で守るべき規定を定めているため，最近は日本でも「イスラーム」と「教」をつけずに言うのが普通である。スンニ（スンナ）派とシーア派が二大宗派だが，スンニ派が全体の9割を占める。中東の宗教というイメージが強いが，南アジアから東南アジアでも広く信じられている。（竹内綱史）

キリスト教

　ユダヤ教を母体にイエスの生涯と教えから生じた宗教。イエスはユダヤ教が本来と違って「律法」を守りさえすればよいという考え方に陥っていると判断し，愛の神を強調して回った。この活動はローマ帝国への反逆罪でイエスが処刑される形で終わる（西暦30年頃）。しかし，復活したイエスに出会った弟子たちは，神はイエスの出来事を通して自分たちと新しい契約を交わしたと考えた。イエスの死は罪からの人類の救済の行為であり「イエスはキリスト（救い主）である」という信仰が生じたのである。こうして成立したのがキリスト教である。迫害をくぐり抜けヨーロッパ世界に拡がっていったキリスト教はローマ帝国の分裂の影響でローマ・カトリック教会と東方正教会に分裂する。さらに，強大な力を持つようになったカトリック教会はその権力ゆえに腐敗を招いているというルターらによる抗議（プロテスト）からプロテスタント諸教会が成立した。現在もこの3つが世界のキリスト教の主流派である。（根無一行）

儒教

　孔子（紀元前551-479）の思想を軸とした「教え」の全体を指す。中国全土から朝鮮・日本・琉球・ベトナムにまで波及した。伝統的には「儒学」と称されるように，道徳・政治思想の学術研究という面が強く，統一の教団組織をもたないことから，儒教は宗教でないとする見方もある。古代王朝を導いた周公旦（しゅうこうたん）を理想の君主とし，礼にもとづく政治の再建を目指した孔子の教えは，紀元前4〜3世紀に活躍した孟子や荀子などの儒家によって大きな発展を遂げる。紀元前2世紀には，基本教義を定めた董仲舒（とうちゅうじょ）が皇帝に進言し，儒教は国教の地位を占めるに至った。これ以降，20世紀初頭まで，儒家思想は中国の封建国家体制を支える主導理念となる。そのベースには，君臣・父子・夫婦の「三綱」という人間関係，および仁・義・礼・智・信の「五常」という道徳がある。三綱はまた，君への「忠」，父への「孝」，夫への「貞」という日常的な身分秩序にもつながる。儒学文献としては，『易経』・『書経』・『詩経』・『春秋』・『礼記』の五経，『論語』・『孟子』・『大学』・『中庸』の四書が代表的である。（伊原木大祐）

神道

　神道は，生活のなかで優れた働きをする自然現象・人工物・人などを神として祀り，日本古来の神祇祭祀を今日に継承しつつ独自の発展を遂げたものである。縄文時代に山・海・大木・磐座の前で行われていた地域共同体の祭祀が，稲作伝来とともに農耕儀礼として定着し，さらには中央集権国家の祭祀に昇華される。神道という言葉が登場するのは『日本書紀』用明天皇紀であり，仏教との相対化を図って言語化された。8世紀初頭の日本神話『古事記』『日本書紀』は，神々と権力者を結び付ける内容となっている。したがって，神道とは，宗教という概念のなかった時代における神社を統合する政治思想と言い換えることができる。その思想内容は，天皇を中心として日本を安らかな国（靖国）にするというものである。この目的のもとに血縁や地域共同体，また自然・神社・祠など，そして村落の祭だけでなく個々人の神々への願い事も神道として意味づけられる。神社神道を理解するのが難しいのは神社と神道を単純に同一視するからであり，個々の神社と包括概念としての神道を分けて捉える試みがなされるべきである。（松野智章）

道教

　宇宙の源である「道(タオ)」の力を通じて不老不死になることを目ざす中国の伝統宗教。その教えは，神人・仙人を理想に掲げた神仙思想，老子や荘子らの道家思想を中心とし，万物を陰・陽二つの気から捉える陰陽説，木・火・土・金・水の五元素から捉える五行説などを含む。発展の過程で儒教と仏教の教義も受容している。長生のための仙薬服用や，呪術・民間療法の実践も活発である。教団の源流は，2世紀に張陵が創始した五斗米道(ことべいどう)（天師道）と，于吉に由来する太平道にあるが，後者は反乱鎮圧にともなって消滅した。5世紀には，新天師道を唱えた寇謙之(こうけんし)，『霊宝経』を中心に儀礼を整備した陸修静(りくしゅうせい)の改革を経て，戒律が定められ，道士が信徒を導く体制が確立する。天師道の系統は総じて正一教と呼ばれ，呪符や経典類（「道蔵」）を重視している。対して，12世紀に王重陽が建てた全真教は，禅の影響下に自己修養を重視し，儒・仏・道の三教合一を説いた。ほぼ同時期に真大宗教と太一教も登場したが，その後は全真教のみが残り，上述の正一教とともに道教の二大教派を形成した。（伊原木大祐）

ヒンドゥー教

　インドを中心に，ネパールなどの南アジアや東南アジアの国で信仰され，信者数は2020年に11億人以上と推定されている。ヒンドゥーという語はインダス川（Sindhu）流域に住む人々をムスリムや西洋人が名指した語にすぎず，ヒンドゥー教も「宗教」として画一的に定義できるものではない。古代インドの聖典群(ヴェーダ)に基づくバラモン教にさまざまな土着信仰や思想，生活を規定する諸制度，身分制（いわゆるカースト制）なども含み込んで多様に展開している。特定の開祖をもたず，さまざまな神々（日本の大黒天や弁財天の由来となる神も含まれる）や自然物（ガンジス川など）も崇拝する多神教的側面ももつが，特に宇宙を創造する神ブラフマー，維持する神ヴィシュヌ，破壊する神シヴァの3神が重要視され，宗派によってヴィシュヌやシヴァなどを最高神として崇める側面ももつ。前世の行い（業）に従って生まれ変わり続ける輪廻転生が信じられ，輪廻から解脱するための正しい知識や善行，神への信愛などが重視される。（古荘匡義）

仏教

　インドのシャーキヤ族の王子だったガウタマ・シッダールタ（釈迦）が前6〜5世紀頃に開いた宗教。釈迦は生老病死の苦に直面した後，29歳で出家し，35歳のときに菩提樹の下での瞑想によって悟りを得たとされる。釈迦は，苦に満ちた世界へと生まれ変わり続ける輪廻から解脱するために，根源的な無知（無明）から苦が生まれるプロセスを理解することを説いた。自己の生や自己に関わる物事への執着は煩悩を生むが，あらゆる物事が実体をもたず，変化すること（諸行無常）を悟ることで煩悩を滅した涅槃に至るという。80歳で亡くなる前に釈迦が弟子たちと形成した教団は拡大したが，釈迦の死の100年後頃に上座部と大衆部に分裂（根本分裂），その後さらに分裂した。この上座部の流れは現在もスリランカや東南アジアで「上座部仏教」として残る。中国・朝鮮を経て6世紀に日本に伝来したのは，紀元前後のインドで生まれた「大乗仏教」の系統である。ただ，「上座部仏教」「大乗仏教」の区別や起源，伝播の過程（いわゆる北伝・南伝）などは現在も見直しが進められている。（古荘匡義）

ユダヤ教

　古代イスラエルの民に顕れた神ヤハウェを信仰する一神教。この神から民族指導者モーセを通じて授与されたという「律法（教え）」と，その解釈の歴史的伝統にもとづく規範・慣習を尊重する点に最大の特徴がある。紀元前6世紀に，国家を失ったイスラエル民族の一部によって旧都エルサレムの神殿が再建され，律法に従って生きる民族共同体（「ユダヤ人」）が誕生した。彼らは西暦1・2世紀にローマ帝国内で反乱を起こし，制圧された結果，各地への離散を強いられる。以後，ラビと呼ばれる宗教指導者たちを中心としたユダヤ人共同体が，中東やヨーロッパなどに成立してゆく。この「ラビ・ユダヤ教」が，今日も存続するユダヤ教の基本となる。律法とは，一般に『モーセ五書』を指すが，これに『預言書』・『諸書』を加えたヘブライ語聖書全体を意味することもある。以上を成文律法と呼ぶのに対し，口頭による賢者たちの伝承を口伝律法と呼ぶ。後者は『タルムード』に結実し，成文律法とともにユダヤ教の継続と発展を支えた。（伊原木大祐）

事項索引

人名索引

■編者・執筆者紹介（執筆順。＊印編者）

＊竹内綱史（たけうち つなふみ）
　　龍谷大学経営学部教授。博士（文学）。専門は宗教哲学。おもな著作に *Das Hauptwerk. 200 Jahre Arthur Schopenhauers Die Welt als Wille und Vorstellung*（分担執筆，Königshausen & Neumann, 2022），*Nietzsche und die Reformation*（分担執筆，De Gruyter, 2020）など。

　根無一行（ねむ かずゆき）
　　京都大学文学研究科非常勤講師。博士（文学）。専門は宗教哲学。おもな著作に「レヴィナスのヨブ記解釈」（『哲學論集』68号，2022年），「レヴィナスと SS の顔」（『宗教哲学研究』31号，2014年）など。

　重松健人（しげまつ たけひと）
　　関西学院大学国際学部他非常勤講師。修士（文学），DEA（パリ第10大学）。専門は宗教学，フランス哲学。おもな著作に「否定とは別の仕方で──レヴィナスと〈他〉の言語哲学」（『宗教哲学研究』32号，2015年），『言語と「期待」──意味と他者をめぐる哲学講義』（関西学院大学出版会，2009年）など。

　松野智章（まつの ともあき）
　　東洋大学文学部東洋思想文化学科非常勤講師。博士（文学）。専門は宗教哲学。おもな著作に『現代日本の大学と宗教』（2020年）『戦時日本の大学と宗教』（2017年）『近代日本の大学と宗教』（2014年）（いずれもシリーズ大学と宗教，共編，法藏館）など。

＊伊原木大祐（いばらぎ だいすけ）
　　京都大学大学院文学研究科准教授。博士（文学）。専門は宗教哲学。おもな著作に『ミシェル・アンリ読本』（共編，法政大学出版局，2022年），『レヴィナス　犠牲の身体』（創文社，2010年）など。

＊古荘匡義（ふるそう ただよし）
　　龍谷大学社会学部准教授。博士（文学）。専門は宗教哲学，日本宗教思想。おもな著作に『綱島梁川の宗教哲学と実践』（法藏館，2022年），『ミシェル・アンリ読本』（分担執筆，法政大学出版局，2022年）など。

　後藤正英（ごとう まさひで）
　　佐賀大学教育学部教授。博士（文学）。専門は宗教哲学，思想史。おもな著作に「「東欧における東洋の宗教──リトアニアからの三つの事例」＋論文解説」（翻訳，『佐賀大学教育学部研究論文集』7巻1号，2023年），『スピノザと近代ドイツ──思想史の虚軸』（分担執筆，岩波書店，2022年）など。

　鶴　真一（つる しんいち）
　　大阪教育大学教育学部非常勤講師。博士（文学）。専門は宗教学，フランス現代哲学。おもな著作に『知っておきたい日本の宗教』（分担執筆，ミネルヴァ書房，2020年），「レヴィナスにおける超越と倫理」（『宗教哲学研究』26号，2009年）など。

坪光生雄（つぼこ いくお）
　一橋大学大学院社会学研究科研究補助員（科研費フェロー），獨協大学国際教養学部非常勤講師，立教大学文学部兼任講師。博士（社会学）。専門は宗教学，宗教哲学。おもな著作に『受肉と交わり──チャールズ・テイラーの宗教論』（勁草書房，2022年）など。

岡本亮輔（おかもと りょうすけ）
　北海道大学大学院国際広報メディア・観光学院教授。博士（文学）。専門は宗教学，観光学。おもな著作に『宗教と日本人──葬式仏教からスピリチュアル文化まで』（中公新書，2021年），『聖地巡礼──世界遺産からアニメの舞台まで』（中公新書，2015年）など。

河西瑛里子（かわにし えりこ）
　国立民族学博物館助教。博士（人間環境学）。専門は文化人類学。おもな著作に『現代宗教とスピリチュアル・マーケット』（分担執筆，弘文堂，2020年），『グラストンベリーの女神たち──イギリスのオルタナティヴ・スピリチュアリティの民族誌』（法蔵館，2015年）など。

猪瀬優理（いのせ ゆり）
　龍谷大学社会学部教授。博士（行動科学）。専門は宗教社会学。おもな著作に『創価学会──政治宗教の成功と隘路』（共編著，法蔵館，2023），『信仰はどのように継承されるか──創価学会にみる次世代育成』（北海道大学出版会，2011年）など。

田中浩喜（たなか ひろき）
　東京大学大学院人文社会系研究科博士課程，宗教情報リサーチセンター研究員。修士（文学）。専門はフランスと日本の政教関係，宗教社会学史。おもな著作に「蜜月の盲点──伊勢神宮と政教分離」（『宗教研究』402号，2021年），『〈聖なる〉医療──フランスにおける病院のライシテ』（共訳，勁草書房，2021年）など。

藤井修平（ふじい しゅうへい）
　東京家政大学人文学部非常勤講師。博士（文学）。専門は科学と宗教，宗教学理論研究，宗教認知科学。おもな著作に『科学で宗教が解明できるか』（勁草書房，2023年），『ビッグ・ゴッド』（共訳，誠信書房，2022年）など。

下田和宣（しもだ かずのぶ）
　成城大学文芸学部ヨーロッパ文化学科准教授。博士（文学）。専門は近現代ドイツの宗教哲学・文化哲学）。「宗教の概念と生活の形式──タラル・アサドの哲学的コンテクスト」（『龍谷大学社会学部紀要』59号，2021年），『宗教史の哲学──後期ヘーゲルの迂回路』（京都大学学術出版会，2019年）など。

3STEP シリーズ 4　　宗教学

2023 年 4 月 28 日　　初版第 1 刷発行
2024 年 2 月 29 日　　初版第 2 刷発行

編　者　伊 原 木 大 祐
　　　　竹 内 綱 史
　　　　古 荘 匡 義

発行者　杉 田 啓 三

〒 607-8494　京都市山科区日ノ岡堤谷町 3-1
発行所　株式会社　昭和堂
TEL（075）502-7500 ／ FAX（075）502-7501
ホームページ　http://www.showado-kyoto.jp

油井清光 白鳥義彦 梅村麦生 編　第1巻　社会学　定価2530円

吉永明弘 寺本剛 編　第2巻　環境倫理学　定価2530円

大西琢朗 著　第3巻　論理学　定価2530円

神崎宣次 佐藤靜 寺本剛 編　第5巻　倫理学　定価2420円

松田毅 藤木篤 新川拓哉 編　第6巻　応用哲学　定価2420円

3 STEP シリーズ

（表示価格は税込）